题　记

上苍知道他的辛劳，和他的一颗心。

——摘自伦敦海格特公墓的一段碑文

宦乡往事
回忆父亲的人生四季

宦国英 宦国瑞 等◎口述 阮虹◎执笔

当代中国出版社
Contemporary China Publishing House
2020 年 · 北京

图书在版编目(CIP)数据

宦乡往事：回忆父亲的人生四季 / 宦国英等口述；阮虹执笔 . -- 北京：当代中国出版社，2020.7

ISBN 978-7-5154-1014-2

Ⅰ . ①宦… Ⅱ . ①宦… ②阮… Ⅲ . ①宦乡（1909-1989）- 生平事迹 Ⅳ . ① K827=7

中国版本图书馆 CIP 数据核字（2020）第 010027 号

出 版 人　曹宏举
责任编辑　姜楷杰
责任校对　康　莹
印刷监制　刘艳平
封面设计　创想一二
出版发行　当代中国出版社
地　　址　北京市地安门西大街旌勇里 8 号
网　　址　http://www.ddzg.net　邮箱：ddzgcbs@sina.com
邮政编码　100009
编 辑 部　（010）66572264　66572154　66572132　66572180
市 场 部　（010）66572281　66572161　66572157　83221785
印　　刷　北京润田金辉印刷有限公司
开　　本　640 毫米 × 960 毫米　1/16
印　　张　20.75 印张　1 插页　247 千字
版　　次　2020 年 7 月第 1 版
印　　次　2020 年 7 月第 1 次印刷
定　　价　69.00 元

定格在我们记忆中的父亲的微笑，他的目光总是这样纯厚而慈祥

写在前面的话

父亲宦乡去世已经30年了。30年的时光，应该长到足以把我们对他的思念慢慢变淡。然而事实却不是这样，时光的力量，不仅没有把他带入历史的尘烟，反而使他成了我们心目中一个越来越巨大而清晰的存在。

1994年，在一些一向敬重的朋友帮助下，我们把父亲的一部分遗作辑录成《宦乡文集》正式出版了。我们本以为，这部文集的出版会让我们的内心归于平静，但情况刚好相反，当我们捧着那部120万字的文集时，我们流泪了：难道父亲毕生奉献给民族和历史的就只有这么一点点？不，那绝不只是这样一块砖的分量！这种感受渐渐地变成一种挥之不去的迫力，终于让我们萌生了想要为父亲写一本书的念头。

但是，当这个念头产生之后，我们又犹豫了，因为我们不想被别人不假思索地归入那些出于光耀门第的动机，或者是为了谋取某种社会地位和舆论效果而为先辈树碑立传者之列。

在很长一段时间里，这两种念头在我们心里不停地打架。我们一遍又一遍地问自己：到底是应该把父亲写出来，还是让他干干净净地永驻我们心中？

就是在这种不断的追问中，我们开始更深入地了解和更深刻地思考父亲的一生。于是，记忆中他那一向令我们感到安全和充实的纯厚而慈祥的目光变成了一种审视，他仿佛是在问我们：你们理解我的一生吗？你们理解我为之奋斗的目标以及它的价值和意义吗？

是的，我们理解吗？我们试图给自己一个答案。于是，文集出版之后，我们又开始整理和翻阅父亲的那些被保留下来的（“文革”以前的基本被销毁）日记和笔记，它们在家里堆得满坑满谷，内容涵盖各个方面，其中仅仅是有关西方国家的就多达数百万字，而这只是全部笔记中的一小部分。与此同时，我们还逐一采访了我们所能找到的父亲的朋友以及他在各个时期的同事。事实上，他们当中的很多人已经陆续以撰写文章的方式，回忆并思考了父亲的人生经历及其精神内涵，那些文章给了我们更深刻的启迪。当然，我们的探寻，也包括在很多个夜晚，听母亲讲述她所了解和理解的父亲的一生。

就是在寻找答案的过程中，我们渐渐地读懂了父亲的一生，不仅如此，我们更真切地触摸到了他和他那一代人的命运之间，尤其是他们与民族命运之间鲜活的、汩汩流淌着鲜血的纽带。父亲和 20 世纪的中国相伴走过了 80 年，如果说，在 1949 年新中国诞生以前的长达 100 多年的时间里，中华民族一直是在自己的历史和世界的谷底中挣扎的话，那么父亲和他那一代人就是拼死推动我们民族走出谷底的人。而在这一代人中，无数像父亲一样的知识分子，则是以熬干自己热血和灵性的方式，承担起了为改变民族命运而思考和探索的重任。父亲的一生，讲述的正是他们的故事。他们有着共同的精神基因，爱国是他们内心深处最强烈的情感，而追求真理，并为民主和科学而奋斗，则是他们爱国的方式。为此，他们可以抛弃个人的一切，因为他们早已把国家民族的整体崛起视为了个人幸福的基础和前提。那么，有什么理由把他们的故事仅仅封存于我们内心呢？

于是，我们决定写他。这本书是献给朋友的，献给那些有勇气直面现实，有勇气进行严肃而独立的思考，并且坚韧地承担着推动国家民族复兴使命的朋友的，我们认识的，不认识的，过去的，现在的，还有将来的……

2019 年 4 月

目 录

第一季　同学少年（1909~1937）

父亲的人生展开在20世纪初的中国图景下。

那是一个不堪回望的年代，天朝大国的美梦早已破碎，志士仁人几十年的抗争均告失败，大好河山成了列强砧板上的一块肉，贫弱的人民无望地挣扎在黎明前最深重的黑暗里。

生活在那个年代的中国知识分子痛苦而屈辱。父亲的父亲，也就是我们的祖父宦应清，就是这样一位知识分子。

他的祖先在北宋末年官至兵马大元帅，金兵攻陷开封后，和宋高宗一起南移。随后，几代族人不断迁徙，先到湖北，后到四川，再到贵州。数百年来，众多后人列名士林，可谓世代书香人家。祖父也曾四次投考，他文笔虽好，头脑也十分灵活，但无奈八股不过硬，结果屡试屡败，便彻底断了做官的念头。

那之后，祖父离开了偏僻的贵州，转到九省通衢的汉口谋生。在这个从1858年《天津条约》签订后就开始沦为半殖民地的城市里，祖父的个人命运也不可避免地被打上了时代的深深烙印。

他的职业刚好就是那个时代的一面镜子。他捧的是汉口海关的金饭碗，这份工作可以保证他和他的家庭过上康足的生活，但代价是他必须听命于洋人，并且忍受他们的盘剥和趾高气扬。对他来说，维持生计和保持尊严，总是如同水火难容。

为了供养家庭，他不能放弃这个令他内心充满矛盾的职业，但同时，他也不能放弃自己作为一个有立场的知识分子的职责，于是，他把自己一分为二，在继续供职于海关的同时，于 1906 年创办了《公论新报》。“匹夫有安危之责，不为名利。”他这样解释了自己的办报动机。他在报纸上忧心忡忡地写道：“外患方殷，内乱不已，足以亡国；入口货较出口货多至二万万两银以上，足以亡国；持借债为生活，足以亡国；生事日繁，生计日穷，足以亡国。”他还在报纸上发表评论，直言不讳地抨击清政府的所谓新政不过是“一个蒙蔽我们的弥天大谎，以此作为由头来经常榨取我们的财富而已”。

祖母和祖父是完全不同的一类人，她很少发出自己的声音，她是个典型的安于天命的普通女人。和旧中国的很多妇女一样，她一生都没有自己的名字，人们只是根据她的父姓称呼她为范氏。1909 年 11 月 2 日，她在江西赣江生下了父亲。不知道当她看到襁褓中的婴儿时是否猜测过他的性格，如果她曾经希望这个孩子像自己一样安于天命的话，那她一定失望了，因为父亲还没长大，便对自己身处的黑暗时代充满了反抗的欲念。

时局日益动荡不安，祖母很快就带着父亲回到了汉口的家中。汉口其实更不平静，事实上，它已经成了辛亥革命的秘密策源地。长江流域各省的革命党人把他们的秘密组织——共进会的总部设在了法租界，驻扎在武昌的朝廷新军的士兵们在革命党人的策动下纷纷秘密倒戈。1911 年 10 月 10 日，父亲快两岁的时候，那些倒戈的士兵打响了武昌起义的第一枪，辛亥革命爆发了。

清政府惊恐万状，立刻派兵赶赴湖北镇压起义。列强的军舰也集结在武汉江面，随时准备武装干涉。得到学生、工人、农民和商界支持的革命军奋起抵抗，著名的阳夏战争打响了。

汉口顿时成了战场，年幼的父亲第一次听见了激烈的枪炮声。那一仗，从 10 月 18 日一直打到了 11 月 27 日。北洋军始终无法取胜，最后，冯国璋下令放火焚城。大火烧了整整三天三夜，汉口的繁华街道变成了一片焦土。

11 月 1 日，汉口陷落了，革命军被迫退守武昌，但是，中国历史的新的一页已经在这座陷落的城市里翻开了。

因为报刊发行困难重重，祖父在几年后卖掉了《公论新报》，这使他在工作之余有了更多的时间关心孩子的教育，他甚至写了一部《吾家童子暂行教育法》。为自家几个孩子的教育专门立一部家法，可见他对这事多么重视。

父亲的启蒙教育是在私塾里完成的。这体现了祖父的教育思想，他既不排斥西学，也没有被当时的西化之风所刮倒，他认为先要让孩子"中文有根底，然后可入外人学校"。

为了打好中文根底，祖父亲自挑选了私塾的教材和老师。教材选好以后从来没有换过，但老师却在不停地换。因为总也找不到令祖父称心的不至"误人子弟"的老师，他常常需要亲自操着戒尺上阵督学。

除了向孩子们传授知识以外，祖父一丝不苟地亲自做着的另一件事，是培养孩子们良好的品行。睡懒觉是他最不能容忍的事情之一，每天清晨，他都要拿着一根木板条走进孩子们的卧室，如果哪个孩子是被他叫醒的，那一定是被他用板子打屁股打醒的。

不知道戒尺是不是真的很有威慑力，反正父亲读书从一开始就非常用功，他既聪明又专心，所以总能提前完成老师和祖父布置的功课。但即使是这样，他也从来没有听到过祖父的夸奖。中国的父亲们总是更愿意表现自己威严的一面，他们很少夸奖孩子，因为在他们看来，夸奖只会使孩子骄傲，而不是使他们更加努力。不用说，这样的童年生活是压抑的，不过，这也是当时中国大多数读书人家里常见的情形。

父亲终究还是尝到了戒尺打手心的滋味，不是因为读书不用功，而是因为戏弄了塾馆的老师。有一年过年的时候，家里做了元宝肉，祖父让父亲给老师送一碗过去。父亲照做了，但在把肉交给老师之前，他忽然顽劣之心大发，偷偷地往肉里放了桐油，结果害得老师在上课的时候不停地放屁。孩子们自然都乐翻了天，但老师却威严尽失。老师把状告到了祖父那里，祖父用戒尺惩罚了父亲。

父亲性格中不畏强势的一面，在这时开始显露出来，他没有再搞恶作剧，而是开始了认真的抵抗。他不断地在课堂上提出各种问题，试图找出老师学问中的破绽，甚至是谬误和无知之处。他下了很多功夫，常把老师问得哑口无言。面对这样一个"恶意"提问的学生，老师毫无办法，除非他能用自己的人品和学识在孩子们面前树立起威望。

祖父对此也毫无办法，尽管他明知儿子是在继续挑战老师，同时也在挑战自己，但他却找不到令人信服的理由举起手中的戒尺。顾及老师的颜面，他也不好亲自出马解答儿子的问题。

孩子战胜成人的喜悦是巨大的，父亲后来对这件事一直津津乐道，似乎他每重复一遍这个故事，就能从中获得新的喜悦。

父亲终于到了"可入外人学校"的年龄，他开始得益于祖父的开明。祖父为他挑选的是位于武昌的文华中学，那是美国基督教会办的一所学校，它的各科教育在武汉三镇的中学中都名列前茅，尤其是它的英文教育，更是首屈一指。和学校一样令父亲满意的是，他将成为一名住读生，这意味着他终于可以摆脱祖父的严厉管束了。

祖父的选择中，肯定有关于父亲未来职业的考虑，他把父亲送进这样的学校，更多的是为了让父亲“师夷之长技”。但是，读书既可以使一个人成为有技能的专业人员，也可以使一个人成为有社会关怀的公共知识分子，而父亲显然成了后者。

和在塾馆的体验完全不同，父亲在文华中学感到如鱼得水。尽管不再有祖父的戒尺在眼前晃动，父亲读书依然非常用功，因为知识本身的吸引力是巨大的。他的成绩也非常好，国文、英文和历史这几门课程的成绩尤其突出。但他绝不是个只知啃书本的书呆子，相反，他很活跃，而且很有个性，他的活动能力和组织能力即使是和高年级的同学相比也显得出类拔萃，这使他很快就被推举为学生会主席。

辛亥革命虽然推翻了封建帝制，但却没能阻止中国半殖民地化的进程。曾经在阳夏战争中变成一片焦土的汉口沿江大道，很快又恢复了往日的繁华。那里依然是列强的天下，一幢幢风格别致的欧式建筑，再度营造出“东方芝加哥”的景象。但是，在这幅美丽别致的背景下，却不停地上演着洋人欺侮国人的丑陋而野蛮的活剧。殖民者的骄横已经到了极点，在他们眼里，华人的尊严还不如他们手里牵着的一条狗，他们甚至肆无忌惮地像碾死虫蚁一般夺取华人的生命。

父亲就亲身经历过这样一件事：一个中国的人力车夫在英租界被英国巡捕殴打致死，在场的中国人愤而抗议，英国巡捕毫无顾忌地向抗议者开枪射击，结果打死打伤了十几个人。

任何一个经历过这种事情的中国人都会在心里种下仇恨的种子，父亲当然也不例外，那些倒在黑洞洞的枪口下的中国人的身影总是浮现在他的脑际，这让他产生了一个强烈的念头，那就是反抗。

行动的时刻很快就到来了。1925 年 5 月 30 日，在上海的英租界，又一次上演了英国巡捕枪杀中国人的一幕——13 名声援日本纱厂工人大罢工的抗议者倒在了血泊中，此外，还有一百多名抗议者遭到了逮捕，这就是震惊中外的“五卅”惨案。

消息迅速传遍全国，整个中国都愤怒了。各大中城市的市民和学生纷纷罢工罢课，一场声势浩大的反帝爱国运动席卷大江南北，这场运动揭开了国民革命高潮的序幕。

在租界云集的汉口，抗议浪潮更是一浪高过一浪，各界人士抗议行动的主题是把殖民者赶出去。父亲成了文华中学学生抗议行动的领袖，他组织同学们成功地赶跑了他们的美国校长。

中国人压抑已久的愤怒把那些一向耀武扬威惯了的洋人吓呆了，他们终于搞清楚了谁才是这块土地的主人。两年后，英国政府被迫将汉口英租界交还给了中国。这是自鸦片战争以来中国在反帝斗争中取得的前所未有的胜利。

但是，这场短暂的运动不可能真正撼动列强的统治根基。8月份，随着各地罢工潮的逐渐平息，生活似乎又回到了原状。

暑假过后，曾经被文华中学的学生们赶跑的美国校长带着得意的表情重新坐在了校长的位子上。他回来以后做的头一件事，就是惩罚那些两个月前起劲儿地反对过他的学生，而带头反对他的父亲受到了最严厉的惩罚，他被学校开除了。

这个结果并没有真正打击到父亲，但是却打击到了祖父。其实祖父并非不理解父亲的行为，作为一位爱国知识分子，他在民族感情和立场上和父亲有着强烈的共鸣。但是作为一位父亲，他希望儿子此生至少能过上像他那样的安定的生活，而不是走上一条充满风险的、让人整天担惊受怕的革命者的道路。这件事让他意识到，儿子的人生轨迹正在偏离他的设计方向。

有什么是可以把儿子拉回来并且拴住的呢？也许该让他拥有一个属于自己的家了。于是，祖父为父亲谈妥了一门亲事，他为父亲选中的是一位银行家的女儿。在常人看来，这门亲事相当不错。但祖父没想到，这件事完全不中父亲的意。

因为拒绝这门亲事，17 岁的父亲和祖父闹翻了。父亲早已规划好了自己的未来，他打算继续求学，去实现他追求民主、科学的梦想，他不可能因为一门亲事而改变这个计划，更何况还是一桩包办婚姻！

祖父也不打算改变计划，他相信没有自己的帮助，继续求学不过是父亲的一厢情愿而已，他最终会接受自己为他做出的安排的。

这场父与子的战争，最终以父亲的离家出走画上句号。当然，那门令祖父满意的亲事也不得不退掉了。吃惊的应该是祖父，他的杀手锏在父亲这样一个初生牛犊面前居然毫无作用。那么，囊中羞涩的父亲又能走多远呢？

少年的不羁和潇洒是怎么想象都不过分的，父亲从汉口沿长江顺流而下，一直漂到了他心中的目的地——上海。那里除了有一个可以投奔的亲戚外，更有他心仪的学校。

父亲投考了著名的南洋中学。他的考试成绩绝对没有问题，有问题的是他交不出学费。然而天无绝人之路，父亲有生以来第一次独自闯荡世界，就幸运地碰到了一位格外爱惜人才的老师——南洋中学的校长徐珮琨。徐校长不仅收下了父亲这个学生，并且还经常在生活上接济他。因此，失去祖父的帮助，对父亲来说并没有成为一件可怕的事。

父亲的表现从来没有让器重他的徐校长失望过，他成绩优异，并且还在上海大中学校举行的中文和英文演说会、辩论会上为学校赢得荣誉。他在那种场合总是表现得从容自如，演讲起来口若悬河，最重要的是，他的见解也令人心悦诚服。

1927 年 3 月的上海，就像 1911 年 10 月的汉口，也是一座充满了革命气息的城市，人们正沉浸在产业工人第三次武装起义成功的喜悦中，而领导这次起义的周恩来则成了大家心目中的英雄。

18 岁的父亲就是在这时结识了周恩来。他被同学们推举为代表，前去邀请周恩来到学校演讲。周恩来欣然允诺，到学校做了题为《当前时局形势分析》的主题演讲。那一天，学校里像过节一样热闹，周恩来受到了最热烈的欢迎。演讲会是由父亲主持的，他还代表全校师生致了欢迎词。这是一次令人难忘的经历，正在寻找人生目标的父亲，被周恩来这样一位意气风发的革命者深深吸引。二十多年后，他成了一个有幸在周恩来身边工作的人。

南洋中学不久后改成了上海交通大学预科。这对父亲来说是个好消息，因为他离追求科学的目标更近了。两年后，他如愿成为上海交大管理系的学生。运道又一次垂顾了父亲，他碰到了第二个格外爱惜人才的老师——上海交大的校长黎照寰，他为父亲提供了所能提供的重要帮助。

父亲依旧是个成绩出众的好学生，并且一如既往地活跃。他很快就被推举为班长。不过和在文华中学时一样，他这个学生头儿没有当到底，原因是他冒犯了他们的国文老师。

那是一位喜欢在 20 世纪的课堂上大谈八股的酸腐之人，他的陈词滥调把同学们弄得不胜其烦。和其他同学选择隐忍不同，父亲决定公开表达自己的不满。有一堂课上，老师正讲到陶醉处，父亲不客气地站起来打断了他，说："请你少讲一点八股，多讲一点实际知识。"气量狭窄的国文老师不仅不去考虑父亲的意见是否合理，反而对他记恨在心。

出乎大家意料的是，仅仅几天之后，那位老师摇身一变，成了教育部高等教育司的司长。走马上任后，他念念不忘要出当时的那口恶气。他趾高气扬地回了一趟交大，以司长的名义要求学校撤掉父亲的班长职务。不过这件事依然没有打击到父亲，如果新任司长大人知道的话，一定会感到失望的。

父亲所在的管理系不久后升格为管理学院，学院决定办一份院刊，父亲成了总编辑的合适人选。院刊每周出两期，组稿、审稿、编辑的工作十分繁重，父亲每天都要忙到深夜，但他显然乐此不疲。

最令父亲兴奋的是，院刊在老师同学中大受欢迎。因为影响越来越大，学校决定把它变成校刊，由校长室直接领导。父亲更忙了，但他办刊的热情也一发不可收拾，在编辑校刊的同时，他和几个同学又合伙办了一份面向社会发行的刊物——《新中华》。不知道父亲怎么会有那么充沛的精力，他决定亲自写时评。他很高产，以至于那份杂志上的时评几乎全部出自他一人之手。看到自己的观点在社会上传播并被人们认同和接受，父亲热血沸腾，他觉得自己找到了用武之地，更重要的是，找到了为国家尽责的方式。父亲的生活状况也得到了一定程度的改善，因为杂志的经营很快走上正轨，他竟然可以获得一些收入了。

但是这一切在日本人的炮火中化为乌有。1932 年 1 月 28 日，淞沪战事爆发，厄运开始接踵而至，先是《新中华》杂志社的房屋设备全被炸毁，然后是学费大幅度上涨，再然后，是一直在经济上资助父亲的徐珮琨校长要离职他去，于是，父亲在上海交大的求学生涯到底因为交不出学费而提前终结了。不过，徐校长临走前又一次慷慨解囊，替父亲缴足了英国伦敦经济和政治学院提供的一年函授教育的学费。这不仅可以使父亲再延续一段学业，更重要的是，这为他打开了一扇通往外部世界的窗子。

经受着失学和贫困双重折磨的父亲在那年夏天又被疾病击倒了。他患上的是被称作“穷人病”的伤寒。他当时寄宿在同学家，本想自己硬撑过去的，但疾病却久拖不愈。同学担心出危险，把他送进了由德国人创办的宝隆医院。

那是父亲人生的低谷。但奇妙的是，当他身无分文地躺在医院的病床上时，爱情降临了。

爱上父亲的是宝隆医院的一位名叫许绍芬的产科护士。她受过良好的教育，生活无忧，而且温柔贤淑。在她的悉心照料下，与其说父亲在那段时间里体验到的是病痛，不如说是幸福。

没有什么是比在那种情况下发生的爱情更纯粹的了。但是，一个像许绍芬那样的女孩子，爱上了一个像父亲那样贫困潦倒，并且执着地要以挽救民族危亡为己任的年轻人，结果又会怎么样呢？也许她注定了要过一种贫困的、颠沛流离的并且整天担惊受怕的日子。不过这并没有吓退她，几年后，她嫁给了父亲。她是一个肯为父亲付出一切的妻子，她默默地承担起艰辛的现实生活的重负，而让父亲全身心地沉浸在自己的理想和追求中。她一生所做的，就是给这个她爱着的男人一个随时可以回来的温暖的家。她是命运赐给父亲的最好的礼物，她是父亲一生的守护天使。

父亲的病好了，但他付不了医院的账单。朋友们费了不少周折，终于说服医院同意放父亲回家要钱。其实，院方之所以同意大家的请求，关键是因为他们手里有母亲这个“人质”。

相隔六年之后，父亲重新出现在祖父面前。看着长高了也成熟了许多的父亲，祖父的心中再度燃起了希望，他仍然想尽最大的努力，把父亲拉回到常人的生活轨道。他要求父亲去海关应试，并以此作为他替父亲结清账单的交换条件。父亲在写给母亲的信中，把祖父的态度形容为“逼迫”。

父亲接受了祖父的条件，但这只是一次暂时的妥协，一来是父亲必须付清治疗费，二来是他想积攒一笔钱，日后好和母亲一起出国留学，不过更重要的是，他还没有找到真正符合自己内心愿望的职业，他的接受，在很大程度上是因为他对这份工作的不在意。

父亲轻而易举地通过了海关的考试，他被安排到了九江关工作。这个安排，是祖父动用了他在海关的人脉关系的结果，因为九江关归汉口关管辖，把父亲安排到那里，是为了方便祖父监控。一段时间后，父亲被调往万县关。这里虽然离汉口远了一点，但父亲仍然没有走出祖父的视线，因为这个关在他六哥的管辖范围之内。

1934 年，父亲和母亲在上海结婚了。他们是去日本度的蜜月，其实这也是在为他们出国留学做前期考察。蜜月期间，父亲开始到著名的早稻田大学听课。他几乎立刻就喜欢上了这所学校，于是，他向海关请了长假，准备在早稻田大学长期学习。

但这是一个不逢时的决定。当父亲坐在早稻田大学宁静的书桌前读书时，侵华日军却开始在华北不断策动所谓的自治运动。随着一系列“自治”事件的发生，日本进一步侵略中国的狼子野心暴露无遗。结果，早稻田大学的课才听了半年，父亲和母亲就愤而回国了，因为他们不可能继续生活在一个蓄谋吞并祖国的敌人的国度。

父亲回国后被调到了宜昌关。不久后，他和母亲的第一个孩子，也就是我们的大姐出生了。大姐的降生，给这对年轻的夫妇带来了强烈而新鲜的幸福感。

祖父终于长吁了一口气，因为儿子到底过上了安定的甚至是安逸的生活。丰足的收入、宽敞的住房、贤淑的妻子，还有可爱的女儿，难道这一切还不足以拴住他的心吗？

但是祖父错了，小日子是拴不住父亲的心的。他从不像他的那些安于生活的同事们那样喜欢在海关俱乐部里悠闲地打发掉他们的业余时光，他把那些时间全部用到了读书和研判时局的变化上。1936 年春夏之交，一直在大声疾呼抗日的著名民主人士黄炎培先生从重庆乘船去上海，路过宜昌时，父亲还专门登船求见，叩询国事。随着华北局势的日益恶化，父亲忧心忡忡。他开始一篇接一篇地给武汉的《海鸥》杂志投稿，发表自己对于时局的看法，他很快就成了《海鸥》的主要撰稿人之一。

当然，海关更拴不住父亲的心。祖父当初“逼迫”他去海关谋职时，肯定高估了他的忍受力而低估了他的反抗性，像父亲那样一个从来不肯逆来顺受的人，怎么可以忍受洋人的欺侮？他迟早会反抗的。

果然，他在一个为新老税务司职位交接而举行的送旧迎新晚会上做出了惊人之举：向一位名叫柯达铄的洋同事下了持剑决斗的战书，原因是喝多了的柯达铄出言侮辱了一位在场的中国职员。

晚会不欢而散。所有的中国职员，包括帮办都来劝阻父亲。你会用剑吗？他们问。不会。不会怎么能去决斗？那不是白白送死吗？他们又问。父亲不知道该如何回答。事实上，他根本就不会去考虑这样的问题，他要表达的只有一个意思，那就是中国人是不能随便被人欺侮的。看到父亲一副“死犹未肯输心去”的架势，大家只得去找母亲，让她来劝阻父亲。母亲一夜未眠，把该说的话都说了，父亲仍然不为所动。幸亏那个柯达铄还算理智，他第二天一大早主动登门道歉，总算化解了这场决斗风波。

看到有人以如此痛快的方式大煞了洋人的威风，中国职员们都感到扬眉吐气。父亲顿时成了英雄。当天晚上，他的中国同事们专门在中国帮办的家里搞了个庆祝酒会，欣喜若狂的人们甚至把大块头的父亲高高举过了头顶。这件事很快就传出了宜昌关，更多的中国职员分享到了他们的喜悦。

1937 年 7 月 7 日，侵华日军在华北策动的“自治”运动最终升格为“事变”，卢沟桥传出了激烈的枪炮声，它宣告了日本全面侵华战争的开始，中国的全国性抗日战争爆发了。

长江很快就变成了一条特殊的水道，迁徙避难的人沿江而上，开赴前线的士兵沿江而下。看着眼前涌动的因战争而骤然增加的滚滚人流，父亲坐不住了。国家兴亡，匹夫有责，他决定沿江而下，奔赴抗日前线。

1938 年 8 月，全面抗战爆发一周年的时候，父亲辞职了。他毫不犹疑地放弃了一个待遇优厚的职业，或者说，他把救亡图存当作了自己唯一的职业。在父亲的个人感受中，他从不认为自己仅仅属于一个家庭或家族，他觉得自己首先属于祖国。

父亲的决定，注定意味着一个家庭将要失去安逸的生活。但是，母亲没有任何怨言，她只是细心地为父亲收拾好行囊。

战火在东方熊熊燃烧着，父亲告别妻儿，义无反顾地朝着战火的方向走去。他此去所要寻找的，不仅是自己的战场，也是自己一生的方向。

/ 黑白记忆 · 1937 年的父亲母亲 /

在我们的家庭相册中，父母年轻时的照片只此一张。照片拍摄于 1937 年。当时父亲在海关供职，待遇优厚。但他一年后便毅然辞职，投身抗战。此后的十多年，我们一家人是在充满着战乱、动荡、分分合合的经历中度过的。我们的相册中，没有留下与那段时间有关的任何照片。

第二季　报人生涯（1938~1949）

《前线日报》的总编辑：高扬抗战之旗

父亲的战场是一张报纸。从 1938 年到抗日战争结束，或者说，从 29 岁到 36 岁，父亲一直战斗在这个战场上。

其实父亲辞职的时候，完全不知道有一张报纸在等着他。对他而言，问题似乎很简单，不论是扛枪杀敌，还是做其他什么事情，只要能抗日就行。但是，当他扛着行李走出家门时，如何得抗日之门而入变得现实起来。

母亲的大哥，我们的大舅许闻天就成了父亲的那扇门。

大舅当时在国民党下辖的国民革命军第三战区任专员。他是个老资历的国民党员，作为党内的左派和反蒋派，他还曾数次遭到蒋介石的追捕。他做人为官始终一身正气，两袖清风。新中国成立后，他当选为全国政协委员和全国人大代表。父亲和大舅一向都很投契，他们两人既是姻亲，更是同道。

战时的交通毫无保障，父亲在路上辗转颠簸了好几个月，才终于见到了驻扎在安徽屯溪的大舅。父亲虽然是个大块头，但像他那样的一介书生，拿笔显然要比拿枪的作用大。说来也巧，当时第三战区恰好就有这样一个拿笔的机会——1938 年 10 月，一份叫作《前线日报》的报纸刚刚创刊，正需要人手，到那里抗日，对父亲来说再合适不过了。《前线日报》归战区政治部管辖，大舅当时和第三战区政治部主任、国民党 CC 系的骨干谷正纲关系尚好，于是，他便通过谷正纲把父亲推荐到《前线日报》当了一名编辑。父亲的抗日经历，同时也是报人生涯，从此开始了。

刚创刊的《前线日报》是一份四开一张的报纸。第一版是国内要闻，第二版是社论和国际新闻，第三版是地方新闻和通讯，第四版是副刊。星期天还要多出半张增刊，内容是一周以来的国际国内大事和形势综述。父亲负责的是国际新闻，这和他一向关注国际问题以及外语过硬有关。

父亲立刻就把自己变成了一部高速运转的机器。编辑部的工作需要熬夜，大家多是白天休息，但父亲每天只在上午睡几个小时，然后便爬起来读书或研究资料。他和一个同事挤在一间不足十平方米的小屋里，书放在床上，人睡在书堆里。除了编辑稿件、读书和研究资料以外，他的生活里没有其他的内容。他的心里也容不下其他的事情，他每天都在拼尽全力。在他看来，他所从事的不是一份普通的、可以用时间和金钱来计量的工作，他是在打仗，是在以另一种方式为挽救危难中的祖国而献身。父亲的勤奋和能力，让他很快就从一名普通编辑升任为编辑主任。

国内战场的形势在进一步恶化。1938 年底，随着广州和武汉的相继失守，第三战区落入了日军的南北夹击之中。出于安全和保存实力方面的考虑，第三战区司令长官顾祝同决定将部队南撤。1939 年 4 月，报社随着战区长官部一起转移到了江西上饶。就是在这块位于赣东北的土地上，《前线日报》迅速成长为一份饮誉东南五省，并且在全国都颇具影响力的大报。

《前线日报》成长的起点是脱离第三战区政治部的管辖。此事说来颇为奇特，因为抗日战争期间，在由国民党军事委员会政治部下辖的军队报系中，拥有相对独立办报权的仅《前线日报》

一家。《前线日报》之所以如此特殊，在很大程度上是因为这份报纸的创办人马树礼和第三战区司令长官顾祝同的私人关系非同一般。

马树礼和顾祝同不仅同为江苏涟水人，而且他的岳父还有恩于顾祝同。顾家祖上原本也是坐拥百余亩土地的富庶人家，但是后来家道中落，到了顾祝同父亲这一代，竟然贫困到供不起儿子上学的地步。马树礼的岳父朱先生和顾祝同的父亲是故交，他见顾祝同聪敏好学，便出资送他上了保定军校。日后在国民党军中握有重权的顾祝同对朱家当年的解囊相助一直感恩戴德。他本来就是个乡土观念极重的人，对身边的涟水人一律特别关照，更何况是马树礼这样的恩人之婿，尤其要另眼相待。

马树礼到第三战区的时间只比父亲早几个月。他毕业于日本明治大学政治系，抗战爆发前，他一直在马来西亚、新加坡和菲律宾等国旅居，以办报和教学为业。1938 年，他回国投身抗战，而他最大的理想就是办一份独立而有影响的报纸。

以顾祝同当时的权力，要帮助马树礼实现这样一个理想并非难事。为了保持《前线日报》的相对独立性，顾祝同从一开始就对报纸的经费来源做了特别安排，他没有让《前线日报》像其他军报一样仰仗国民党军事委员会政治部的拨款生存，而是用司令长官名下的特别经费解决了办报的资金需求。他不仅给足了开办费，而且还承担了维持报社日常运营的大部分经费。当然，报纸在名义上仍然归第三战区政治部管辖。但由于谷正纲深知马顾二人的关系非同一般，所以政治部几乎从不插手报社的事务。因此，马树礼虽然身为副社长，却不折不扣地拥有社长的实权。

这本来是一个不错的局面，但是报社转移到上饶后不久，第三战区政治部的一次人事变动让报社的前景变得不明朗了：1939 年 5 月，谷正纲被调往重庆，而据传将接替谷正纲担任政治部主任职务的是号称复兴社“十三太保”之一的邓文仪。邓文仪在当时并不是一个受欢迎的人，特别是在像顾祝同这样的蒋介石的心腹爱将眼中。其实西安事变之前，邓文仪也是蒋介石器重的红人，但事变发生后，他不仅没有表现出对蒋介石的忠诚，反而立即转投何应钦名下，主张炸平西安，牺牲蒋介石，他甚至还成了推举何应钦为国民党新领袖的主谋之一。关键时刻的背叛让他在蒋介石面前彻底失宠。而与此形成鲜明对比的是，何应钦在西安事变期间也曾拉拢顾祝同，事实上，顾祝同当时还被何应钦任命为讨伐张学良、杨虎城的西路军总司令。但顾祝同本人却毫不犹豫地选择了站在蒋介石一边，他不仅找借口不到职，并且还积极协助孔祥熙、宋子文策划和平营救蒋介石，结果何应钦不得不考虑临时换将。让邓文仪这样一个投机者染指《前线日报》，这显然是马树礼不愿看到的，而邓文仪的到来，刚好给了他一个向顾祝同提出让报社脱离政治部要求的契机与理由。同样，让顾祝同在这件事上做出选择也不是一件困难的事，于是，《前线日报》在新主任到来之前与政治部办理了脱钩手续。这次脱钩，为《前线日报》争取到了一个难得的发展空间。

独立后的《前线日报》立即按照民营报纸的模式进行了改组。社长的角色自然非马树礼莫属，而副社长和总编辑的职位则给了父亲。他们的另一个搭档是副社长兼总经理邢颂文。这个日后被大家形容为“三剑客”的组合，将《前线日报》带入了鼎盛时期。

父亲接手总编辑职位时，和马树礼是谈了条件的。根据他们之间的内部协定，编辑部的所有事务，包括人事和财务，全部要由父亲说了算，其他任何人都不得干预，而这个任何人，首先就是马树礼。之所以提出这样的条件，并非父亲看中权位，而是他深知马树礼和自己的政治立场不同，他不想让这种不同影响到报纸的立场。马树礼接受了父亲的条件，原因是他找不到比父亲更理想的总编辑人选，况且在抗日的大前提下，他们之间的不同毕竟是次要的。

这是一份君子协定。马树礼能否信守承诺，要看他做人的操守。在后来漫长而艰难的日子里，马树礼在编辑部的事务上并非和父亲没有过冲突，但所幸的是，他终究未失君子风范，这便是他和父亲七年合作的基础。

父亲上任后所做的第一件事，就是对《前线日报》进行大刀阔斧的改版。改版后的报纸版面扩大了一倍，从原来的每日四开一张增加为四开两张。第一张一至四版是国内外电讯和新闻，第二张五至八版是通讯、副刊和专刊。

以新面孔出现的《前线日报》马上就在众多报纸中脱颖而出。在消息发布上先声夺人，是《前线日报》的一大特色。当时很多事关战争全局的重大消息，比如日军偷袭珍珠港、美军攻克硫磺岛、苏联对日宣战、日军宣布投降等，都是由《前线日报》首发的。

《前线日报》的秘密武器是一间小小的电讯室，它是报社转移到上饶后由父亲力主设置的。电讯室里有整套的电台设备，每天 24 小时都有人监听国内外的新闻广播，特别是英国广播公司和美国旧金山电台的广播。父亲的外语大派了用场，尤其是英语，更是成了他每天的工作语言。通过这间电讯室，《前线日报》将自己的信息触角从上饶伸向了世界各个战场。它捕捉新闻的速度连国民党的中央通讯社和《中央日报》也常常甘拜下风，至于那些依赖中央社提供消息的一般报纸就更无法相比了。

当然，评论更是《前线日报》的过人之处，尤其是它的国际局势和战情分析，一直备受各方人士关注。那些评论几乎全部出自父亲之手。如果说，父亲手里的那支笔是一柄剑的话，那么评论就是这柄剑的剑锋。

父亲的评论风格独树一帜。评论每天都有，它们并不是那种空洞而主观的议论，而是对大量信息做出严谨分析以及在此基础上完成的逻辑推论。在对战局发展态势和一系列重大事件的预判上，父亲的观点常常准确到了令人难以置信的程度。

“由于英法的畏葸，必然导致第二次世界大战的爆发。”这是1939年初父亲在一篇题为《分析慕尼黑协定》的社论中向人们发出的警告。这个后来被证实是正确的看法在当时听上去并不怎么令人信服。相比之下，大多数人显然更愿意相信英国首相张伯伦的判断，即《慕尼黑协定》将使一代人的和平获得保障。但遗憾的是，事态并没有按照大多数人，当然也包括张伯伦的预期发展，希特勒很快就让全世界看到了，那一纸协定是多么靠不住。不过父亲显然不是偶然猜中这个结果的，他只是依据事实以及事实之间的内在联系做出判断。

但是，把握事实本身往往是困难的，因为事实常常混乱不清，就像一团相互纠结的乱麻。比如1941年初的欧洲战场和亚洲战场，它们所呈现出来的正是这种一团乱麻般的景象：由于意大利在地中海一带被英国重挫，德国能否顺利发动春季攻势变得扑朔迷离；受德国动向的牵制，日本内部在究竟是北上对苏作战还是南进对英美作战的问题上争论不休，于是，夹在两派中间的近卫内阁只好采取两面政策，他一边派人去欧洲讨好英国，一边为最终有可能发动的南进做出战略布局；而英美两国则认为，日本的犹豫至少提供了另一种可能性，即太平洋战争并非不可避免，为了防止在欧洲和亚洲同时作战，它们试图通过支持日本内部的所谓稳健派来逼迫另一派放弃对英美作战的打算。各方都举棋不定，各方都在做着多种尝试。那么，如何在纷乱混沌的现实中厘清战局发展的头绪？特别是，英美的对日政策能不能阻止太平洋战争的爆发？

父亲试图找到答案。1941 年 3 月 6 日，或者说在距离日本偷袭珍珠港还有整整九个月的时候，他在一篇题为《远东局势之解剖》的社论中第一次做出了大胆的预测，他断言太平洋战争在所难免，他的依据是，日本建立“大东亚新秩序”的计划和太平洋地区现存秩序的维持是一对无法调和的矛盾。父亲在社论中还不客气地批评了英美避战求和的想法，他说试图迫使日本放弃南进计划只是一种“幻觉”，即使是英美看好的稳健派，他们所谋取的也不过是一场以牺牲中国利益为代价的“远东慕尼黑”的阴谋而已。

此后出现的种种迹象让父亲对自己的判断深信不疑。1941 年 11 月 29 日，当延续了八个多月的日美谈判破裂之时，《前线日报》发表了父亲撰写的社论——《太平洋大战的前夕》。他在社论中分析道：“日寇对美诱和计划既已完全失败，对美屈服又万不可能，则除冒险南进外，恐已无他途可循。”他还预测道：“太平洋和战关键，现在仅看日寇是否有勇气发动战事而定。”

事实上，就在这篇社论发表前三天，日军中将南云忠一已经率领着一支庞大的舰队，从日本以北的千岛群岛驶往珍珠港。美方也嗅到了战争的气味，因为美国海军部于 11 月 22 日截获并破译了日本外相东条英机给日本驻美大使野村的一份电报，根据对电报的综合分析，美国海军部认为，美日之间在 11 月 29 日之后有可能爆发战争。这份电报马上就被作为急件，送到了罗斯福总统手中。

当然，发生在千岛群岛和华盛顿的这一切，都不是远在中国赣东北一个小镇上的父亲所能知晓的。他没有任何秘密的情报和信息来源，他只是凭借着自己掌握的公开信息做出判断，但令人吃惊的是，父亲的那篇社论刚好发表在美国海军部认为有可能成为美日战争起点的 11 月 29 日。当然，这是个巧合，但父亲的判断和事态发展之间的吻合却绝不是巧合，那篇社论的确是写在了“太平洋大战的前夕”。

父亲对大势的准确把握，是以他对局部情况的透彻了解为前提的。事实上，他日常所做的大量分析都是针对局部战场的，而他的判断同样准确到了令人吃惊的程度。

在从 1941 年初到当年底的近一年时间里，日本将如何启动它的南进计划一直是父亲关注的重点，他在一系列分析文章中不断提出自己的看法。“日本在实施军事南进计划之前，必先实行经济上的南进。”这是父亲在 1941 年 3 月份做出的判断。父亲分析道，很难想象像日本这样一个资源极其贫乏的国家能够支持一场长期的消耗战，因此，它必定会在发动战争之前为自己储备尽可能充足的作战资源，这些资源将来自南太平洋的若干国家，其中包括越南的大米、印度尼西亚的橡胶和石油，以及澳大利亚的羊毛和铁矿石。在同一篇文章中，父亲还断言日本一定会为实施南进计划提前攫取一系列前哨军事根据地，以便在未来连接它的漫长的战线。而在所有有可能成为前哨根据地的国家和地区中，父亲认为，泰国将成为第一块最重要的踏脚石，所以日本一定会竭尽全力诱使泰国加入所谓的“大东亚共荣圈”。

在一个月后发表的另一篇文章中，父亲则着重分析了日本实施南进计划将对中国战场产生何种影响。父亲指出：吞并中国始终是日本称霸远东和太平洋地区全部战略的核心，但是很显然，日本已经无力在实施南进计划之前完成对中国的占领，所以它只能转而企图以南进作为结束“中国事件”的手段。然而中国始终是日本南进的最大牵制力量，特别是中、美、英三国一旦联合作战，中国沿海的各个港口都将成为最具活力的武装军港，从这些港口派出的战舰，可以随时切断日军的后方补给线。正是基于这种分析，父亲认为，日军在南进之前必定会先行占领中国沿海的各个要点，以便解除侧翼所受的威胁。同时，日军还将设法扩大京、沪、苏、杭等占领区的外围，以方便开战后各地军队的相互抽调。除了控制沿海的各要地之外，日军在南进之前还将切断中国获取外界援助的国际通道，特别是滇缅公路，父亲断言，在日本发动南进攻势前后，滇缅公路必有一场恶战。

父亲的这些判断后来都被一一证实，而它们又反过来证实了父亲分析方法的可靠。

在父亲看来，仅仅从军事的角度分析军事问题显然是片面的，所以他总是力图找到军事战略或军事动向背后的政治、经济原因。1941 年 6 月，父亲在德国对苏联发动闪电袭击后发表的一篇题为《苏德战争与世界大势》的社论就是运用这种分析方法的代表作。社论的主旨是阐释苏德之战爆发的不可避免性。在剖析德国进攻苏联的政治原因时，父亲指出：德国纳粹主义是因为要挽救资本主义，并且对付本国的革命危机而产生的，但苏联不仅建立了取代资本主义的社会主义，更要在全世界范围内策动针对资本主义的革命，因此，苏联是纳粹的天敌，希特勒当然要除之而后快。在从经济角度进行分析时，父亲这样写道：纳粹德国的国策是建立一个以自己为核心的泛欧经济集团，而支撑这个构想的不可或缺的资源，必然包括乌拉尔的矿产、乌克兰的谷仓和高加索的油田，纳粹德国早就对它们垂涎欲滴，而要获得这些资源，就非动用武力不可。

有些情况，比如欧洲战场的局部变化或某些参战国的内部情况，看上去似乎与中国关系不大，但父亲并不会因此就对它们只做出笼统的观察，相反，他力争对所有的情况都做到了如指掌。他认为，事物之间是广泛联系的，而只有在尽可能广泛的联系中把握的事实，才是真实和准确的。事实上，正是对大量不那么引人关注或者看上去非常间接的情况的掌握，赋予了父亲远远超出一般人的预见性。就像他在 1941 年 7 月份预测刚刚打了半个月的苏德战争的前景时那样，当时苏军正在退败，而德军则在疯狂进攻，他们已经占领了相当于法国面积的苏联领土，但父亲却在 7 月 6 日发表的一篇专论中相当肯定地指出：德国不仅不可能像它自己希望的那样在苏联速胜，而且苏德之战必将以希特勒的失败而告终。父亲的这个似乎与战况完全相反的结论并不是出于鼓舞公众信心的目的而喊出的空洞口号，它来自扎实系统的分析。他在文章中向读者全面介绍了苏德两国综合实力的对比情况，其中包括两国可动员的最大参战人数、双方军队的机械化程度、空军和海军可动用的参战飞机和舰艇的型号及数量、两国军需原料和军需物资的生产能力等等，甚至还包括两国工业体系和体制的差异以及它们在战时的可能表现。很显然，并不是所有的人都有兴趣了解尤其是持续观察诸如此类的细节以及它们的变化的，但父亲却绝不会放过它们，因此，父亲的结论即使在当时看来也相当令人信服。

能在上饶完成这样的分析，这多少是个奇迹。很多人都惊讶于父亲的无所不知，常常是一件事情刚一发生，别人都还摸不到头脑的时候，他就已经能做到条分缕析了。很显然，这是父亲终日心无旁骛地沉浸于其中的结果。他对有关信息的搜集是无止境的，除了密切追踪局势和战事的发展以外，他还研究他能找到的所有的资料，包括各个参战国方方面面的情况，然后再对它们加以综合分析。

父亲的这些评论使《前线日报》的影响力和公信力迅速提高。当然，它们也确立了父亲本人在国内新闻界，尤其是国际评论领域的权威地位。父亲刚过 30 岁，就已经成了和胡愈之、夏衍齐名的著名评论家了。

如果说，那些令人印象深刻的评论让《前线日报》显得与众不同的话，那么它在七年间一以贯之的坚持抗战的鲜明立场，更是使它成了国民党军队报系中的异数。而在这种坚持中，父亲显然是扛鼎之人。事实上，和呕心沥血地专注于国际局势和战情分析相比，这种坚持不仅艰难得多，也危险得多。

父亲接手总编辑职位时，虽然报社的小环境有所改善，但国内的大环境已经开始逆转。逆转的标志便是 1939 年 1 月召开的国民党五届五中全会。在这届全会上，抗战只是次要的议题，而主要议题则是如何“限共、防共、溶共”。虽然国共两党当时正在联合抗战，但对蒋介石而言，作为合作者的共产党从来都是比入侵者更令他寝食难安的心腹大患，所以日军因为自身兵力不足的原因刚一放松对国民党正面战场的进攻，他马上就迫不及待地准备对付共产党了。随着《防制异党活动办法》《共党问题处置办法》等一系列反共文件在国民党内的颁布，继续大谈抗战和民主进步不仅已经不合时宜，甚至还有可能惹火烧身。

以父亲的判断能力，他当然不可能不知道发生了什么，但他丝毫也不打算调整报纸的立场。他在自己撰写的社论和评论中一如既往地大声疾呼坚持抗战，疾呼革新内政以服从抗战的需要，以至于当人们阅读《前线日报》时，几乎感受不到环境的恶化。

对国际局势和战情的分析也能起到同样的作用。在每一个困难关头，或者每当法西斯势力取得了暂时的优势，甚至看上去不可一世的时候，父亲都会冷静地、有理有据地指出他们本质上的虚弱以及必然失败的最终结局。

“丹麦仓库里所储存的粮食已经送到德国来了”“在法国的占领区内，谷物的收割是由德国机关指挥监督的”“波兰农民种植的蔬菜，全部收获量的五分之四必须供给德国人”……1941 年初，当德国的媒体上充斥着诸如此类的炫耀战利品的言辞时，父亲在一篇题为《希特勒的创伤》的社论中，笔锋犀利地向人们揭示了这种所谓的胜利的另一面。他在社论中质问道：被希特勒占领的广袤的土地难道真的会成为侵略者取之不尽的宝库吗？被占领区的广大人民也真的会成为希特勒随意驱使的奴隶吗？“不！侵略者是永远没有胜利的。”父亲分析道，为了保有掠夺的赃物和继续掠夺，他们只有更贪婪地进行战争，而这必将加剧占领区和他们本国的社会危机，从而必然会引起人民的不满和革命。“这就是希特勒的‘胜利’后面的创伤，不可救治的创伤！”正因为如此，“侵略战争就是帝国主义自掘坟墓的工程。”父亲在社论的最后鼓励国人坚持抗战，坚定必胜的信念，他说：“我们的敌人——日寇，其脆弱与穷困更十倍于纳粹德国，没落是必然的。”

同样，1942 年 3 月，当日本把它在东南亚和西南太平洋占领区的面积扩大到三百八十多万平方公里，达到了自己在第二次世界大战期间的扩张巅峰时，父亲又一针见血地指出了它四面楚歌及强弩之末的脆弱本质。在题为《中国在太平洋新战略中的任务》的社论中，父亲从地缘政治的角度分析了太平洋地区和整个亚洲的抗日形势。他说：由于占地过多，防线过长，日本已经失去了太平洋战争爆发前的内线优势，并且让日本本土和被占领区陷入了中国、苏联、印度以及澳大利亚这四个同盟国的合围之中，而最为关键的是，这种局面已经为同盟国所洞悉，这必将很快催生出四国的新战略。“为了配合这种新战略，中国首先必须在国内战场上发动战役反攻。”父亲这样呼吁道。他还谈到了战役反攻的具体思路，包括在北战场上发动新的攻势，由滇、桂、缅出击越南和泰国以及粉碎日寇打通平汉、粤汉线的阴谋等，因为这可以从几个方向切断日军在不同战场间相互抽调兵力的通路和军需补给线。“这不仅有关中国自己的抗战命运，而且更影响到整个同盟国的全盘战略。”父亲这样强调了中国在太平洋新战略中所担当的重要角色。

而每当战局出现了有利于反法西斯同盟国的变化，哪怕只是微小的变化时，父亲更是会热切地发出欢呼，并且分析它们所预示的乐观前景。每当这种时候，尽管他的分析依然是冷静和理性的，但他的言辞中却总是洋溢着无法克制的欣喜之情。

1941 年 6 月 22 日晚上，也就是德国对苏联发动闪电战十几个小时后，英国首相丘吉尔在伦敦发表讲话，宣布英国将和自己“从前的敌人”苏联合作，并且“对俄国和俄国人民给予力所能及的一切援助”。丘吉尔还表示：“任何对第三帝国作战的个人或国家，都将得到我们的援助。任何跟着希特勒走的个人或国家，都是我们的敌人。”两天后，罗斯福在白宫做出了响应，他使用了和丘吉尔几乎一样的说法：“我们要给予俄国一切力所能及的援助。”

父亲立即就此事撰写了社论。“最近有几条消息使我们异常兴奋。”这是社论中的第一句话。父亲接着写道：苏联是我们的朋友，而且是在我们的艰苦抗战中最先援助我们、始终援助我们的朋友，因此，任何国家对苏联的援助无异于对我们的援助。父亲真诚地表示：“我们很惭愧，不能以物质给苏联。惟其如此，这几天来我们盼望美国答应接济苏联的心情，只有比企望美国接济我们更为迫切。中国人就是这个劲：朋友的事常常看得比自己的事更重要。”父亲还高度评价了英美援苏的重大意义，他认为这将有助于推动国际反法西斯统一战线的形成，他欣喜万分地憧憬着：“只须树立反侵略的大纛，吹出反侵略的号角，无论被压迫的民族或个人，必然受到无限的鼓舞，看见无限的光明，而在每一个角落里起而抗战奋斗。”

1942 年，中国的抗战还处在最为艰难的相持阶段，但美国已经开始准备在太平洋战场实施对日反攻了。4 月 18 日，它释放了第一个反攻信号：16 架从“大黄蜂”号航母上起飞的 B-25 型远程轰炸机成功空袭了日本本土，它们向东京、名古屋、神户等重要城市投下了 60 多枚重达 500 磅（约合 227 千克）的炸弹，炸弹上还写着这样一句话：“我们不想燃烧世界，只想燃烧东京。”最具讽刺意味的一幕是，当炸弹呼啸着从空中飞向东京地面时，日本天皇裕仁正象征性地在御花园里为前方将士采药。而当炸弹炸响后，他一改往日的矜持，一边大声叫喊，一边拉起皇后躲进樱花林，惊恐得浑身颤抖不止。

父亲怀着近乎狂喜的心情连夜赶写了一篇社论。“万感交集，兴奋无已。”他在社论中十分罕见地前后三次使用了这同样的八个字来表达编辑部同仁的感受。他还一一列数了这次轰炸的意义：第一，它证明日本的兵力已经分散到难以保证本土安全的程度；第二，它证明美国在太平洋战场发动反攻的时间可能会比人们此前预计的提前一年；第三，由于日本用于支持战争的工业仍然集中在日本本土，因此，这次行动证明了摧毁日本战时工业的可能，而这必将对日军的作战能力构成重要打击；第四，空袭将对日本国民的生活、工作和心理造成负面影响，从而间接打击前方的士气和后方的生产。在社论的最后，父亲告诫国人不要因此自骄自怠，而应该继续紧张努力，以全部的力量去赢取最后的胜利。

从 1943 年夏秋起，父亲开始密切关注美军在北、中、南和西南太平洋等地与日军展开岛屿争夺战的情况。他总是在第一时间向处在最艰难的境况中的国人报告那些令人倍感鼓舞的消息，并且分析它们所传达的令人振奋的含义。11 月初，当美军包围了日军在西南太平洋最重要的海空军基地拉包尔时，父亲兴奋地评论道：这是一个绝大的进步，它意味着战术的进步有逐渐发展成为战略胜利的可能。父亲预言，在不久的将来，整个太平洋方面都将发生“惊人事件”。11 月下旬，当美军对位于马绍尔群岛东南部的吉尔伯特群岛发动进攻时，父亲又热烈地评论说：一旦美军攻克吉尔伯特群岛，日军海上防御的外围据点便将全部暴露在盟军的打击之下，因此，日军外围防线的瓦解已经指日可待，到那时，战争的重负就将被转还于日寇本身。11 月底，中美空军首次成功地对台湾实行了空袭，父亲立刻告诉国人，这是一个破例的创举，它标志着太平洋战局已经进入一个新时期。他在社论的结尾处写道：如果这种远程轰炸能持续不断地进行的话，“我们敢说，无论日本海军如何逃避战斗，陆军作战如何顽强，太平洋战争必因之而缩短。”他号召国人更英勇地战斗，以“加速太平洋上破晓的到来”。

这就是父亲用他那双眼睛捕捉到的东西。当《前线日报》不断地刊出这样的消息和评论时，它同时也是在为苦战苦熬着的中国人输送着源源不断的精神的能量。

要让一份国民党的报纸在七年时间里始终担当一个坚定而热情的抗战鼓舞者的角色，这显然不是顺其自然而是抗争的结果。虽然按照父亲接手总编辑职务时的约定，他对编辑部的事务拥有全部决定权，但实际上，他根本无法规避国民党的新闻检查。第三战区司令部安排有专职人员，每天负责审看《前线日报》刊发的电讯稿和社论，只不过这种检查是在暗中进行的而已。检查人员一旦发现报纸内容中有和国民党的口径或立场不符之处，立刻就会向编辑部发出警告。父亲当然要据理力争，有时官司还会打到顾祝同那里。但父亲敢于抗上，为了捍卫报纸的立场，他曾经多次当面顶撞过这位司令长官大人。

然而，坚持不仅需要勇气，有时更需要策略和技巧。其实，《前线日报》从四开一张改成四开两张时，父亲对此就已经有所准备和考虑了。他之所以要在改版时将副刊从原来的一个版面拓展为三个版面，动的就是这个脑筋，因为副刊中有大量的文艺性内容，它们既能规避国民党的新闻检查，又便于表达广大民众的抗日心声，当然也有利于体现报纸的立场。事实上，副刊在后来起到的就是这样的作用。

不过，不管父亲做得如何策略和有技巧，他的坚持总免不了要为自己树敌。由于《前线日报》在副刊上经常刊登一些针砭时弊的杂文，以邓文仪为首的政治部对父亲颇为不满，总想找机会整他。有一次，他们坚持让父亲撤换一位副刊编辑，原因是他刊发的一篇杂文刺痛了某个身居高位的国民党要人。父亲大怒说：如果谁要撤掉那个编辑的话，就连我一起撤掉！父亲的强硬让政治部的人深感棘手，因为他们知道父亲一直是顾祝同十分倚重的人，不是他们动得了的，所以只好不再提撤人的事，事情最后不了了之。

但这并不是最激烈的冲突。有一次，《前线日报》因为在一篇社论中委婉地批评"三青团"没有把精力放在抗日上，而是放在了制造国共摩擦上，惹得"三青团"的头目大为光火。邓文仪立刻借机生事，他指使一些"三青团员"，纠集了两卡车打手包围了报社，并声称要砸烂编辑部。当时的气氛极为紧张，稍有不慎便可能酿成流血冲突。父亲和马树礼立即去找顾祝同，顾祝同派了特务团一个连的士兵赶到报社，驱散了闹事者，局面才得以控制。但是，父亲和他的故人之间的积怨，不仅不会因为顾祝同的缘故而化解，反倒因为对方屡屡不能得手而变得越来越深。

在那段艰难的岁月里，坚持的含义是异常丰富的。人们不仅要在战场上坚持，在精神上和心理上坚持，同样也要在生活上坚持。事实上，战时的经济凋敝和长期的物资匮乏，对人们的杀伤力丝毫也不亚于战争本身。

尽管报社的员工每月都能按时领到薪资，但因为它们过于微薄，大家的生活始终都没有摆脱窘困状态。特别是1942年以后，飞涨的物价和基本生活品的经常断供，渐渐地使大多数人的生活都到了难以为继的地步。

父亲不仅是编辑部的灵魂人物，他的威望还使他成了人们在应对生活困难时的主心骨。在他的带领下，编辑部那些拿惯了笔杆子的文人们纷纷开始利用业余时间养猪种菜。当然，这只能解决部分生活之需，况且这也无法帮助人们度过寒冷的冬季。在最困难的时刻，报社的员工们曾经为要求提高工资举行过罢工。

父亲理解但并不赞成人们以这种方式解决问题。他一边积极向战区反映大家的呼声，一边劝说大家继续坚持工作。父亲说，他不希望大家把战时的经济困难等同于普通的劳资纠纷。他还拿出自己的一部分工资，接济那些生活最困难的同事。

和父亲一起坚持的还有母亲和我们。1939年下半年，父亲在上饶安顿下来之后，母亲就把整个家从宜昌搬了过去。她要面对的是一种截然不同的生活：简陋拥挤的小房间，不到原来三分之一的生活费，还有整晚整晚工作的父亲……当我们家的孩子从两个变成四个之后，生活窘迫的程度又增加了一倍。然而母亲对这一切处之泰然，她不仅把我们家的生活安排得井井有条，甚至还有余力帮助别人家解决困难。

父亲每天在家吃中饭和晚饭。他原本就身材高大，再加上彻夜工作，消耗极其惊人，需要比别人补充更多的能量。但是母亲没办法为他准备足够的食物，这让母亲非常担忧。于是，她设法搞到了一些花生米，每天让父亲吃几粒。不论家里多么困难，也不论物资供应多么匮乏，她的花生米从来没有间断过。在母亲的心里和行动中，永远都有给父亲的一份特殊的爱。

前线日报社所在的荷叶街，是我们几个孩子童年记忆中一个清晰可辨的地方。荷叶街在离上饶城大约三四里的乡下，是个鸡犬之声相闻、绿水青山环抱的清静所在。但我们在那条街上度过的艰难的战时生活在记忆中却是模糊的。如果说有哪个片段例外地被我们记住了的话，那就是有一次我们跟着笃信佛教的姥姥，到附近的三清山进过香。姥姥根本爬不动山，是雇了轿子抬上去的。我们几个孩子跟着跑前跑后，乐不可支。之所以单单记住了这件事，大约是因为它太特别，并且带给过我们难得的童年快乐的缘故。

和日复一日的寻常生活相比，迁徙留给我们的显然是一种更深刻的记忆，特别是 1941 年夏天的那一次。由于日军发动了第二次浙赣战役，顾祝同决定将战区司令长官部从上饶转移到福建建阳，包括报社在内的长官部下属各机关都将随着第三战区的高层一同转移。

马树礼先走了一步，父亲却自动留下来安排报社员工、家属和物资的转移。因为带着四个孩子行动困难，我们家人又一次分开了。母亲只能带着两个孩子跟父亲去建阳，而另外的两个孩子，则要跟着姥姥回老家。我们兄弟姊妹天各一方，这还是第一次。

等把大队人马转移的事情安排妥帖之后，父亲却没有和母亲一起动身，因为他坚持要留在上饶出完最后一期报再走，他还打算把这期报纸贴满上饶城。临分手时，母亲担忧地问父亲：汽车和船都没有了，你怎么走？父亲指了指靠在墙角的自行车说：这不是车吗？

母亲带着两个孩子和大家一起转移到了闽西北的武夷山。很多天过去了，和父亲一起留在上饶出完最后一期报的人都回来了，但是独独不见父亲。母亲找到他们打探缘由，他们个个都闪烁其词。问到最后，他们终于说实话了，原来他们去张贴报纸时和父亲分开了，等到他们再回来联络父亲时，听说他已经被日本人抓走了。

母亲听了险些晕倒。但她的目光很快就变得坚定起来，她觉得自己不能在大家面前表现得惊慌失措，因为她知道父亲在大家心里的分量，如果父亲回不来了，报社的人就有可能离散。于是，她表现得像此前一样从容不迫，不仅照顾自家的孩子，还帮着照顾其他员工的家属和孩子。但是在没人的时候，她总要站在山顶瞭望那条上山的小路，她希望自己能早一点看到父亲的身影出现在那里。在母亲的心里，她始终坚信父亲一定会回来的。

终于有一天，当母亲和大家一起在山里寻找食物时，听到山下有人高喊："宦先生回来啦！还带着米！"

他居然还带着米！母亲看着父亲，几乎认不出他了，他整个人变得又黑又瘦。但让人放心的是，他笑得很开心。原来父亲果然是在离开上饶时遭遇了日本兵，他只好混进人群，躲进了防空洞。没想到，一躲就躲了好几天。几天后，他好不容易找到一个可以溜出城的机会，但在过关卡时，戴着眼镜的父亲还是引起了日本兵的怀疑。父亲一看情况不妙，骑上自行车就跑。日本兵在后面穷追不舍，幸亏父亲路熟，最终还是逃脱了。

有时候，在严酷恶劣的环境中也能长出参天大树。《前线日报》在父亲和大家的艰辛耕耘下就长成了一棵这样的大树。除了在迁往福建建阳的那段时间里报社的业务有所收缩外，在其余的时间里，《前线日报》一直是不断壮大着的。抗战后期，报纸的发行量已经从创刊时的七千多份攀升到了十多万份，达到了它自身发行量的顶峰。

不仅如此，报社的其他业务也发展得可圈可点。事业鼎盛时，仅仅是报社所属的印刷厂就多达四个，它们分布在上饶、广丰、崇安三地。这些印刷厂不仅印刷报纸，后来还印刷新出版的

《前线周刊》。此外，报社还办了一个战地图书出版社，向东南各省发行大后方出版社刊印的各种书籍。报社甚至还利用当地的材料和技术开办了造纸厂和油墨厂。大家自己开山种竹，生产出了两种报刊用纸，不仅解决了报社自身的用纸问题，还有余力援助临近省份的同行，那些纸张甚至还被远销到桂林。报社员工最多的时候超过千人，俨然是东南新闻出版业的巨擘了。

顾祝同的国际问题顾问：奇妙的平衡与各取所需

在第三战区，如果说有谁几乎每天晚上都要和司令长官顾祝同通电话，向他通报国际局势的变化并做出分析的话，这个人就是父亲。这是他作为顾祝同的国际问题顾问的职责之一。因为这个角色，顾祝同还给了父亲一个少将军衔。

有件事让很多人都觉得不可思议，那就是像顾祝同那样一个消极抗日、积极反共，并且亲手制造了“皖南事变”血案的人，怎么会容忍甚至一直资助一份像《前线日报》这样的既不反共，更坚定秉持抗战立场的进步报纸？更何况，顾祝同本人早年间还曾经有过杀害进步报人的劣迹，并且因此饱受舆论的谴责。这个问题的答案，不仅可以从顾祝同与马树礼的私交中找到，也可以从父亲身上找到，更确切地说，是可以从父亲与顾祝同之间微妙而复杂的关系中找到。

父亲和顾祝同在政治立场上从来都是泾渭分明的两类人，他之所以给后者做了七年的顾问，唯一的解释就是抗日，只要这个前提还在，父亲就能做到求同存异。

当然，顾祝同也做到了求同存异。对父亲这样一个既持有不同政见同时又极有个性的人，他的确是格外容让。而在顾祝同身边的大多数人看来，他对父亲的态度甚至可以说是奉若上宾，礼遇有加。但如果不是有极其特殊的理由，像顾祝同那样一个在国民党内位高权重，特别是在第三战区说了算的人，如此容让父亲显然有些说不通，当然，这个理由是存在的，那就是顾祝同实在太需要父亲这样一个智囊了。

在顾祝同看来，父亲的作用无人可以替代。的确，在整个第三战区，他再也找不出第二个像父亲那样的既精通外语，又擅长局势分析，更重要的是始终全神贯注于此的人了。在战时的特殊情况下，不论从哪个角度来说，哪怕只是比别人早一分钟获取消息，或者是对事态的预判更准确一点都是至关重要的，而在很多时候，父亲的确能做到这一点，这就是顾祝同和父亲之间始终保持热线联系的缘故。

如果说有哪次通话令顾祝同印象尤其深刻的话，那就是父亲告诉他日本宣布投降的那一次，不仅是因为人们对这个消息期待已久，还因为父亲把电话打给他的时间比日本天皇裕仁通过广播向全世界宣读所谓的“停战诏书”早了十来个小时。

父亲是从国外电台的广播里直接获得这一消息的，因为根据中、美、英三国在7月26日共同签署的《波茨坦宣言》的规定，只要日本政府不附带任何条件地接受了该宣言，就等于表示日本接受了同盟国的无条件投降要求。日本人后来的确选择了这种投降方式——8月14日，日本政府通过中立国瑞士政府，向同盟国转交了一份没有提出任何附加条件的针对《波茨坦宣言》的外交照会。同盟国在接到这份含义明确的照会后，立即向外界发布了消息，这便是父亲在8月14日晚上就提前得知日本投降消息的缘故。

顾祝同放下电话后立即亲自向中央社核实消息的真实性。但当电话打到中央社记者那里时，对方正在酣睡，完全不知道发生了什么事情。当然，第二天一早消息就得到了证实。因为这个电话，顾祝同还送了父亲一辆自行车，既是表示高兴，也是表示赞赏。

在顾祝同主持召开的军事会议上，父亲所做的战情分析更是格外受到重视。并不是没有人质疑父亲的判断，特别是当父亲的看法和所有人的看法都不一样的时候。1941 年 6 月苏德战争爆发后，当父亲断定日本将继续南进而不是北上对苏作战时，他面对的就是一片怀疑的目光。顾祝同本人也是怀疑者中的一员，他对父亲说：你的意见和重庆方面不同。父亲回答道，他不会因此修改自己的判断。父亲坚持认为，只要日本打算继续推进它的庞大的战争计划，它就必然要攫取南太平洋的资源，而不是把原本就日益紧张的兵力再投放一部分到西伯利亚荒原上去。

问题是，当时日本自己也没有做出最终选择，其国内的“北上派”和“南进派”正在展开激辩，而这场辩论的结果，不仅关乎日本的战争前景，也深深牵动着英、美、苏、中四国的神经。如果从国民党当局的角度看，日本北上显然要比南进好得多，因为这不仅将大大缓解中国战场的压力，更重要的是，它还将明显削弱苏联对中国政治的影响力，从而为国民党反共制造极好的机会。由此可见，重庆方面的判断在很大程度上是被他们的愿望牵着鼻子走了。但事实刚好相反，日本人最终还是像父亲所分析的那样选择了南进。

这件事在第三战区广为流传。在不少人看来，父亲几乎是料事如神。深受震撼的顾祝同从此对父亲更加信任和倚重。

但有人对此很不服气，比如邓文仪。尽管他在战情分析方面完全不是父亲的对手，但有时还是忍不住要在顾祝同面前表现一番。1942 年 1 月，当日军准备从马来西亚半岛南下进军新加坡时，他在顾祝同召集的一次座谈会上就言之凿凿地说：新加坡是远东的直布罗陀，是英国经营多年的雄狮之港，起码可以固守三个月。邓文仪的话听上去似乎是在重复英国首相丘吉尔的豪言壮语，后者当时曾对全世界拍着胸脯说："日本人想攻克大英帝国在远东的堡垒新加坡比登天还难！"澳大利亚人也愿意相信英国的实力，"比圣诞节布丁里的葡萄还要多的大炮是会守得住新加坡的"。它的媒体一直在这样打消着人们的忧虑，因为日军一旦拿下了新加坡，澳大利亚随时都有可能被拖入战火。

但父亲有不同的判断依据。在他看来，有些事实远比丘吉尔的公开言论重要得多，因为丘吉尔不会告诉人们，"二战"爆发以来，英国实际上已经没有余力顾及它在远东的这块属地了。能够证明这一点的是，它在新加坡的兵力部署已经降到了最低程度。但即使不是这样，新加坡的防御也是针对海上进攻的，英军拥有的极少几门可以作大角度旋转的岸炮根本应付不了来自背后的登陆。更何况，英军刚刚在马来西亚战役中败给了日本，士气极其低落，再加上又没有制空权，因此，要想守住新加坡倒是比登天还难。父亲当即反驳了邓文仪，他非常肯定地说，新加坡最多只能顶两个星期。

所有的人都拭目以待。不过大家并没有等太久，而且那场战役的结果和父亲推断之间的吻合程度高得令人难以置信：英军刚好在和日军激战了 14 天之后宣布放弃抵抗，新加坡失守了。事实证明，邓文仪的所谓判断不过是人云亦云而已。

大丢颜面的邓文仪对父亲怀恨在心。事实上，他的品行和立场注定了他会成为父亲的天敌。在后来的日子里，他果然从不放过任何一个有可能惩治父亲的机会。

身为顾祝同的国际问题顾问，父亲在第三战区是颇有一点名气的，这与他总是出现在一些重要场合不无关系。盟国官员到访自然是一件引人注目的事，而每当这种时候，顾祝同是一定要让父亲为他做翻译的，这已经成了一种惯例。当然，有其他重要客人光临或者是有记者采访时，顾祝同也总是喜欢让父亲出面周旋，因为父亲的在场不仅可以让他备感轻松，还可以让他面上有光。

父亲不仅是顾祝同本人的顾问，他同时还是第三战区军官训练团的教官。他每周都要给战区将校衔的军官们授半天课，这个角色让他在战区的中高层军官们中间也很有影响。

父亲显然可以从这些身份和经历中获益。他因此有机会结交各方面的人士，特别是一些重要人物或关键岗位的人员，他至少可以从他们那里或者通过他们搜集一些重要信息。事实上，他的确经常从战区长官部的情报处直接获得军事情报和政情动态。

有些并非适合公开谈论的事情，顾祝同也愿意听听父亲的意见，比如当他打算向蒋介石进言献策时，也许这更能说明他对父亲信任和倚重的程度。然而，不论顾祝同对父亲如何信任有加，也不论他们谈论的问题多么私密，一旦涉及大义原则，父亲都毫不妥协，他是绝不会被顾祝同本人的态度、愿望或者是任何功利目的所左右的。

有件事可以让我们洞悉内情：抗日战争胜利前夕，各种势力都在积极准备抢滩上海。顾祝同自然也有此打算，所以日本刚一投降，他立即就给汪伪政权的第三号人物周佛海写了一封信。顾祝同一开口就称对方为“佛海兄”。除了有意套近乎之外，顾祝同使用这样的称谓也并非全无理由，因为周佛海虽然在汪伪政权中身居要职，但抗战期间他一直和蒋介石保持着秘密联系，并且他还刚刚被戴笠任命为国民党军事委员会上海行动队总队长。戴笠的意图是利用周佛海手中掌握的税警总团和伪警察，在国民政府接收上海前维持当地秩序。这个任命在某种程度上似乎是在暗示人们，周佛海已经是重庆方面的人了，或者至少是重庆方面的合作者了。但父亲却坚决反对顾祝同对他以“佛海兄”相称，他不客气地说：不管周佛海做过什么，都不能改变他是汉奸这个事实。“抗战甫胜，对汉奸还来不及惩处，就忙着称兄道弟，不免有损民族精神和有辱国格。”顾祝同考虑再三，最终还是接受了父亲的忠告。后来的事实证明，即使从顾祝同的角度来看，他也应该感谢父亲当时的反对，因为周佛海终究没能逃脱人民的审判，而他为蒋介石所做的一切，到头来也只是保了他一条命而已。就连蒋介石都不敢冒天下之大不韪去包庇一个汉奸，更何况他顾祝同了。

不过，并不是仅有抗战这个大前提，父亲和顾祝同就一定能如此相处的，应该说，顾祝同在用人方面的某些特点，至少不是令父亲反感或难以接受的。

在国民党内部，人们对顾祝同有这样一个评价，就是他除了格外照顾自己的老乡，特别是涟水人之外，并不是一个培植私党的人。从父亲和他相处的情形看，这个说法是站得住脚的。父亲既不是他的同乡，也不是国民党党员，对他更不事阿谀逢迎，甚至还多次顶撞过他，但这些都没有影响到他对父亲的倚重，可见他还算是个惜才用才之人。

当然，父亲的人品也让他在顾祝同面前有分量。经常有机会走进顾祝同办公室的很多人都曾经观察到这样一个有趣的现象，那就是当顾祝同和下级军官讲话时，所有的军官都毕恭毕敬地站着，唯独父亲坐着，即使有下级军官在场时也是如此。这就是他们之间关系的写照。

无欲无求则刚。父亲做人一向表里如一，廉洁清正，对此，顾祝同是无可挑剔的。父亲虽有少将军阶，但竟连一套像样一点的军装都没有。每次出席重要活动，他都要向别人借军装穿。除了生活清贫和清廉之外，这也反映出父亲对官阶和奢华的不屑。在这一点上，他一生都是如此。

父亲对抗战的全情投入更是有目共睹，尤其是他七年如一日，心无旁骛，在第三战区实属鲜见。相比之下，顾祝同很多下属的行为则实在让人不敢恭维。第三战区包括苏南、皖南、赣东北和闽浙两省，不仅是中国的经济重心，与日伪防区的接触范围也很大。顾祝同的很多部属都利用战区的有利位置，以发展战时经济为名，大搞走私贸易，大发国难财，所谓抗日，更多情况下不过是他们挂在嘴边的一句口号而已。

当然，这和顾祝同对他们的宽纵有很大关系。顾祝同用人治军有一个突出的特点，那就是他只取其所需，而在其余方面，他的要求不仅谈不上严格，甚至还有刻意放纵之嫌。比如对于士兵，他并不特别要求他们遵守纲纪，他甚至不禁嫖赌，他只要求他们临阵不怕死，敢于冲锋陷阵。年纪大了不能再当兵的，顾祝同还会把他们安置到自己的农场里工作，或者给他们一笔钱，让他们经营一些小生意。而对军官，他更是经常施以恩惠，团长以上的军官，每月都会得到一笔补助。营级军官虽然没有补助，但是每人每月可以透支一百元军费。至于连长们，则可以吃几个空额，这是从来也不会被追究的。顾祝同尤其偏爱那些善于带兵打仗的军官，即使他们犯了军纪，也会被从轻发落。

顾祝同的这套办法很能笼络人心，他也因此博得了“宽诚得众”和“军中圣人”的口碑，但实际上，他不过是为人处事极其现实和圆通而已。然而顾祝同毕竟是读过孔孟之书的人，对中国传统道德规范一清二楚，正因为如此，他才在晚年离开权力中心后把精力全部放在尊孔读经上，并且大做重整道德的文章，只是他在自己一生中的大部分时间里知而不行罢了。但对父亲这样一个知行合一的人，他心里是不会没有敬重的。

办一份抗日的、进步的报纸，这既是父亲留在第三战区的前提，也是顾祝同留住父亲的前提。对此，顾祝同心里一清二楚，因为父亲答应马树礼接受报社总编辑职位时，是当着顾祝同的面，敲定编辑部的事务其他人不得插手的。

在这个权限范围内，父亲总是尽量走得远一些。至于他究竟走了多远，国民党中间人士有一个评价，用他们的话说，《前线日报》是一份时有“脱轨”现象的报纸，或者说是一份有“自由主义”倾向的报纸。而在国民党右派人士看来，《前线日报》的问题则要严重得多。抗日战争结束后，曾经接替父亲担任《前线日报》（上海版）总编辑的曹聚仁在他所写的一部回忆录中这样描述道：“这份进步的《前线日报》，它的言论、新闻，时常被重庆《新华日报》所引用，这就不能让戴有色眼镜的人看作是自由主义者了。”那么，如果它的问题已经超出了自由主义界限的话，它又是一份什么样的报纸呢？很显然，右派们已经从它身上嗅到了一丝共产党报纸的味道，不然就不会有 17 个政治部主任先后到蒋介石那里去告它的状了。有趣的是，国民党的政治部主任们在有一点上十分相像，那就是他们通常都是“戴有色眼镜的人”。

《前线日报》时不时的“脱轨”和右派对它的憎恨，也是让顾祝同颇感触霉头的一件事。父亲有时会被叫到顾祝同那里去接受严厉的责问。比如有一次，《前线日报》因为刊发了一条“新华社电讯”，被新闻检察官告到了顾祝同那里。顾祝同自然要把父亲找去问责，但父亲理直气壮地反驳道：既然是国共合作，报纸就不能只发中央社的消息。顾祝同听了只好作罢。事实上，在这样的对局中，最后妥协的往往并不是父亲。

父亲主持笔政的七年间，《前线日报》的表现就像一个善于走钢丝的高手，它可以时时激怒右派，却又不让后者把自己打倒，为此，父亲时刻都要在尽可能走得远一点儿和不越过生存底线之间拿捏分寸。

编辑部里有不少血气方刚的年轻人，他们有的是斗争的勇气，但却缺乏经验和策略。正因为如此，凡是他们写的文章，父亲都会很仔细地看。一旦发现问题，他一定要亲自字斟句酌地修改。有些过分暴露立场的文章，他则会拿给母亲让她偷偷烧掉，这既是在保护《前线日报》这块阵地，也是在保护写文章的年轻人。

有时候，问题会发生在版面处理上。有一次，国民党中央社发了一条电讯，指责八路军的自卫反击是"进攻国军"。看到电讯中引述了八路军总司令朱德的命令，夜班编辑很兴奋，他想突出这个内容，于是，他对电讯做了大胆的修改，不仅以《朱德命令》为题单独发了一条消息，而且还在消息前加了"中央社电讯"的字样。

大样被送到父亲手里时，直觉和经验让他立刻意识到这条消息有问题——国民党的中央社怎么会为八路军的总司令单独发一条电讯？于是，他马上调阅了电讯原稿，发现问题果然出在夜班编辑身上。父亲当即通知印刷厂改版，恢复了中央社电讯的原样。幸亏那个错误被及时纠正了，否则后果将不堪设想。紧张的一夜过去之后，父亲严厉地批评了那个夜班编辑，他说：你这是冒险主义。

另一种情况，比如疏忽，有时也会捅出大娄子。1942 年 6 月 18 日，中苏文化协会和苏联驻中国大使馆在重庆共同举办了纪念苏联作家高尔基的活动，很显然，这是个带有联共和抗日色彩的活动。虽然《中央日报》和《新华日报》都做了报道，但它们的报道方式却有天壤之别：前者只发了一条简短的消息，而后者则发了一整版的详尽报道。《前线日报》通讯版的编辑决定按照《新华日报》的规格报道这次活动，于是，他全文转载了《新华日报》的文章。他想到了隐藏文章的出处，并且还修改了标题，但他却忘了删掉正文中加在周恩来和吴玉章名字后面的"同志"二字，结果这个差错使他前功尽弃。报纸一出，惹得一些国民党官员大怒，他们说这是在公开为共产党张目。

问题出在转载《新华日报》的文章上，情况显然相当不妙。邓文仪觉得这一次抓住了父亲的大把柄，他当然不肯轻易放过，于是竭力主张彻底查办。

矛头首先对准了那位年轻编辑。但是邓文仪还没来得及对他下手，父亲就站出来把责任全部揽到了自己身上。查办又搁浅了。尽管邓文仪很不甘心，但他却不得不收手，因为即使他能查办《前线日报》的总编辑，他也查办不了顾祝同的国际问题顾问。

每当这种时候，顾祝同在客观上便成了父亲的保护伞。父亲心里很清楚，只要他和顾祝同的关系不出大问题，邓文仪他们就拿他没办法。而作为《前线日报》的总编辑和顾祝同的国际问题顾问，父亲可以拿捏和平衡的因素显然有很多，这就是《前线日报》始终像个善于走钢丝的高手的原因。

右派们并不是没有到顾祝同那里去告过父亲的状，事实上，他们经常这样干。但顾祝同的反应总是让他们很失望，他不是息事宁人，就是在中间和稀泥。有人跑到顾祝同那里说，父亲不接受警告并且态度很强硬，顾祝同就说："宦乡就是那个脾气！"也有人跑到他那里说父亲是共产党，但他说什么都不信。有意思的是，在比较了解父亲的人里边，坚信他不是共产党的大概只有顾祝同，因为不仅是右派们觉得父亲太像共产党了，报社里的进步人士也这么认为。

在各种复杂因素的奇妙平衡中，《前线日报》成为一份在国统区屹立不倒的进步报纸。邓文仪对父亲和《前线日报》恨之入骨，但却毫无办法，他只好另办了一份《阵中日报》，但那终究是一份没什么影响力可言的小报。

与共产党结盟：营救冯雪峰

爱国可以解释父亲一生的行为，因为这是他内心深处最强烈的情感，是他考虑问题和做出选择的出发点，也是他承受挫折和苦难的精神力量的源泉。同样，也因为爱国，他注定了会和共产党走到一起。

在《前线日报》的那些年间，父亲的行为可以这样来描述：凡是有利于抗战救国、有利于民族团结、有利于民主进步的事，他就去做，而凡是这样做着的人，他就引为同道，当然，凡是与这些相违背的，他就反对和憎恶。正是遵循着这样的逻辑，父亲一步一步地走近共产党，并最终成为他们当中的一分子。

对于中国共产党的抗日主张，父亲心里一直是深为赞同的。作为总编辑，他的这一立场对《前线日报》产生了深刻的影响。虽然《前线日报》不能直接和公开表示拥护共产党，但是父亲至少让这份报纸做到了“保持中立”——在他主持笔政的七年间，《前线日报》从未发表过反共言论。对一张像《前线日报》那样的报纸而言，能做到这一点绝对是奇迹。“文化大革命”期间，外交部的造反派们对这一事实感到难以置信，为了调查父亲的“历史问题”，他们曾经仔细查阅《前线日报》，但即使是用他们的苛刻的标准来衡量，这项调查也一无所获。

对共产党主张的赞同，使父亲对共产党人有一种天然的亲近感。但是 1939 年之前，他并没有和他们实际接触的机会。直到 1940 年初，一些以文化人身份为掩护的共产党人陆续进入《前线日报》编辑部，父亲才开始了和他们交往的经历。当然，他们都是令父亲深为赞赏的人。

早期进入《前线日报》的共产党人几乎全部来自《民族日

报》。这份创刊于1939年1月的报纸名义上是由国民党浙江省政府出资经办的浙西行署机关报，但实际上却由共产党人所控制。报社所在地临安市於潜镇鹤村还一度成了中共浙西特委的秘密驻地。报纸以大胆揭露侵华日军的暴行、汪伪政权的卖国行径和国民党当局的腐败及其“消极抗日、积极反共”的真相为主要内容，在浙沪杭一带颇有影响，但它也因此招致了侵华日军、汪伪政权和国民党当局的共同“剿杀”。1940年9月，报纸被强行改组，报社的大权落入国民党顽固派手中。报社中的三十多名共产党员，一部分遭到了日伪势力的杀害，一部分被国民党当局囚禁，而进入《前线日报》的，只是其中的一小部分，他们要么是提前转移出来的，要么是后来有幸逃脱迫害的。

在《前线日报》，那些共产党员的身份都是不公开的，但尽管如此，怀疑他们是共产党的却大有人在。当然，和他们过从太密肯定是一件有风险的事，但这并没有令父亲生畏，相反，他和他们从一开始就走得很近，以至于在邓文仪和新闻检察官们看来，父亲和他们就是一伙的。

在第一批进入报社的共产党员中，和父亲来往最多同时相交也最深的，是一位名叫崔晓立的老资格的共产党员。他当时是报社的通联部主任。他比父亲年长九岁，也曾在上海读过大学，在校期间，他也是校刊的主要撰稿人，而且在来《前线日报》之前，他在《民族日报》也负责编辑国际新闻，甚至就连他为人谦和和不修边幅的性格都和父亲极为相像。除此之外，他还是个真正的饱学之士。他曾经被派往莫斯科中山大学学习，精通俄语，在经济学和物理学方面造诣颇深。他的革命生涯充满了危险，从1928年到1936年，他一直被囚禁在国民党的浙江陆军监狱。但即使是这样，他仍然撰写和出版了《战时经济学》《自修经济学初步》《货币与物价》以及《少年经济学讲话》等一系列经济学著作，并且还翻译了《国防物理学》《军队论》《通俗物理学讲话》《帝国主义论》等俄文著作。这位因为总是穿着同一件旧长袍而被报社同仁们谑称为“老油条”的老夫子，每天都要和父亲一起散步聊天。他们将彼此引为高度信赖的朋友和知己，而在当时那种复杂的环境下，信赖和知己的意义非比寻常。

作为《前线日报》的总编辑，没有哪个时刻像“皖南事变”发生后那样让父亲感到压抑了。关于这次事变，《前线日报》除了转发中央社和《中央日报》的电讯及文章外只能保持沉默。但是，尽管父亲不能在版面上公开表明自己的立场，他却做了更重要的事：他和崔晓立一起，用前线日报社的电台，向中共苏北党组织通报了事变的情况。这是中共党组织收到的第一份关于事变的报告。不仅如此，父亲还派人给中共中央东南分局的副书记饶漱石送了一封信，后者当时正在指挥受困的新四军突围，父亲在信中让他立即带人撤离，并且告诉了他撤离的方法。这是父亲第一次利用自己的特殊身份营救共产党人。没有人要求父亲这样做，即使是崔晓立，这完全是父亲的主动选择，而这次选择，显然改变了很多事情。

崔晓立很快就接到了中共南方局，更确切地说是周恩来和董必武的指示，他们要求他马上筹集钱物，设法帮助和营救“皖南事变”中被关押在上饶集中营的新四军人员以及此前关押的其他爱国人士。帮助和营救当然首先要通过合法的方式进行，不过这需要身份恰当的人出面运作。崔晓立本人并不具备出面的条件，但是刚好父亲具备，因为他不仅有机会进出集中营，更重要的是，他拥有成为担保人的必备条件。根据集中营的有关规定，担保一个被关押者，必须有两个以上的保人，而且其中一人的职级不得低于少将级别，当然，两个保人都要出具书面的担保文件。崔晓立把南方局的指示告诉了父亲，父亲听了，没有任何犹疑，他立即让母亲去准备衣被和药品。这是个危险的使命，但父亲却平静地或者说自然而然地接受了，他开始成为共产党的真正意义上的合作者。

在报社的党员和集中营之间有个重要的联络人，名叫郭敬唐，他也是被关押在集中营里的老党员。但他是个颇为“特殊”的被关押者，这样说不仅是因为他在集中营里担任了一个类似文书的职务，还因为他比其他的被关押者拥有更多的行动自由，他是极少几个被允许在规定时间内独自离开集中营的人，因此，他便经常借着到上饶城里购买食品和日用品的机会，到《前线日报》的编辑部去找朋友们“聊聊天”。郭敬唐之所以如此特殊，是因为国民党方面并不知道他的真实身份，他被捕的原因是他领导的地方抗日武装和当地的土豪劣绅及国民党军阀频频发生冲突，再加上他被捕前是国民党浙江省参议员，并且他的妻子还有一门可以称得上是“靠山”的亲戚，即国民党第一战区副司令长官兼鲁苏皖豫边区总司令汤恩伯，所以他才能在集中营被“另眼相待”。崔晓立把郭敬唐作为“朋友”介绍给了父亲，于是，通过郭敬唐，母亲为父亲准备好的那些衣被和药品，开始被源源不断地送进集中营。

相比之下，营救行动的难度则要大得多，因为父亲不仅要寻找除他以外的恰当的担保人，而且还要等待合适的担保时机。然而，真正的营救还没有开始，崔晓立自己就碰到了麻烦。麻烦来自邓文仪，这个早就传说要接替谷正纲担任第三战区政治部主任的家伙直到 1941 年夏秋之交才到上饶走马上任，而糟糕的是，他对崔晓立的身份一清二楚，因为他们同为莫斯科中山大学的同学。报社中的另一名共产党员也因为同样的原因面临着暴露身份的危险。

父亲建议崔晓立和那名党员立即辞掉《前线日报》的工作，

并且尽快离开上饶城。他们很快就从报社消失了。但让人没想到的是，崔晓立离开上饶还不到一个月，就在自己的家乡浙江鄞县遭到国民党的秘密杀害。那时他的儿子还被关押在上饶集中营，他是一名在“皖南事变”中被捕的新四军战士。

父亲并没有因为好友的离去而和党组织失掉联系。崔晓立临走时，父亲主动请他再为自己介绍两个“可靠的”新“朋友”。毫无疑问，这是个非同一般的请求。崔晓立同意了，事实上，应该说是“组织上”同意了，而这则意味着，组织上也已经把父亲视为了“可靠的朋友”。当然，崔晓立介绍的两个新“朋友”都是父亲熟识的同事：副社长徐里平和新闻室主任张若达。

营救工作仍然在继续推进。民族日报社的社长王闻识是第一个被营救出来的共产党员。他是一位 1929 年入党的知识分子，1941 年 3 月在浙江金华被捕。由于在集中营里每天服苦役，他的身体日渐衰弱，终于感染了痢疾。郭敬唐将他的情况告诉了父亲，父亲决定争取将他保外就医。当务之急是要找到第二个担保人，于是，父亲立即托人去游说当时的浙江省主席黄绍竑，因为他和王闻识既是老乡又有旧谊，就连王闻识担任民族日报社社长还是他点的将。不料，黄绍竑的担保书还没拿到，王闻识的病情就急剧恶化了。看守们见他已经奄奄一息，同时也担心把他留在集中营里会传染他人，于是，他们只要了父亲一个人的担保书，就同意让他保外就医了。

王闻识被直接抬到了我们家，由母亲和报社一位员工的妻子轮流看护。但是一切都太晚了，一个星期后，当黄绍竑的担保书被送到上饶时，王闻识病逝了。对所有营救过他的人来说，他能在自己人的身边而不是在集中营里度过最后的弥留之际，这大概是唯一的安慰了。

父亲第二次担当保人的经历要顺利得多。那是 1942 年 6 月，在集中营随第三战区总部从上饶转移到福建建阳之后，由于被担保人是郭敬唐本人，所以担保过程差不多成了“走过场”。郭敬唐先通过妻子拿到了汤恩伯的担保书，作为朋友的父亲便顺理成章地成了另一位担保人。郭敬唐的被保释，对接下来的营救工作显然是件好事，因为这更便于他和父亲里应外合。

第三位获救的共产党员是中国左翼作家的领袖冯雪峰，他是毛泽东主席点名要救的人。冯雪峰和王闻识几乎同时被捕，而且是同车被押往上饶集中营的。但万幸的是，他的身份没有暴露，国民党方面只知道他是一个叫“冯福春”的受雇于上海商务印书馆的编辑。他被捕的原因是被“怀疑通共”，因为军统特务从一封被截获的写给“冯福春”的信里，看到了提醒他要提防国民党对金华文化界进行大搜捕的内容。

集中营里有两个人知道他的底细，当然他们同时也是他的保护人，一个刚巧是郭敬唐，他是冯雪峰在杭州第一师范读书时的同班同学。另一个是吴大琨，中国著名的经济学家和经济史学家。吴大琨也是一个特殊的被关押者，1939 年，他因为慰劳新四军被捕。因为他那时的确不是共产党员，并且被捕前一直在宋庆龄领导的保卫中国大同盟上海分部工作，而且和上海的青帮头子杜月笙还有过交往，因此得以在集中营享受“半管制待遇”。就连郭敬唐担任集中营的文书，也是经他推荐的结果。同样是由他出面争取，冯雪峰进入集中营后，被分配到了由他担任队长的分队。有了吴大琨的关照，冯雪峰的境况要比王闻识强了许多。

朋友的庇护虽然可以使冯雪峰免受劳役之苦，但他原本就虚弱的身体却难以承受集中营里恶劣环境的摧残。那里当时正在流行一种由虱子传播的可怕疾病——“回归热”，不断有人因为这种疾病而痛苦死去。冯雪峰很快就被感染了，高烧和周身的疼痛使他痛苦不堪。有一种被称作“606”的特效药可以治愈这种疾病，但在当时却很难搞到。于是，父亲开始竭尽全力地买药。结果相当令人鼓舞，靠着父亲陆续买到的药品，冯雪峰的病情竟然被控制住了。但不幸的是，“回归热”刚好，他又患上了结核性肋膜炎，这使他再度陷入高烧和剧痛的折磨当中。

但事情也有好的一面，对一个病到如此地步的被关押者来说，“保外就医”的理由和时机显然都已经具备和成熟了。于是，父亲直接向集中营主任张超提出了保释请求。张超和父亲并不陌生，他甚至还多次邀请父亲到集中营去做国际形势报告，但由于他同时也是极端反共的特务头子，所以父亲不得不多加防范，为保险起见，父亲又委托了顾祝同的另外两名亲信——第三战区司令长官部办公厅主任朱华和联秘处处长卢叙——一起向张超“打了招呼”。

与此同时，重庆曾家岩八路军办事处也在积极设法营救冯雪峰。受董必武的委托，当时身兼国民政府参政员、国防最高委员会机要秘书和《中央日报》副总主笔数职的胡秋原专门致电第三战区政治部，请他们对冯雪峰尽量加以“关照”。

因为始终不知道冯雪峰的真实身份，而且在押期间又没有抓到他的任何把柄，再加上还有如此多的重要人物为他说情，张超最后只得同意了保释请求。父亲和郭敬唐在冯雪峰的担保书上签了字，他们为此所要承担的责任是，如果“冯福春”“三个月后不回，唯保人是问”。

“冯福春”三个月后当然不可能再回去。他先是在我们家调养了半个月，在母亲的悉心照料下，他身体恢复得很快。他和父亲无话不谈，并且从此成为终生挚友。半个月后，党组织安排他转移到浙江继续养病。1943 年 6 月，周恩来在重庆见到了已经完全康复的冯雪峰。当然，父亲也因为营救这名有影响的左翼作家和重要的地下工作者，给周恩来留下了极其深刻的印象。

张超终于知道了冯雪峰的真实身份，但那时后者已经消失得无影无踪。他气急败坏地去找父亲要人，父亲语气平静地反问道：你们抓住他一年多都没弄清他是谁，我怎么弄得清？我是看他病得不行了才保他，人总要有点恻隐之心嘛！

但营救也有可能失败。抗日战争结束前夕对羊枣的营救就是一次这样的经历。羊枣是父亲钦慕已久之人，作为父亲的同行，他曾被美国著名记者史沫特莱评价为“世界一流”的军事评论家和政论家。他分析军事问题时见解独到精准，而评论新闻时事及政治问题时则大胆犀利。不仅如此，由于他兼具文艺理论家和散文家的深厚功底，他的文笔也优雅机智，因而他的文章读来常常令人拍案叫绝。但这位在 1933 年加入共产党的文化斗士却一直是国民党顽固派的眼中钉。1945 年 7 月，一部分极端仇视他的顽固派分子终于在福建永安一带将其逮捕。8 月初，他被押解到江西铅山，并被囚禁于国民党第三战区的直属联络站。

父亲得知这一消息后，立即让母亲准备好衣被托人送进了监狱。同时，他开始四处奔走，为营救羊枣疏通各方面的关系。他曾经游说过美国新闻处驻第三战区的美军联络官，因为羊枣被捕前是美国新闻处东南分处的顾问。他还曾先后两次直接找到顾祝同本人要求放人，但顾祝同两次都毫不通融地拒绝了，他说，他不可能放掉一个“重庆方面的要犯”。

父亲的努力最终未能奏效。一个月后，羊枣被移往杭州监狱，四个月后，他被国民党虐死于狱中。羊枣之死在国内外引起轩然大波。美国新闻界的 24 位著名人士以及加拿大的众多团体纷纷致电国民党当局或发表声明，对此事表示强烈抗议。全国新闻界和文化界的著名人士也为这位被迫害致死的文化巨子举行了隆重的追悼会。这件事在父亲的心里留下了深深的伤痛。

尽管顾祝同一如往常地倚重父亲，但父亲的个人处境还是不可避免地变得越来越险恶。事实上，自从邓文仪走马上任以来，报社的内部环境一直在持续恶化。因为始终扳不倒父亲，国民党右派只好改换策略，开始不断地在报社内部安插亲信，培植党羽，试图从下面控制编辑部，把父亲架空。因此，令人气愤但又无法避免的摩擦和冲突，在编辑部里渐渐成了家常便饭。

随着抗日战争胜利的日益临近，国共两党的合作关系面临新的考验。双方之间并不是没有任何继续合作的可能，但右派们显然不打算让事情如此发展，在他们看来，对共产党开刀是迟早的事。

报社内部的摩擦和冲突也明显升级了，邓文仪和他的手下似乎准备“打开天窗说亮话”，他们在抗战胜利前夕公然软禁了新闻室主任张若达，理由是在浙江被捕的一名“共党分子”指认他是“同党”。这个理由听上去与其说是真实的，不如说是杜撰出来的，因为这既可以作为他们动手的借口，同时更可以让他们借此一探报社内部其他“可疑分子”的虚实。

张若达被软禁在第三战区司令长官部的联秘处。抗日战争期间，在由国民党军事委员会下辖的所有战区中，每个战区的司令长官部里都设有一个叫作联秘处的部门，它听上去似乎并不特别重要，但实际上，它是中统或军统设在各战区的特务机构，其使命是监视各战区的内部情况。

软禁张若达的房间外面从早到晚都无人把守，但这显然是个圈套——如果张若达设法逃跑了，他的真实身份也就昭然若揭了。张若达识破了这个阴谋，他不仅不急于出去，反而和特务们耐心地玩起了所谓调查的游戏。他还让前来探望他的妻子转告父亲，千万不要营救他，以免特务们把目标转移到父亲或其他人身上。

但是，对张若达的被软禁不做出任何反应这本身就是令人怀疑的，所以父亲必须像营救其他人一样积极营救张若达。一个总编辑关心自己下属的处境是任何人都无法质疑的，于是，父亲主动找上门去，要求特务们拿出证明张若达是共产党的证据。他的态度很强硬，但言辞却让对方抓不到任何把柄，他说：拿得出证据你们就抓人，拿不出证据你们就放人。特务们拿不出证据，最后只好放人。

事情尽管这样收场了，但双方之间的那层“窗户纸”实际上还是被捅破了。邓文仪及其党羽深信他们没有抓错人，他们唯一顾忌的是父亲和顾祝同的关系。当年的一名新闻检察官直到很多年后还忿忿不平地说：“我早就注意到《前线日报》有几个共产党，但是这些人都受到宦乡的庇护，我无可奈何！”毫无疑问，父亲已经成了国民党右派们最痛恨的人之一。

张若达被释放后，父亲开始准备动身去上海筹建新的编辑部。他打算乘长途汽车走，这在报社里不是什么秘密，父亲的不少同事都约好了要去车站送行。但特务们似乎也在做着某种安排。临行前的晚上，父亲嗅到了一丝危险的气息，他意识到，他必须提防有人在途中对他下手。第二天一大早，他临时改乘朋友的一辆货车离开了上饶。

报社的同事们按时赶到长途汽车站为父亲送行。但他们一到那里就发现情况不妙，因为车站内外布满了特务和形迹可疑之人。他们想劝阻父亲不要上车，但是哪里都看不到父亲的身影。于是，他们立刻赶到我们家报信。母亲叫大家放心，她说，父亲此刻已经上路多时了。

事实上，这种凶险的情形不过是开了个头儿，但这只能吓倒胆小鬼，而对父亲来说，威胁和迫害所起到的作用刚好相反。

上海《文汇报》的副主笔：沪上新闻界的民主斗士

从上海最著名的外滩沿福州路或汉口路西行，走过四个街区，便会看到一条南北向的小马路——山东中路，在20世纪前半叶，它叫望平街。望平街时代，这里不是寻常巷陌，而是驰名中外的报馆街，在总长不足五百米的街道两旁，曾经密布着数十家报馆和差不多同样多数量的印刷所。在中国最为动荡的半个世纪里，无数胸怀使命感的报人在这条街上呕心沥血地记录着时代的变迁，他们的耕耘，孕育出了《时务报》《申报》《新闻报》以及《时报》等一大批中国近代最有影响力的报刊。

但这条小马路并不总是令人热血沸腾的舆论前沿，抗战胜利后，望平街就令无数中国报人大失所望，在经过一轮抢劫般的"接收"之后，这里成了国民党核心报刊的"一统天下"。《申报》和《新闻报》虽然还在，但它们已经双双沦为被接收的"敌产"，成了国民党CC派的囊中之物。美国《纽约时报》的一名记者在他的文章中这样评价这条被"接收"之后的小马路，说那里"已经没有代表舆论的报纸了"。

只有为数不多的非国民党核心报刊和极少几份民营报刊被允许在上海刊行。《前线日报》靠着军方的背景，有幸成为它们当中的一员。但望平街上显然已经没有了它的立足之地，报社的人费尽周折，才在紧邻望平街的四川中路的一幢楼房里租到了底层和四层的两个小房间，大家搬到里面勉强开了工。

拥挤不堪的办公室和一台老式的转轮机，这就是人们最初在上海编辑部看到的情形。尽管困难重重，但父亲却对即将刊行的报纸充满了期待。在他看来，除了这些看得见的困难之外，其他的情况则要比以前好得多。首先是报纸已经和第三战区彻底脱钩了，报社大小事务的决定权已经全部掌握在董事会手中，这使它看上去成了一家真正的民营报纸。编辑部的小环境也得到了彻底净化，那些在狭小的办公室里朝夕相处的同事们都是父亲精挑细选出来的志同道合并且精明强干的人，而那些被安插在报社内部的难缠的文化特务们都被留在了江西，并且他们很难再踏进上海编辑部的大门。既然如此，还有什么是真正可以难住《前线日报》的呢？父亲准备大干一场，他邀请了很多有影响力的朋友加盟编辑部的工作，其中不乏郑振铎、唐弢那样的文化界大家。

1945 年 9 月，《前线日报》上海版在老式转轮机的运转声中诞生了。充分表达人民心声仍然是新出版的《前线日报》所秉持的立场，它也因此大受读者欢迎。一份既没有显赫的后台，此前又不为上海的读者们所熟悉的报纸，刚一发行，日销量就高达五万份，这足以令父亲和编辑部的同仁们大受鼓舞了。在父亲之后担任《前线日报》总编辑的曹聚仁，在他的回忆录中曾经将新出版的《前线日报》和上海另一份颇有影响力的开版相同的报纸《立报》做过一个比较，他说，《前线日报》甚至“比当年的《立报》更富有自由主义的色彩”，而“当年的《立报》”——他指的显然是抗日战争爆发前或者说正值鼎盛期的《立报》——曾因积极宣传抗日救国、提倡民主政治和反映大众呼声受到读者的热烈追捧，并且创下过日销量高达 20 万份的记录，而这个记录是同时期的其他报刊难以企及的。

当然，国民党当局绝不会坐视《前线日报》把它的日销量也提升到 20 万份，事实上，5 万份就已经让他们很不高兴了。特别是那些在蒋介石面前告过父亲“御状”的政治部主任们，他们更是紧紧盯住父亲不放，他们不仅坚持要“新账老账”一块儿算，而且还提出要搞清父亲到底是不是潜藏的共党分子。结果，令人振奋的局面只维持了短短的三个月，蒋介石就决定向父亲发出警告了。

出面找父亲谈话的是顾祝同，他当时已经是国民党赣州行辕主任兼第三战区司令长官，统一指挥三、七、九三个战区的军政，其权力之大到了令同行侧目的地步。但和在上饶时一样，他对父亲依然“敬若上宾”，不仅亲自出面“恳谈”，甚至还以家宴款待。这显然是一种“念及旧谊”的警告方式，当然，“旧谊”本身也可以成为说服父亲的理由之一。

要害是父亲先要证明自己不是共产党员。顾祝同向父亲提出了两个解决方案，要么写一篇反共文章，要么在报纸上发表声明，表示自己不是共产党员，二者必选其一。但这个问题本身没有任何可以考虑的余地，既然如此，父亲当即表示，他的选择只能是第三种，那就是辞去《前线日报》总编辑的职务，至于他和顾祝同之间的“旧谊”，就只好让它成为旧谊了。

曹聚仁在他的回忆录里这样描述了父亲和顾祝同分手的情景：“顾将军的意思（他是十分器重宦兄的），他要宦兄改变态度，他以为宦兄一定会依从他的劝告的。哪知，宦兄于顾将军及进步的前途间作选择，他是选中了后者的。他断定了顾将军这一般军人已经没有前途，他就在顾将军家中吃了一顿午饭以后，便和顾将军分手了。”

曹聚仁对父亲和顾祝同分手的解释听上去多少有一点择木而栖的味道。但对父亲而言，这绝不是一次择木而栖。应该说，父亲不是断定了“顾将军这一般军人已经没有前途”，而是断定了“顾将军这一般军人”的政治选择不能将中国带向独立、民主和富强。道不同不相与谋，所以父亲走得很坚决，他的选择只关乎国家的前途，而不是，并且从来也不是他个人的前途。

父亲离开《前线日报》时，马树礼因为积劳咯血，正在上海的一家医院住院治疗。父亲没有到医院去打扰他，而是给他写了一封长信。虽然我们不知道那封长信的内容，但想来父亲一定是以朋友的方式与他话别的。

父亲的离开，结束了《前线日报》的鼎盛期。他辞职后，报社立即进行了人事调整，那些留在江西的文化特务们纷纷进入上海编辑部，而进步人士则相继离开。报纸的立场也迅速右转，但在令当局感到满意的同时，读者们却越来越不满意了，报纸的日销量急剧下降，直到被人们彻底唾弃。1948 年，报社不得不关门大吉。

离开了《前线日报》的父亲成了一名活跃的自由撰稿人。他虽然失去了一份报纸和他奋斗了七年多的战场，但他却找到了更多的报纸、更大的战场，特别是更多的志同道合的朋友。

事实上，父亲一到上海，马上就开始为其他的进步报刊撰写评论文章，即使是在筹备《前线日报》（上海版）的那些忙得令人焦头烂额的日子里。他把大量的评论都投给了《周报》，那是由唐弢和柯灵主编的一份令人钦佩的勇气过人的周刊。它的周围聚集着一大批进步文化人，其作者队伍更是阵容强大，这支队伍以马叙伦为首，紧随其后的是周建人、林汉达、许广平、郭沫若、茅盾、叶圣陶、巴金、田汉、洪深、冯雪峰、楼适夷、柳亚子、夏衍、何其芳、艾芜、施复亮、马寅初、李平心、傅雷、李健吾、陈白尘、吴祖光、刘厚生等，他们当中的很多人都是 1945 年底成立的中国民主促进会的主要发起人。

父亲在他们当中找到了强烈的归属感，他成了这支爱国民主队伍里骁勇善战的一员。在柯灵的感受中，夏衍和父亲是《周报》的“两大台柱”。他在一篇回忆文章中这样写道：“他们在左翼文化营垒中知名度很高，同样长期勠力新闻战线，他们的政治地位又便于把握时代的脉搏，《周报》所刊大量高瞻远瞩、深中肯綮的时局分析，都出于他们的手笔。”

《中国的地位与责任》是父亲发表在《周报》上的最早一篇评论，那时抗日战争刚刚结束 20 天，《周报》刚刚刊行第二期。当时的中国正站在一个重要的十字路口，空前提高的国际地位、未来所展示的各种机遇，还有中国自身的积弱和积弊，所有这一切混杂在一起，带给人们希望与忧虑并存的复杂感受。中国究竟是会回到贫穷落后、俯仰由人的过去，还是会走向一个繁荣昌盛、独立自主的未来？这显然是国人最为关注的问题。“战争的力量犹如一股洪流，将中国这只古代的船冲到了时代的面前，要求历史对它重新评价。”父亲在文章的开头这样写道，在他看来，只有认识了“国家的真实”，“再从真实的基础上作真实的努力”，这才是中国在当时的情势下所应取的基本态度。那么，国家的真实究竟是什么？在经历了八年抗战之后，中国是真的成了世界“四强”之一，还是仅仅赢得了“礼貌上的大国地位”？“我们刚刚在这次战争中脱掉了半殖民地的湿布衫，但这在目前，还只能说是一个形的改观，而非质的进步。”父亲向那些沾沾自喜、被虚荣冲昏了头脑的人兜头泼了一盆冷水，“依我们此刻的情形，我们还无力担负一个从此殖民地到独立国，从三等国到头等国，从侵略对象到亚洲安定势力这些新变化所引起的新责任。”而要把握住中国所面临的千载一时的机会，并且承担起中国在亚洲及世界上所肩负的新责任，就必须在这种“国家真实”的基础上做“真实的努力”，而这种努力的关键，就是扫除“国家不团结、政治不修明”这两个阻碍中国进步的最大的障碍。父亲在文章的最后说，要解决这两个问题的“唯一的办法，只有实行民主政治，以民主政治来促进团结统一，以民主政治来肃清政治上的腐败贪污”。

但是，人们还来不及思考这些严肃而重要的问题，内战的阴霾就已经四处飘散，饱经内忧外患、天灾人祸折磨的祖国和人民，眼看着又要被推进战争的渊薮。内战能避免吗？这是萦绕在无数国人心头的沉重疑问。父亲以此为题写了一篇评论，言辞中充满焦虑和急切之情。“一百年来，中国没有一天没有内乱，……一方面是敌人的摧残，一方面是自己的内讧，在这两重祸害之下，中国人民真是受够了苦痛。所以无论哪一阶层的人民，今天没有一个不是听到‘内战’两个字就头痛的。”父亲在文章中将可能引发内战的根源归结为“党争”，他说：“问题的关键还是决定于国共两党的动向如何。”“政党既是代表人民，就应当顾念人民的愿望，无论如何要悬崖勒马！”父亲剖析道，国民党显然是有意要在“追求团结统一”和“平乱”之间画上等号，然而，“国共之战是真正的内战”，是“决不能以‘剿匪’‘平乱’来遮饰”的。他在文章中也提醒共产党说：“共产党也必须认识，团结谈判绝不等于两国外交，各争权利地盘。”父亲在文章中大声疾呼：“两党都应把国家民族的利益放在第一位，而把党派的利益放在第二位。”

这篇文章的某些观点也许会让人感到不解，既然父亲曾经冒着生命危险营救过共产党人并且已经和他们建立了密不可分的关系，此时为什么还要在文章中批评共产党呢？但这才是真实的父亲。他把文章发表在《周报》上并不是没有理由的，应该说，他那时的观点和《周报》的立场完全吻合，那就是不偏不倚地对待所有的党派，只为国家和人民的福祉大声疾呼。

柯灵曾经多次诠释过《周报》在当时之所以秉持这一立场的初衷，他说：“《周报》是几个私人创办的刊物。同仁既无党派的观念，更无政治的成见，只是站在国民的立场，拥护政府的原则下，以善意的态度立言，以促进中国的开明与进步……这一方面是为了在政治磐石的重压下求取生存空间，一方面也如实地表明了《周报》的政治态度。”而在当时的情势下，《周报》所自觉的使命，便是强烈表达在经过百年痛苦和八年干戈之后“人民盼望太平，盼望在沉重的历史负荷中喘一口气的心愿”。

一位为《周报》撰稿的年轻作者曾经以更加酣畅淋漓的方式表达了同样的看法，他说：“凭着我们对祖国对同胞的热爱，我们该说就说，该骂就骂，该赞就赞，不管别人叫我们左派右派。”

这就是父亲和他那些知识分子朋友的内心写照。他们热烈地向往光明，以促进中国的开明与进步为自己的义务和权利，以“不向上看”和“向下看，向多数看，向远处看”为操守及立场，他们的想法书生气十足，在政治上不免天真，但却单纯而无私。

但是三个月后，父亲的立场似乎就不再给人以“不偏不倚”的强烈印象了，他的矛头常常只指向国民党当局。他第一次怒不可遏地抨击后者是因为 1946 年 2 月 10 日发生在重庆的“较场口血案”。这起上演于光天化日之下的龌龊一幕，让人们看到了国民党顽固派对人民渴求的民主政治的极端仇视和蔑视。既然他们今天可以唆使暴徒对民主人士大打出手，难道就不会在做好了军事准备的某一天用枪炮粗暴地践踏人民最珍视的和平吗？父亲在《论陪都暴行》一文中愤怒地指出：“一个政党倘若为了维持自己的政治生命，而走上了这样一条卑鄙下流的道路，那就无异犯了日本人所说的一种‘死物狂’症，知道自己快死了而作临死前的不择手段的挣扎；就是能够苟延残喘，恐怕也不容易‘喘’太久了！”当然，这起事件也令人们对国民党更加警觉了，父亲在文章中提醒公众，这有可能是“国家将有大乱的先兆”。但他随即便写道：“暴力和鬼祟行为是扭转不了历史的潮流的！你们如果能及早回头，顺应潮流，你们和你们的集团还可以在中国站得住，否则无论你们怎样挣扎，终归是会倒下去的！”这既是警告，更是预言。

半个月后，父亲在由黎澍和陈子涛主编的一份名为《文萃》的周刊上发表了一篇言辞更为激烈的文章——《论国民党的革新运动》。文章是针对 1946 年 3 月 1 日召开的国民党六届二中全会而写的。在这次会议上，一部分国民党中央委员试图在党内发起一场革新运动，以恢复孙中山当年倡导的革命精神。父亲在对这种努力表示赞赏的同时，更对国民党执政以来的糟糕表现提出了尖锐的批评。他直言不讳地写道："国民党当政 20 年来，由中央至地方，主义不行，政治腐败，内失信爱于人民，外受指摘于友邦；其治绩之恶劣，早已叫人对它失望、甚至绝望了。"而国人如今之所以还愿意对国民党的自我革新表示欢迎，主要是因为大家实在不愿意"在这次抗战的惨痛牺牲之后还要为建设新中国而再受内战的灾难和痛苦"，因此"宁愿以和平革命的方式要求国民党交出政权以结束一党专政"。但父亲同时也警告说："如果国民党不从自觉自新这方面下手，而只图不顾一切、不择手段地把持政权，自己既不求进步，又不许国家走向进步，那总有一天，人民会揭竿而起，用鲜血和生命来结束国民党的政治生命！"

事实很快就证明了，人们在国民党二中全会上听到的有关"革新运动"的议论根本不值得期待，它充其量只是极少数国民党人的一厢情愿而已，而整个全会却在坚持一党独裁的道路上越走越远。没有什么比它陆续通过的一系列倒行逆施的决议更能证明这一点了，所以会议还没落幕，父亲就在《周报》上发表评论说，这是一次阉割和推翻政协成果的会议。父亲进一步指出，就连各界人士付出极大真诚和努力所促成的政治协商会议本身，也不过是"国民党耍的一套大翻戏"，其目的是"拿那套戏法来骗中共缩编军队，并放弃武装对立；骗杜鲁门总统和马歇尔将军，用'一党训政结束'的幌子来骗美国的借款和物资"。他显然被国民党玩弄和亵渎国人真诚的行径激怒了，他用鄙夷的口吻说：国民党“方法是聪明极了，其奈政治道德扫地已尽，手段又过于卑鄙龌龊呵！”他在文章中高度肯定了共产党为争取和平局面所付出的真诚努力，并且令人信服地剖析了国民党“挑拨内战”的险恶用心，他这样写道：“现在军队的整编统编方案都制定了，共产党也公开宣布将军队交还国家，并结束过去 18 年的武装革命运动了，国民党却出尔反尔，在骗得共产党保证之后，居然食言，不仅不肯开放政权，反而把政权把持得更紧，而且还要把责任加在共产党身上，在政治上制造种种事件，逼迫共产党不敢放下武器、交出军队，然后他们好告诉中国人民和美国说：‘看哪，共产党不肯履行诺言呢！我们还是进行剿匪吧！’”

父亲依旧是在为国家和人民的福祉大声疾呼，但毫无疑问，他已经放弃了“中间立场”。这要归因于事实，因为事实让父亲看清了更多的东西。

和风格勇猛的《周报》比起来，《文汇报》在复刊后的最初几个月里未免显得黯然失色。但了解情况的人都知道，它的创办人同时也是发行人严宝礼并不缺少勇气。上海沦陷期间，《文汇报》曾是这座城市的“孤胆英雄”，没有一份报纸敢于像它那样坚持在日本人的鼻子底下向读者报道抗战的真实消息，并且坚决拒绝敌伪政权的新闻检查。当局百般威胁、讹诈、利诱和离间，但《文汇报》宁死也不肯低头，直到最后被强行查封，严宝礼本人也因此锒铛入狱。很显然，复刊后的《文汇报》缺少的是一位能使自己卓尔不群的总编辑。

不少人都认为父亲是担当这个角色的不二人选。1946 年 2 月，父亲在家“赋闲”还不到一个月，陈虞荪——一位著名报人同时也是父亲的老朋友——就出现在我们家，他带来了《文汇报》即将改组的消息，他还力劝父亲去主持《文汇报》的笔政。

事实上，陈虞荪是在代表周恩来提出建议，他不仅是资深报人和父亲的老朋友，他还是中共上海地下文委的主要负责人。让父亲主持《文汇报》的笔政，这是周恩来的一个整体计划的一部分，他希望《文汇报》能够成为重庆《新华日报》的同盟者，特别是后继者，一旦《新华日报》被查封——这种事情随时都有可能发生，《文汇报》就可以立即接替它，成为国统区的一份新的《新华日报》。当然，陈虞荪的秘密身份和周恩来的这个未雨绸缪的计划，父亲都是在很久以后才知道的。

接下来出现在我们家的是严宝礼本人，他以发行人的名义敦请父亲出任《文汇报》的总主笔。和严宝礼一起登门拜访的是父亲的老朋友柯灵，他已经答应为《文汇报》主持几个副刊。

父亲接受了这位有气节的爱国者的邀请，他开始和陈虞荪一起讨论报纸的改组和改版方案。4 月份，又有一个重量级人物加入了他们的讨论，那就是“孤岛”时期担任《文汇报》总主笔的徐铸成。此时，他已经打定主意辞去《大公报》总主笔的职务，回来和大家一起推出一份新的《文汇报》。作为上海报界的一员宿将，特别是《文汇报》的前任主笔，他的回归，意味着《文汇报》将重新敲定总主笔的人选。

但这件事很顺利地就解决了，父亲让出了总主笔的位置，他的新角色是副总主笔。这在某些人看来也许是无法接受的，不过父亲却不以为意，只要这不意味着报纸的立场会有什么不同。

5 月 1 日，一份全新的《文汇报》出现在读者手中。在当天的报纸上，编辑部发表了题为《我们的自勉》的社评，它这样阐释了报纸的立场：“要求民主，拥护经济建设，扶植民族工业。反对一切独裁、垄断、剥削及违反自由、民主的现象。”几天后，徐铸成又以个人名义发表了一篇文章，特别申明《文汇报》是一份真正独立的民间报纸，它只“代表人民利益说话，而不是依违两可，在党派间看风色、行市之所谓中立报纸”。

一人管版面，一人写社论，一人写“编者的话”，徐铸成、父亲和陈虞荪三个人轮流值班，如此周而复始。遇到特别重大的问题时，大家就在一起熬夜。相比之下，父亲所写的言论，言辞总是更犀利一些，而徐铸成的文章则绵里藏针。报社里的一位熟悉他们各自文风的老编辑一眼就可以看出其中的区别。

《文汇报》成了继《周报》之后又一面汇聚进步文化力量的旗帜，一时间，上海的进步文化人和左翼作家们纷纷加入它的阵营。黄裳和梅朵出现在了它的记者和编辑名单中，柯灵和唐弢联袂主持它的副刊，马叙伦、郑振铎和傅雷轮流撰写星期评论，而郭沫若、陈白尘、杨晦、李平心等则分别担任了它的几个周刊的主编。

一份对开四版的日报的影响力是不容小觑的，《文汇报》很快就成了民营进步报刊中的“航母”。它的日销量快速攀升，其数字直逼老牌的《申报》《新闻报》和《大公报》，排到了上海所有日报中的第四名，而这则意味着，它已经成了一份真正有力量和官办报纸抗衡的民营报纸。

发行人严宝礼既喜且忧。他不用再担心报纸缺乏影响力了，但他却比以前更发愁怎么才能弄到足够的钱去购买更多的纸张。对当时的民营报纸来说，发行量的上升同时还意味着财务负担的加重，因为国民党政府只向官办报纸配售平价纸张，民营报纸的大部分用纸要靠到黑市上高价购买，其价格大约是平价纸张的两倍左右。不一样的际遇，令大多数民营报纸深陷财务困境。

资金的绳索越勒越紧，发行量大增两三个月后，《文汇报》便到了连员工的薪资都发不出来的地步。物价天天都在上涨，薪资每拖欠一天，就意味着大家的收入又减少了一些。并不是没有人愿意提供资助，但报社拒绝接受任何方面的政治性投资或补助，因为只有这样才能保持报纸的独立性，并且不给国民党当局以任何可乘之隙。唯一可以接受的是读者的帮助，于是，《文汇报》发起了一个读者募股活动。人们的认购热情超出了报社同仁的想象，就连那些一股都买不起的穷困读者也倾其所有，几个人凑钱合买一股。财务困难没有打垮《文汇报》，它在从未缓解过的拮据中不断成长，并且几乎立刻就成了一个令国民党当局格外头痛的对手。

6月下旬，距报纸改版还不到两个月，让当局大为光火的事发生了。事实上，愤慨的首先是无比渴望和平的中国人民，6月23日傍晚，两百多名暴徒把南京的下关火车站变成了重庆的较场口，他们野蛮地围殴了代表上海各界人士向国民政府递交和平请愿书的请愿团成员。团长马叙伦和包括马寅初、雷洁琼、阎宝航等人在内的十几位代表，或被飞掷的酒瓶砸伤，或被拳脚加身致伤，这就是又一起震惊中外的惨案——“下关惨案”。这场令人发指的恐吓行动一直持续了五六个小时，现场到处都是国民党的军警，但他们竟然视若无睹，任由那些自称是“苏北难民”的暴徒恣意施暴，国民党当局作为幕后主使者的身份已经昭然若揭。事发后，国民党宣传部严令各报不准报道惨案的消息，但《文汇报》决定突破禁令，它义无反顾地报道了事件的全部真相，其立场之鲜明，勇气之过人，无不令人印象深刻。雷洁琼在40年后对《文汇报》的这一大义之举仍念念不忘，她在一篇回忆“下关惨案”的文章中这样写道：“当时站在人民一边、态度最坚决者，厥为上海之《文汇报》及重庆之《新华日报》。”

《文汇报》和当局的关系顿时紧张了。但这并不出人意料，只要国民党继续倒行逆施，关系紧张是不可避免的。当然，《周报》和当局的关系从一开始就很紧张，不过现在，它显然又多了一个坚定的同盟者。《文汇报》和《周报》开始协同作战，遇有重大事件或议题时，大家常常会事先商量好办法，然后彼此呼应，齐声呐喊。有时候，当它们其中的一方连续刺痛了国民党当局的神经因而需要自我保护一下的时候，一些过于尖锐的文章就会先交给对方发表。联合让它们变得更有力量，当然也让国民党当局更加头痛。

在和另外两位主笔轮流负责版面和言论的同时，父亲每周还要组织一次星期座谈会。参加座谈会的都是当时最有影响力的左翼人士和各界开明人士，比如郭沫若、郑振铎、傅雷、茅盾、田汉、翦伯赞、沈钧儒、邓初民、周信芳、欧阳予倩等。座谈会的内容每次都会被整理出来，成为报纸一个整版的内容。那是个极受欢迎的版面，读者们可以从中听到自己的心声。

除了星期座谈会以外，父亲还负责定期召集一个不公开的聚会。参加者相当固定，他们都是其他报刊的左翼人士，而实际上，其中的大部分人还是中共地下党员。大家聚在一起交流信息，研判形势，并且分配撰写文章的题目，聚会实际上成了非正式的组织活动。为了避免引起特务的注意，聚会后来总是以聚餐的方式举行。大家彼此之间都使用暗语联络，人们总是说“上万公馆”，意思就是，万先生——指父亲——已经在某个餐馆为大家订了座。餐馆可能是著名的“老正兴”饭馆，也可能是其他什么地方，而父亲之所以成了“万先生”，是因为他第一次订座时，用的就是这个莫须有的“万先生”的名义。

父亲的精力依旧充沛得令人吃惊，在承担《文汇报》繁重而危险的工作的同时，他继续频繁地为包括《周报》在内的其他进步报刊撰写评论。当然，《周报》也放弃了“中间立场”，它成了国民党统治的激烈反对者。

1946 年 4 月底，父亲在一篇题为《打开僵局》的文章中指名道姓地批评了蒋介石。他这样写道："蒋主席在较场口及其他同类事件中未曾采取公正的立场，反而纵容捣乱分子的横行；在二中全会的许多决议上，未曾真正地尊重他自己主持通过的政治协商会议的决议；而在4月初对国民参政会的政治报告中，又强调对东北的武力接收和'训政时期约法'的必须坚持"，而所有这些都说明，"蒋主席过分重视了自己的国民党党籍，没有自居于一个超党派的国家元首的地位，履行元首的责任"，正因为如此，"蒋主席实际上已经丧失了作为国内平衡力量的地位"。这显然是当时很少有人敢于公开发表的激烈言辞。

人民渴望的和平始终命悬一线。国共和谈以来，国民党一直在利用"边谈边打"的伎俩拖延时间，直到把它的兵力部署到它打算部署的地方。终于，"刀已出鞘，箭已上弦，战士已进入阵地，但等一声号令，比抗战规模更大的内战就要爆发了。"这是父亲在1946年5月中旬做出的判断。但这并不意味着靠卑鄙的伎俩抢占到先机的国民党就一定能够成为这场战争的胜利者，他在一篇题为《打不得！打不得！》的文章中说，国民党在估计战争结果时显然犯了两大错误，第一"是把自己的力量估计得太高了"，第二"是只从纯军事方面着眼，而没有把军事以外的因素考虑进去"。实际上，战争是军事、政治、经济、社会等各种因素的综合较量，然而若要论及政治，"今日的政治是贪污遍地，特务横行，一般人民早已怨声载道，积愤未宣"；若论及经济，"今日政府的财政经济已到了山穷水尽的地步，全靠滥发纸币来维持"。父亲因此断言，"如果把这些政治、经济、社会和民众心理的种种因素估计进去，政府军还敢发动内战的话，那就简直等于自掘坟墓了"。

这难道还有疑问吗？正因为坚信发动内战对国民党而言笃定是一种"自掘坟墓"的行为，父亲反而认为内战有可能避免。他在6月22日发表的一篇题为《掀起和平民主运动的怒潮》的文章中说："国民党及其政府，在主观上是不想拖下去的，是希望一战而解决一切的；但客观环境、国际形势和国民党本身的主观条件却逼得它非拖下去不可。"

然而，很少在重大问题研判上出错的父亲这一次却大错特错了，他显然低估了国民党当局的反动性。那篇文章的墨迹未干，后者就悍然撕毁了重庆谈判协议、政协会议决议和大大小小的停战协议，对中原解放区发动了大举进攻，全面内战的大幕就此拉开。

当战火向越来越广大的土地蔓延时，上海也开始了一场没有硝烟的屠戮，于是，在这座城市最闷热的季节里，进步文化人士感到了阵阵寒意。9月份，第一批进步团体和进步报刊从政治生态圈中消失了。《文汇报》虽然不在其中，但它却痛失了最坚定的盟友——《周报》。这份勇敢的刊物只存活了一年。柯灵形容说，它就像"摇曳闪烁在寒夜的烛火，在黑暗中燃烧过一阵，很快就被风扑灭了"。他还说：《周报》的被封是"合乎逻辑的发展，也就是切除公众的发音器官，制造无声的中国"。他指的显然是国民党当局的逻辑。

8月下旬，父亲在即将被封杀的《周报》上发表了他的最后一篇文章——《从马司联合声明看时局》。文章是以他很少采用的问答形式写成的。其中有一段谈到了解放区，父亲这样描述道："中共控制区内地方政治的设施，不论国民党如何加以无耻地污蔑，可是据史坦因等美国记者亲身观察的结果，证明确实比国民党控制下的地方政治要好得多，至少是贪污绝迹，民生解决……就绝大多数的民众论，确实是被从重重桎梏下解放出来了。"接下去的一段话令人印象尤其深刻："在这种情形下，难道中共非把自己的好政权撤退，非把已经解放的大多数人民交给国际著名的‘坏政府’的国民党去统治不可吗？即令中共愿意这样，老百姓恐怕也不会答应的。”

在此前的文章中，父亲还从未像这样“一边倒”地表达过他的看法。当然，这不仅是他的看法，同时也是《周报》的看法。不能指望国民党当局还有一丁点儿反省自身的政治气量，对于这样的文章，这样的刊物，它会做的只有剪除。

1946 年 11 月，《周报》被封两个月后，对和谈不抱任何希望的中共代表团从南京返回延安，和平的最后一丝光亮也彻底消陨了，局势的发展只剩下了一种可能性，那就是放手大打。既然如此，国民党也不必再劳神费力地让自己继续蒙着“民主”的面纱了，当伪装被撕掉之后，人们看到的是赤裸裸的独裁、掠夺和镇压。

上海仿佛变成了一座火山，人民的不满情绪如岩浆般喷发，学潮、工潮此伏彼起。《文汇报》坚定地站在人民一边奋力疾呼，它大篇幅地报道各界人民的反抗以及随之而来的残酷的镇压。《周报》的倒下不仅没有使它退缩，反而让它担当起了更大的责任，就像周恩来当初所期待的那样，它的确成了国统区的另一份《新华日报》。

当局对这份报纸简直恨之入骨，他们恐吓和逮捕它的记者，并且频繁地查禁它的稿件，报纸的版面上出现了越来越多的空白，这在当时被称作“开天窗”。但所有这一切都没能让《文汇报》稍有改变，这摆明了是一种决一死战的姿态。于是，国民党当局决定扼杀这份报纸。

1947 年 5 月，《文汇报》和另外两家敢于为人民代言的发声器官——《联合报》和《新民报》——一起被割掉了。这个结果早就在人们的意料之中，或者如柯灵所说，这是“合乎逻辑的发展”。但在这场反抗与扼杀的较量中，获胜者并不是国民党当局，当一份报纸宁肯被封杀也不肯妥协的时候，“封杀”本身反倒成了宣示封杀者的无良与无能的标记。

事情并没有就此画上句号，两三个月后，有人给严宝礼传话说，南京方面有意让《文汇报》复刊。不排除这是严宝礼和徐铸成不停地托人游说的结果，但不言而喻，国民党当局想看到的，显然是《文汇报》的“悔过”或“妥协”。

徐铸成专门为此到南京走了一趟。和他讨论复刊问题的是国民党中宣部新闻局副局长邓友德。后者的条件早就开好了：第一，由政府资助父亲出国，并向报社“钦派”一位副编辑主任；第二，政府参股若干亿，并且再“钦派”一位会计主任。徐铸成当即便回绝了邓友德，他说，《文汇报》不接受“有条件的复刊”。

父亲也不打算接受国民党当局希望他出国的建议，他决定留在上海哪儿都不去。他重新做起了自由撰稿人，既然有人那么害怕他拿着笔留下来，那就没有什么是比继续在这里口诛笔伐更有意义的事情了。

在从 1947 年 6 月到 1948 年 3 月的九个月里，国际问题而不是国内问题成了父亲评论的焦点，这折射出了当时舆论环境的恶劣。但尽管如此，父亲还是会在分析国际问题时“设法”谈到国内问题。

比如在一篇以评论战后远东政治变化为内容的文章中，父亲就从分析中日人民政治觉醒的角度，顺理成章地阐释了中国人民的政治诉求，那就是反封建、反帝国主义、反官僚买办和垄断资本家，“不仅要争取人民的政治自由，而且还要着手整个社会经济制度的重建”。他在文章中还特别强调了苏联的影响力，他说：苏联已是一个“坚实的存在”，它“对整个远东政治自将发生重大影响”。他预言道：包括中日人民觉醒和苏联成为名副其实的远东强国在内的积极因素，“还要继续发展下去，引起更重大的历史变革”。

虽然父亲在文章中所使用的语气比以前有所克制，但其观点的锋芒却依旧犀利。我们不妨看看父亲在一篇分析中国对日外交的文章中是如何抨击国民党当局的——在列出政府外交“太软弱”的一系列证据之后，他揭示了这种“软弱”背后的政治原因，他一语中的地指出：政府目前在对日外交上采取的是完全听任美国包办的做法，如果这种做法是“为了对付国内的政敌，而不惜以牺牲整个国家民族的利益作为获取外援的交换条件，那就更要不得了！”

战场形势的发展大概超出了所有人的预料，或者说，谁也没想到装备精良并且占尽先机的国民党军队原来是只“纸老虎”，人民解放军只用了八个月的时间就击溃了他们的全面进攻。1948 年春天，当人民解放军对国民党军的战略进攻摧枯拉朽之际，人们在国统区竟然听到了一阵蹊跷的“反内战”的议论。

类似的观点集中体现在一个名叫杨人楩的作者所写的题为《内战论》的长文中。杨人楩笼统地为内战罗列了一系列罪名，包括伤害生命、毁灭物质、令经济崩溃、人权不保、外力干涉、文化衰落、道德堕落等等。父亲写了一篇同样标题的文章反驳杨人楩，他说：笼统地说一切内战都会导致上述结果显然是大错特错的，要看一个国家的内战究竟是有助于抑或有害于这个国家的进步，首先要看“究竟这个内战是维护即成的腐朽社会组织呢，还是催生新的进步的社会秩序？”父亲指出：历史上“充满了无数新兴势力经过长期内战终于推翻旧的腐朽社会组织的例子”，“像这样的内战就是进步的，是应该歌颂的”。

这是父亲九个月来第一次直接就国内政治问题发表看法，其笔触之大胆和直露，甚至超过了《周报》后期。父亲更进一步地谈到了每一个人的选择，他说："人民在这样的内战当中，事实上必须选择一边，要么为维护旧社会组织而战，要么为催生新社会而战，这当中很少有中立的余地，更无袖手旁观的可能。"而"真正的人民只会发挥力量来加速新社会的诞生"。

这段话实际上也是在表明父亲自己的心迹。这篇文章发表于1948年4月2日，四个月前，他通过冯雪峰正式提出了加入中国共产党的请求。那一年他38岁，他深信他面对的是一场事关国家前途命运的决战，就像他在文章中写到的那样，在这场决战面前，他既不能保持中立，更不能"袖手旁观"，他必须"选择一边"，"为催生新社会而战"，必须"发挥力量来加速新社会的诞生"。但不巧的是，冯雪峰当时正处在脱党状态，他必须再委托其他人向党组织转达父亲的请求，这多少耽搁了一些时间。直到1948年3月中旬，也就是父亲构思这篇文章的时候，他才终于得到了确切的反馈，他的请求已经由楼适夷转达给了党组织。这之后的事情非常顺利，4月9日，《内战论》发表一周后，他成为一名中共党员。

黄炎培主办的《国讯》杂志以惊人的勇气发表了父亲的《内战论》。这篇文章，以及它随后刊发的中共中央颁布的《中国土地法大纲》，导致了又一个"合乎逻辑"的结果——这份存在了十七年之久的杂志被停刊了。

毫无疑问，父亲成了国民党当局的死敌。这一次，他们不会再考虑出资送他出国了，一位在警备司令部工作的朋友冒着生命危险传出消息说，他的名字出现在了被通缉者的名单中。

父亲开始过上了无法回家的逃亡般的生活。他在各种朋友家借宿，并且不时地更换住所。母亲和我们只知道他在这座城市的某个地方，但却从来不知道确切的地点。

唯有父亲的文章可以证明他的存在，他有时署名"范承祥"，那些文章多半都发表在《世界知识》和《中国建设》杂志上。他在文章中抨击国民党政府丧权辱国，他指出，中国的独立在抗日战争胜利后重新受到了严重的威胁，“外国的飞机可以飞遍政府能力所及的天涯海角，畅行无阻；外国可以在中国到处保持海、空军基地；外国的军人可以在中国到处横行，从随便打死人到个别的以及集体的强奸……”他这样描述道，他提醒人们，争取民族独立的革命还远未完成。他还为遥远的东南欧国家的土地改革而欢呼，他指出这一改革冲破了封建剥削的土地关系，因而使国家的经济得以迅速恢复和复兴，更重要的是，它还为国家进一步走向一个新的社会形态——社会主义社会奠定了重要的经济基础。当他滔滔不绝地谈论着这一切的时候，他仿佛是在描摹着新中国的未来。

但是到了 10 月份，父亲的文章从所有的进步刊物上消失了。我们不再能感受到他的存在。我们隐约知道，或者说在相当大的程度上是猜测到他已经去了另外的地方。

父亲似乎已经把我们彻底放在了一边。在以往的日子里，我们虽然经常和父亲分离，但还没有哪一次分离像这次这样，如此两不相知。

迎接新中国诞生：参与起草《共同纲领》

母亲、姥姥，还有我们七个孩子的生活一下子陷入了前所未有的窘境，在失去有关父亲的全部消息的同时，一个九口之家的经济来源也被切断了。

8 月份，一种印着蒋介石头像的新货币——金圆券取代了此前流通的法币。人们按照当局的法令限期兑换货币，每三百万元法币兑换一元金圆券。但是，这种新的纸币根本拉不住如同脱缰野马一般上冲的物价，两三个月后，它们就形同废纸，人们不得不抱着很多捆金圆券去购买一小袋米。上海的街头很快就饿殍遍地。当一个大学教授的月薪仅够维持一家人几天温饱的时候，像我们这样的一个妇孺家庭，更是如同惊涛骇浪中的一只小木船，随时都有被倾覆的可能。

大舅，还有当时也在上海生活的姨妈向我们伸出了援助之手。他们的接济，支撑我们度过了最初的突如其来的困境。在那之后，我们开始接受一小笔神秘的资助：有家报馆每月都会通知母亲去领取父亲的“稿费”。这是独属于大姐的任务。我们家住在虹口区，而报馆则远在南京路。因为没钱乘车，大姐每次都是步行往返。对一个十三四岁的女孩子而言，那是一段辛苦的经历。但更令我们好奇的是，父亲已经不再发表文章了，怎么还会有报馆付稿费？很久之后我们才意识到，这应该是来自党组织的关怀。

当然，这笔“稿费”远不能解决一家人的生活所需。况且，母亲无论如何也不会让我们成为别人的负担。她那时刚刚生下我们最小的弟弟，尽管身体还很孱弱，但她还是决定自己挑起生活的重担。

我们家里很快就堆满了有钱人家的待洗的衣物。我们上学后，母亲便把手浸在水里开始了不停的搓洗。直到我们放学，她才能暂时离开一会儿搓衣板和笨重的木盆。

我们开始分担母亲的劳作。女孩子们总是抢着帮她清洗和晾晒衣物。衣物晒干后，我们会和母亲一起把它们叠好，然后由我们负责把它们送到主人的门上，同时再把新的待洗的衣物抱回家。大弟弟总是捧着大叠的洗好或未洗的衣物，跟在我们身后穿行于大大小小的弄堂。我们叽叽喳喳地说笑着，开着当时爱尿床的大弟弟的玩笑。当我们做着这一切的时候，既自然，又坦然，没有任何低人一等的感觉。这要感谢母亲，因为在她看顾我们的眼神中，从来也没有传递出这样的信息，是母亲让我们学会了以平常之心来面对生活中的困境。

我们家的小木船在母亲不停歇的搓洗中勉强漂浮着。她必须挖空心思地精打细算，才能购买让我们一家人勉强活下去的食物。但她总能创造奇迹，就像她在上饶时经常能让父亲吃上一小把花生米一样，她也可以让我们几个正在拼命成长的孩子不时地吃到一些水果，当然不是一人一个，而是一人一份。我们总是充满期待和格外感兴趣地看着母亲把一只洗净的水果用小刀切成均等的六份，然后每人分到自己的那一份。那个时刻，成了那段艰难的日子里让我们感到格外欣喜和温暖的时刻。就是从那时开始，我们养成了分食水果的习惯。即使当我们成年以后，甚至直到今天，每当我们聚在一起的时候，我们还是喜欢分食一只水果。当然，我们不再缺少任何东西，但是我们喜欢以这种方式重温母亲的爱和我们之间的亲情。

外人看不出我们家生活的窘困，因为我们总是穿着干净整洁的衣服出现在学校。事实上，和其他的孩子比起来，我们的穿着甚至显得很得体。母亲显然为此付出了很多，但她却让我们觉得这一切都是自然而然的。她的努力，让我们的生活在最窘困的时候也一直保持着真正的尊严。

然而母亲的表情却明显地变得比以前坚毅了。她很少笑，并且对我们管束很严，那是因为她意识到自己既要当母亲，又要当父亲，她不希望我们七个孩子中的任何一个因为在这一时期缺乏管教而在品行上留下遗憾。母亲其实是个外表温婉的女人，尤其是她眉宇间所独有的那种略显忧郁的神情，更是赋予她的面孔一种打动人心的女性的魅力，但只要需要的话，她的内心和行为可以像男人一样坚强。那段艰难的日子似乎把母亲对我们的态度定格了，以至于我们几个孩子后来谈起父母带给我们的感受时，都不约而同地把“严父慈母”这个适用于描述大多数父母角色特征的词改成了“严母慈父”。

我们虽然可以分担母亲的劳作，但却不能分担她内心的苦痛。对母亲来说，真正的折磨不是生活的艰辛，而是一直没有父亲的任何消息。虽然母亲坚信父亲有一天会出现在我们面前，但实际上她根本就不能肯定这一点。那是一个什么事情都有可能发生的年代，更何况父亲的选择还将他置于极其危险的境地。母亲只能靠希望让自己支撑下去。每当夜深人静时，她都要长久地待在黑暗中收听延安的新华广播，她希望从那里捕获到有关父亲的一星半点的消息。但是父亲的名字始终也没有出现在那些激动人心的消息里。黑夜过去之后，身心疲惫的母亲照样要承担起生活的重负。

不过母亲当时选择的寻找父亲的方式显然是正确的，我们后来果然是从新华广播里得知了父亲的消息，只不过不是在深夜，而是在白天。当时母亲正在操持家务，一个认识母亲的朋友听到了，然后欣喜若狂地跑到我们家报了信。那条消息说，父亲作为以郭沫若为团长的中国和平代表团的成员，将前往捷克斯洛伐克首都布拉格，参加在那里召开的第一次保卫世界和平大会。那是1949年的春天，虽然生活还是那么艰难，甚至比以前更加艰难，但是这个消息，让母亲和我们每一个人的心情一下子就变得像春天一样明媚。

5月份，解放上海的炮声已经隆隆作响。炮弹有时会落到我们住宅区的附近。为了躲避轰炸，母亲把我们平时吃饭用的一张大圆桌挪到了房子中央，然后在上面铺上厚厚的棉被，棉被的四个角垂下来，刚好可以盖住桌脚。每当轰炸来临时，母亲就把姥姥和我们几个孩子拉到桌子底下躲起来。但即使炮弹就在我们头上横飞，我们的内心仍然充满了强烈的喜悦。

直到很久以后，我们才知道父亲当初是如何离开上海的。当然，离开上海不是他的决定，而是组织上的决定。对党龄不长的父亲来说，这种体验同样也是前所未有的。

到了 1948 年 8 月份，大胆的预言家们已经可以断言，国民党在军事上败局已定了。此时，人民解放军正准备在东北战场与国民党军队展开战略决战。为了控制住国统区的局势，国民党当局决定对人民实施更加严酷的镇压。就在这个月份，一个在不久前刚刚成立的名为“特刑庭”的机构疯狂地发出了大量传票，以传讯所谓“潜伏在社会各阶层及各学校之匪谍”的名义，开始了对共产党人、民主人士和进步青年学生的大搜捕。但此举显然无法改变国民党统治正走向穷途末路的历史命运，特别是当 9 月 12 日辽沈战役打响之后，这个已经人心丧尽的政权的垮台更是指日可待了。

当人民解放军的百万大军在东北战场上摧枯拉朽之际，中共中央开始着手筹备成立新的人民共和国。父亲完全想不到他将有机会参与这项历史性的工程，他觉得他的战场依然在上海。尽管他也进了国民党当局的黑名单，但他还是决定留下来，以支撑仅存的两份进步刊物《中国建设》和《展望》的出版。让他没想到的是，他在 9 月中旬接到了他的单线联系人陈虞荪的通知，后者让他立即动身前往香港，并且在那里等待组织上安排他进入解放区。一切都来得很突然，父亲顾不上处理家里的事情，便化装成商人火速起程了。事实上，就在父亲动身前后，数百位民主党派的领导人以及工商界、文化界的知名人士，也分别从西南、西北、华中和华东地区陆续起程前往香港，他们的最终目的地都是同一个地方——河北省平山县西柏坡，他们将在那里参加新政协的各项筹备工作。

那是一个令人激动的庞大的北上计划。著名教育家叶圣陶曾把它形容为“涓流归海”。但实施这个计划的风险也不言而喻——那么一大批引人注目的社会精英取道同一座城市前往中共中央所在地，这很难不引起国民党特务和港英当局的注意。为了把他们安全送抵西柏坡，中共地下党组织设计了一个让他们藏在外籍货轮上前往解放区的“偷渡”计划。那些货轮一直被中共地下党组织以外贸公司的名义长期租用，它们经常往返于东北和香港之间，并且有着相对固定的货主和生意模式，它们先是要把东北的大豆、人参、貂皮和药材运到港澳市场上卖掉，然后买进东北——实际上是解放区——急需的西药、纸张和五金产品，再把它们返运回去。每当某个装满西药、纸张和五金产品的货轮将要启航时，一小批知名人士便乘机搭船北上。当然，这条航线也危机四伏。为了躲过港英海关的检查和国民党海军巡逻艇的搜查，那些藏匿在货轮上的知名人士要么扮成船员，要么扮成管舱员或是庶务员。这个惊心动魄的北上计划最终大获成功，从 1948 年 9 月到 1949 年 3 月，至少有近四百位人士以这种方式抵达了西柏坡，其中包括李济深、沈钧儒、谭平山、章伯钧、蔡廷锴、黄炎培、马寅初、陈叔通、郑振铎、柳亚子、郭沫若、马叙伦、沈雁冰、叶圣陶，此外还有一些起义的国民党将领及著名的演员和作家。

因为是分批北上，所有的人都要等船期，可能要等一两个星期，也可能要等一两个月。父亲等了近一个月。他在香港期间的联系人是老朋友夏衍。当然，他在那里还见到了其他的老朋友，其中也包括早在四个月前就抵达这座城市的徐铸成，他已经在香港创办了新的《文汇报》。父亲一开始就住在了报社，并且为报纸撰写了若干时评。

不过父亲在此期间还做了一件更为重要的事，那就是在他的两个老朋友——国民党海军部少将办公厅主任金声和中共上海局策反委员会委员李正文——之间搭了个桥。李正文当时正要从香港返回上海，父亲告诉他，金声早在 1948 年初就有意结交共产党，而他显然掌握着一些重要的军事情报。在和李正文讨论了接头办法之后，父亲给金声写了一封信，让他接待一个化名叫“王老吉”的人。金声很快就在上海见到了父亲所说的“王老吉”。那以后的事情进展得很顺利，金声几乎每周都要从南京赶到上海和李正文见上一面，他带去的情报果然很有价值，比如国民党沿长江一带的兵力部署及变动情况，此外还有每个隐蔽炮台的准确位置等等，它们对人民解放军后来打赢渡江战役大有帮助。

从登上货轮北上开始，父亲的经历就充满了变化和新鲜感，这期间他的很多时间都是在旅途中度过的。他先是在 12 月份到达西柏坡，但是一个多月后又根据周恩来的指示赶往刚刚解放的天津，他的任务是接管天津《大公报》，并将其改组为《进步日报》。不过这项工作才刚刚起步，他就接到了前往布拉格参加保卫世界和平大会的指示。等他从布拉格回到天津时已经快 5 月份了，而他马上又要离开报社去参加新政协会议的筹备工作。从国统区到解放区，从巨变前的中国到战后的欧洲，父亲不断地感受着国家和世界的变化，更感受着新中国诞生的波澜壮阔的历史进程带给他内心的强烈冲击。

1949 年 6 月份，或者说在上海解放一个多月后，我们总算见到了父亲。在新政协举行第一次筹备会议之前，父亲终于抽出了两三天时间，把我们老老少少八个人从上海接到了北平。但是正在读初三的大姐留在了上海，父亲计划让她完成初中学业再去北平。

火车到北平时是晚上。虽然初夏将尽，但天气要比南方凉爽得多。来接我们的是一辆马车。我们和行李挤在一起，七拐八拐地穿过大街小巷。我们的身体随着马车的前行一摇一晃。马蹄敲打着路面，发出嗒嗒的声响。车前面挂着一盏煤油灯，借着它发出的光亮，我们隐约可以看到路两旁陌生的街景。那一刻是那么美好！我们一家人又在一起了！不仅如此，我们还将拥有一个不再动荡的、可以带给我们强烈安全感的新家！

但父亲在第二天就从我们眼前消失了，这一走，又是漫长的四个月。那显然是一段非同寻常的日子，在父亲 40 年的生命历程中，那四个月的意义无与伦比。

1949 年 6 月 15 日，一个由 143 人组成的颇具代表性的新政治协商会议筹备会在北平正式成立，它将为即将诞生的新中国勾画蓝图。起草一部具有临时宪法性质的《共同纲领》无疑是这项工作的核心。在筹备会举行的第一次工作会议上，代表们一致决定，“委托中共方面负责草拟最初稿”。

6 月 18 日，一个专门负责此项工作的小组——新政协筹备会第三小组成立了。它是一个由 23 人组成的同样颇具代表性的工作班子，组长是周恩来，副组长是九三学社的创始人许德珩，其成员包括章伯钧、章乃器、周建人、罗隆基、黄鼎臣、朱学范等各主要民主党派的领导人，此外还有来自工商界、实业界的代表。

在第三小组举行的首次工作会议上，周恩来强调了《共同纲领》的重要性，他说：这份文件的内容将决定着未来联合政府的产生，不仅如此，它也将是今后各党派及各团体合作的重要基础。

第三小组必须在 41 天的时间里交给周恩来一份初稿。当然，起草工作并不是从零开始。事实上，中共中央从 1948 年 10 月份就开始着手起草有关文件了。在辽沈战役结束前，早期的起草小组已经完成了两份初稿。由于那时人民解放军刚刚解放东北，文件的重心还在于规定各项战时任务。但是到了 1949 年 6 月份，除了华南和西南的小部分区域还有国民党军队余部在负隅顽抗外，全国大部分地区已经解放，而这也意味着原始草案的大部分内容已经不适用了，因此，人们必须围绕新政权的建立以及此后将要实行的各项基本政策起草一份新的文件。没有人料到解放战争的胜利来得如此迅速，即使是中共中央领导人，就像这次会议本身，人们原本计划是在哈尔滨召开的，但是现在，会议的地点已经南移了一千多公里。

第三小组的成员们开始了夜以继日的工作，特别是父亲，他既是这个名人荟萃的小组的秘书，也是这份文件的主要执笔人之一。

7 月下旬，一份一万两千多字的初稿被交到了周恩来手中。周恩来放下了手头的大部分工作，开始对初稿进行逐字逐句的修改，为此，他把自己关在中南海勤政殿整整一周。8 月 22 日，《共同纲领》草案初稿第一次被送交毛泽东审阅，它被精减到了七千多字。至此，这份草案至少已经八易其稿了。

9 月初，经过毛泽东本人修改的草案被提交给陆续赶到北平参加新政协会议的全体代表讨论。在抗日战争期间一直担任陕甘宁边区政府主席的林伯渠曾经以简略的文字记录过这一长达二十多天的过程，他这样写道：“9 月初各地到平的代表已有四五百人，为了使各代表普遍深入研究及便于发表意见，中共邀集了各代表分成 20 个小组，进行解释及讨论，当时大家提出许多意见，中共斟酌采纳修改后，提交到第三小组，第三小组审查修改后，又交到常委会审查修改。常委会觉得分组讨论的办法很好，而当时到平的各代表已有 600 人，于是决定再由第三小组组员分别主持讨论，将全体到平代表分成 12 个小组，作了深入的研究，第三小组再汇集各组所提的意见作综合修改，完成共同纲领的初步草案。”

这段文字不仅描述了《共同纲领》的讨论情况，也反映了第三小组在此期间的工作状态。但父亲所做的显然比这要多得多，因为他同时还身兼三个副秘书长的职务——政协筹备会和政协大会的副秘书长以及将于10月2日召开的中国保卫世界和平大会的副秘书长。不仅如此，他还是政协筹备会和政协大会的新闻处处长。这同样是个忙得不可开交的角色，仅仅是负责将各个小组每天的讨论情况汇编成文这一项工作就要用掉他五六个小时的时间。很显然，这项工作只能在每天的会议结束之后进行。汇编后的文件要先送给周恩来审阅，然后再将它们打印、装订成册。这意味着父亲要通宵工作。他只能在文件开机印刷时随便找个地方睡上两三个小时。

这是一场不折不扣的疲劳战。但在那四个月里，父亲的身体对于疲劳的感觉是失灵的，他能感觉到的只有他内心奔涌着的激情，那是一种强烈的历史感和崇高感。他觉得自己一生追求的理想国家正在变成现实，而且这种感受就像空气一样无处不在。他每时每刻都为自己能尽绵薄之力而深感自豪，这让他浑身有着用不完的力气。

这其实是见证和参与了这一过程的所有代表的共同感受。比父亲年长31岁的黄炎培是新政协主席团的常委，他也经常要忙碌到夜里两三点钟才能休息，但这位曾经在1945年与毛泽东讨论过“历史周期率”的古稀老人始终像年轻人一样兴奋和活跃，他觉得自己和其他代表们正“从地球几万万年一部大历史上边，写出一篇意义最伟大最光荣的纪录”，他们正“在东半个地球大陆上边，建造起一所新的大厦来”，这所大厦的题名是“中华人民共和国”，而它的涵义则是“独立、民主、和平、统一、富强”。

正是怀着共同建造一所新的大厦的心情，在讨论《共同纲领》的过程中，六百多位代表里很少有人不发言的，他们提出的修改意见多到了难以精确统计的地步。当然，其中不乏尖锐的意见，它们大多涉及政府的组成以及未来将要实行的经济政策。但是所有出现争论的问题最后都通过充分协商的方式解决了，其结果正像经历了整个起草修改过程的章乃器所形容的那样："做到了多数起了决定作用，少数心悦诚服。"在开国大典这个重要的时刻来临之前，每一位代表都以真正的知无不言、言无不尽的方式，共同完成了对《共同纲领》的修改和定稿。他们熟悉这部纲领的每一个字，并且知道它们是如何被确定下来的。这是一个伟大的文本，一个真正的共同的纲领。有人形容说，它的每一个字都闪烁着人民的希望和理想。

1949 年 9 月 29 日，在中国人民政治协商会议第一届全体会议第七次会议上，《共同纲领》在全体与会代表们发出的雷鸣般的掌声中获得通过。事实上，被通过的不仅仅是纲领本身，还有纲领的起草过程，或者说，是在纲领起草过程中所展现出来的真正的、彻底的民主理念和民主精神。

语言在那一刻显得格外苍白，就连当时在座的不少用笔如椽的文化大家后来都纷纷慨叹，说他们找不到恰当的词汇来形容自己当时的感受。也许苍白的不是语言，而是很少有人体验过如此强烈的喜悦。

10 月 2 日晚上，在中国保卫世界和平大会闭幕之后，父亲出现在了家门口。他看上去依旧兴奋不已。他见到我们后说的第一句话就是："人民的新中国成立了！"他不是在向我们宣布一个事实，他是在表达他四个多月来的强烈而真切的感受。

/ 黑白记忆 · 北上 /

这里的三张照片，都是在编写父亲的文集以及写作本书时从友人那里找到的。它们记录了父亲一生中一段非同寻常的经历。

这是 1948 年 12 月父亲（左）从香港搭乘华中轮前往东北解放区的途中。站在他旁边的是著名经济学家、民盟中央委员沈志远，他后来和父亲一起参加了《共同纲领》的起草工作。这张照片的拍摄者是鲁迅之子周海婴。

1948年12月，父亲乘坐的华中轮抵达东北解放区。这是父亲与同船抵达的民主人士的合影，左起：翦伯赞、马叙伦、父亲、郭沫若、陈其尤、许广平、冯裕芳、侯外庐、许宝驹、连贯、沈志远、曹孟君、丘哲。这张照片同样出自周海婴之手。

在新政协的46个单位中，父亲被分在第42组：自由职业者民主人士小组。包括父亲在内的10个人是正式代表，还有2位候补代表。前排左起：浦熙修、徐永祚、潘震亚、林仲易、洪式闾、陈乙明，后排左起：李承乾、林葆骆、白杨、孙荪荃、父亲、褚应璜。

第三季　外交历程（1949~1977）

进入外交部：首任西欧非洲司司长

在令人激动的开国大典结束后的一个多月里，中央人民政府政务院及其下属各机构相继成立，人民共和国的国家机器开始全力运转起来。

不少民主党派的领导人都在新的政府机构里担任了要职。有些民主人士还受到了中共的特别邀请，比如黄炎培，为了说服他出任政务院副总理兼轻工业部部长，周恩来曾经专门跑到他家里与之推心置腹地促膝长谈。周恩来这样劝说黄炎培：我们已经一起编写了《共同纲领》这部为人民服务的“剧本”，我们自己怎能不“登台唱戏”呢？

父亲也开始“登台唱戏”了，他的名字出现在了中华人民共和国外交部首批任命的司长名单里，他的新头衔是西欧非洲司司长。从“自由职业者”——这是父亲作为新政协代表时所使用的正式身份——到外交部官员，父亲的角色转换不可谓不大。

周恩来曾经这样描述过新中国的外交队伍，他说：这支队伍主要由三部分人构成，第一部分是长期在军队中工作的老将军，第二部分是在白区从事地下工作的党员，第三部分是长期在解放区从事地方工作的干部，这三部分人在政治上都极其可靠。

但父亲看上去是个例外，由于他的党员身份直到 1954 年才被公开，所以他成了司长们中间为数不多的“无党派人士”。

周恩来在对父亲的任命上显然起了关键性的作用。他意识到父亲有一种不可多得的禀赋，那就是对外部世界的风云变幻有着特殊的敏感和洞察力。不仅如此，父亲还是众人公认的“笔杆子”。他的这些显而易见的特点，使周恩来的这个任命有着足以令人信服的理由。

父亲参与的第一项工作是肃清帝国主义的在华特权。这项工作是实现国家彻底独立和主权完整的重要前提。毛泽东曾经用十分形象生动的语言描述过新中国外交的这一奠基性工程，那就是“打扫干净屋子再请客”。

要打扫的摊子极其庞大，其范围包括近代以来英国、美国、法国、意大利、德国、荷兰、比利时、葡萄牙、西班牙等列强通过一系列不平等条约在中国攫取的政治特权以及上述各国政府及侨民拥有的大量掠夺性资本及财产，比如矿山、铁路、港口、工厂、电报公司、商贸企业以及各类不动产等，此外还有他们在华兴办的文教、卫生、宗教、救济等机构，甚至还包括兵营、靶场和跑马场。

外交部首先要拟定有关的方针。这项工作由父亲负责，因为除美国之外，将要肃清的特权和财产全部分属于西欧国家。但是人们显然不能用不加区别的办法来对待所有的国家，特别是在财产问题上，在经历了近一个世纪的历史变迁后，这些财产的状况已经十分复杂，事实上，仅仅是将各国政府和侨民的在华财产分门别类就需要摸清大量情况。

父亲主持召开了若干次全国性的调研会议，在这之后拟定的有关方针中，人们可以根据将要处置的财产的性质选择最恰当的方案，这些方案多达八种，包括没收、征用、收归国有、管制与冻结、代管、转让、租用和收购。这一灵活的方针既体现了肃清帝国主义在华特权这一外交行动的正义性，同时又确保了新中国在没有造成动荡的情况下，顺利解决了帝国主义在中国经营了上百年之久的财产问题。

兵营所体现的是不平等条约中的“驻兵权”，是最典型的屈辱性标记，它们也因此成了最先被处置的资产。1950 年 1 月 6 日，外交部开始以北京市军事管制委员会的名义收回这些兵营，有关的布告被张贴到了位于东交民巷的原各国领事馆门前。

兵营迅即做出了反应，它们纷纷开始加固门窗，有的兵营索性用大量的沙袋从里面把大门顶住。美国的反应尤其强烈，前领事柯乐博一边急电美国国务院征询对策，一边紧急召集英、法、荷、比、意五国的前领事会商行动方案。他试图动员后者和美国一起采取联合抵制行动。但令他失望的是，他的建议没有得到响应。于是，他决定单独出面“据理力争”。他给中国外交部长周恩来写了一封信，他在信中援引了美国与旧中国签订的不平等条约中的某些条款，并以此作为“法理上”的依据拒绝交出兵营，他还代表美国政府向中方提出了强烈抗议。

柯乐博把信送到了北京市人民政府外事处，但是信当即就被退回了。这位前领事还被告知，新中国已经“另起炉灶”，它不再承认旧中国与其他国家建立的外交关系，至于各国派驻旧中国的使节，也只被视为普通侨民，因此，以柯乐博当下的身份，是没有资格代表美国政府表态的。

柯乐博显然没有意识到自己的角色已经作废了，但他并不想就此放弃“履职”，他再次急电美国国务院，建议由美国政府出面，请英国人从中斡旋，并且代为转达美国政府的意图。

美国政府采纳了他的建议。很快，英国前领事高来含就向中国外交部提出了拜会父亲的请求。

高来含的请求被接受了。他在当时的处境的确比柯乐博好得多，他差不多可以被视为临时领事，因为英国政府刚好在中国外交部宣布收回外国兵营的同一天——更准确地说是在北京市军事管制委员会的布告被张贴到英国兵营大门上几个小时后——宣布承认中华人民共和国，这不仅保住了高来含的外交官身份，而且还为英国交出兵营赢得了三个月的宽限期。

高来含把柯乐博此前被退回去的信交给了父亲，他解释道，他只是奉英国政府之命，在收回兵营的问题上为美国政府做一次代言人。“仅仅是代言人而已，并无其他任何用意。”他这样强调说。

结果和上一次没有什么不同。在听完高来含的一番有关英国外交大臣贝文对中国正在采取的外交行动感到不安的话之后，父亲告诉他的客人：兵营是帝国主义逼迫中国签订的不平等条约的产物，新中国决不允许它们的存在，只有除掉这些耻辱的标记，才真正有助于中外关系的改进。

柯乐博的信被再次退回。但父亲显然顾及了高来含的面子，他用相对和缓的语气说：我有当面退回这封信的权利，但因为中英之间刚刚开始建立关系，我本人不想让你感到难堪，所以我会在稍后的时间里让别人把信退给你。

没有证据表明英国在 1 月 6 日这一天宣布承认中华人民共和国与中国政府决定收回外国兵营的行动之间是否有直接的关系，即使有，兵营也只是英国在华利益的九牛一毛。据上海英国商会估算，英国的在华资产总值在 1937 年以前就已经高达三亿英镑，而对香港的殖民统治更是给这个国家带去了源源不断的巨额财富。这本来就是难以割舍的肥肉，更何况是在经历了第二次世界大战的残酷消耗之后，对于刚刚从世界上最大的债权国变成最大债务国的英国来说，这笔财富和权益的分量非同小可，仅仅是出于保全它们这一条理由，就足以使英国下决心承认中华人民共和国的合法性了。

但英国人很快就意识到他们把事情想简单了，他们原以为仅仅是向中国外交部递交一份外交照会，通知中方大不列颠及北爱尔兰联合王国政府承认中华人民共和国中央人民政府就可以完成建交过程了，因此，当英国外交部获悉，缅甸在承认新中国后仍然被要求就断绝与国民党政权的关系问题到北京进行建交谈判时，他们开始有了不祥的预感。英国外交部一位叫富兰克林的官员评论说，中国的做法给人以“十分不愉快的味道”，它使人想起“蜘蛛对苍蝇的邀请”。他估计英国将“可能不得不面临羞辱、困境和令人讨厌的前景”。看来，英国人显然还没有学会以平等之心待人。

仅仅因为这一点，谈判也是必需的。1 月中旬，英国外交大臣贝文接到了中国外交部长周恩来的复照，复照表示中国愿意在平等、互利以及相互尊重领土主权的基础上与英国建立外交关系，同时，中方还欢迎英国政府的代表到北京就建交问题进行谈判。富兰克林猜中了，大英帝国必须在新中国面前放下他们以往作为殖民者的臭架子，尽管这让他们很不高兴。

3 月 2 日，居高临下惯了的英国人终于坐在了北京的谈判桌前。英方的首席谈判代表是原英国驻华使馆公使胡阶森，此时，他已经被英国政府任命为临时代办。

胡阶森的谈判对手是外交部副部长章汉夫。作为主管司长，父亲是中方谈判小组中的二号人物。中方希望英方就以下两个问题表明态度：第一，英国政府将如何断绝它与台湾国民党当局的一切关系以及在国际组织中承认新中国的合法地位；第二，英国将如何对待国民党设在香港的各类机构以及中国留港的国有财产。

这两个问题全都戳到了英国的软肋上。有两件事令中方对英国与中国建交的诚意颇生疑窦，一件事是在 1 月 13 日，或者应该说是在英国宣布承认中华人民共和国一周后，当联合国安理会就是否驱逐国民党代表一事进行表决时，英国代表投了弃权票；另一件事是港英当局未能按照中国政府的要求，就保证中方滞留在香港启德机场的 71 架民用飞机的产权不受侵害一事明确表态。

当然，英国人还有机会证明自己，因为在 6 月份和 7 月份，联合国国际儿童紧急援助基金会和经社理事会还将分别就是否接受中华人民共和国代表一事进行表决，而中国滞留在香港的 71 架飞机的产权归属问题也仍然在司法审理过程中。正因为如此，中方对中英建交谈判的前景曾一度抱有相对乐观的态度。3 月份，父亲和外交部亚洲司司长陈家康、外交政策委员会副主任委员乔冠华联名向中央提交了一份报告，报告分析了英美在对华政策上的不同态度，并建议中央利用英美矛盾，与英国建立大使级关系，以此作为冲破西方联合封锁中国的突破口。

这份报告的观点得到了朱德、刘少奇、周恩来等人的赞同，中方甚至还内定了派往英国的大使人选。

但毛泽东反对这个提议。他认为英国还远没有做好为中英建交承担相应的责任和义务的准备。他说，如果在这种情况下仓促建交，中国将不得不保护英国的在华利益，但却将长期忍受英国在对华政策上的摇摆不定。他认为即使中国迫切需要在西方国家中选择一个战略突破口，这个国家也不应该是英国。

父亲对毛泽东在这个问题上的洞察力心悦诚服。他意识到自己低估了英国显而易见的矛盾心理对其行为的影响程度，它既想保全自己的在华利益，又不想失去昔日大英帝国的面子，不过比这更重要的是，和英美之间的共同利益以及后者对前者的钳制力相比，它们之间的矛盾远没有那么重要。

毛泽东的判断很快就被证明是正确的。事实上，即使英国人最后不得不接受他们必须在大英帝国的利益和面子之间做出选择这一事实的话，如何选择本身也不完全取决于他们自己的意志，换一句话说就是，这种选择权的很大一部分是捏在美国人手里的。

与英国格外顾惜自己的在华利益不同，美国外交战略的重点是遏制以苏联为首的社会主义力量在全球的扩张。正因为如此，它一直都在不惜代价地支持蒋介石政权，尽管它自己都认为，这个政权已经腐朽到了无可救药的地步。因此，当英国在 1950 年 1 月 6 日就给予新中国外交承认时，美国的感受可以用相当恼怒来形容。在美国看来，英国至少可以等到蒋介石的军队与人民解放军之间的军事较量全部结束之后再采取行动——哪怕它多少顾及一下美国的感受，也不会如此迫不及待地承认美国所支持的蒋介石集团的“死敌”。英国的这一行为可以被理解为无视或者至少是忽略了美国的利益和面子。不过，在实施自己全球战略的问题上，美国同样不会太顾及英国的利益和面子，所以，尽管美国人深知保全在华利益对英国在战后恢复元气至关重要，他们还是决定不让这个不得不受制于自己的盟友再往前走半步了。

从 1950 年 1 月份起，英国就不断接到美国的警告，它被反复提醒不要在联合国有关中国代表权问题的表决中与美国对着干，否则英国就会被认为是站到了苏联一边，而这将使英国在美国的地位受到损害。

在留港飞机问题上，美国的态度更为强硬。在美国国务院，经常可以听到这样的议论：这些飞机绝对不能落入中国共产党手中，因为它们在经过改装后可以帮助人民解放军轻而易举地登上台湾岛，而这将置立足未稳的蒋介石政权于死地。不仅如此，这些飞机还将接着变成中共“向东南亚渗透的工具”。这种判断决定了美国执意要将飞机交给蒋介石。美国为此匆忙注册了一个民用航空公司，并且强行购买了飞机的全部产权。由于这些飞机的产权归属问题要由香港最高法院做出裁决，美国国务院还专门派人到伦敦和香港两地进行游说。美国甚至放话说，如果香港最高法院的裁决对美国不利，美国就将考虑撤销“马歇尔计划”，这也就是说，英国有可能因此失去高达 13 亿美元的援助款项。英国驻美大使弗兰克斯焦急不安地向英国外交部发回报告说，任何有利于新中国的决定，都将引起美国国会对给予英国经济及军事援助的猛烈攻击。

英国开始变得止步不前。谈判仍在进行，中方已经耐心等待了两三个月，但英方始终没有采取任何与中英建交相符的实际行动。5 月 9 日，一个令中方强烈不满的消息传来了：英国政府以发布枢密院令的方式，扣留了在香港启德机场的 71 架飞机。这一明显偏袒美国并且严重侵犯中华人民共和国国家利益的行为，将一直处于十字路口的中英谈判推进了死胡同。

三天后，中华人民共和国外交部发言人向外界公布了中英谈判的全过程以及这一谈判将被暂时搁置的原因及责任。当然，谈判的大门并没有被完全关上，中华人民共和国中央人民政府仍然保留了那些将要继续留在北京的英国谈判代表们的外交官身份。

但是，6 月 25 日爆发的朝鲜战争最后终止了这场谈判。随着武装冲突的不断升级，东西方两大阵营的界限重新变得清晰起来，中英之间彻底失去了相互沟通的可能性，这两个分属于不同阵营的国家在 1950 年建立正式外交关系的时间窗口无可挽回地关闭了。

4 月 11 日，当胡阶森还在谈判桌前为英国令中方失望的表现竭力辩解时，中方按照北京市军事管制委员会主任聂荣臻发布的第二十九号命令，如期收回了英国兵营。至此，北京的兵营收回工作全部完成。

与中英建交谈判同时进行的还有中荷建交谈判。谈判也是在荷方提出要与中国建交之后启动的。荷兰人的想法听上去很单纯，他们表示，作为一个小国，荷兰希望与中国建交并不含有政治方面的因素，他们在乎的是能够继续与中国保持贸易和航运方面的关系。

荷兰前领事费渊早在1949年10月中旬就提出要拜会中方官员，但那时中华人民共和国外交部还没有正式成立，出面接待他的是内定将要担任外交部办公厅主任的王炳南。

不过，费渊与中方的沟通一开始很不成功。这不能全怪费渊，因为他当场宣读的荷兰政府的一纸声明令中方感到无法接受，那份声明说：荷兰政府正在“慎重研究最近中央人民政府成立所引致之新局势”，但在这一研究完成之前，荷兰政府希望它设在中国的领事馆能与其所在的地方当局保持一种“非正式接触”，以便推动两国贸易的发展。

声明里谈到的是一个听上去颇为随意的“临时措施”，而且声明所使用的口吻让人觉得似乎事情是荷兰政府单方面就可以决定的。中方对这个异想天开的声明根本未予理睬。

1950年2月6日，费渊向中方递交了荷兰政府发来的新电文。这一次，他有了一个合适的拜会人选，那就是父亲。但事隔三个多月后，荷兰人讲话的口吻没有任何进步，而且电文的内容也让人觉得匪夷所思，电文说，“荷兰政府拟在最短时期内承认中央人民政府，并提议此项承认可能与中华人民共和国中央人民政府承认印度尼西亚合众共和国同时实现。”

将中荷建交与中印（尼）建交捆绑在一起，这种方式闻所未闻，况且荷兰有什么权利向中方如此提议呢？毛泽东和周恩来当时正在苏联访问，代为主持中央工作的刘少奇让父亲把荷兰政府的电文退回去，他说：中荷建交不能附加任何条件。

费渊在此后沉寂了快两个月。3 月底，他再次拜会了父亲，并且递交了荷兰政府的正式照会。照会的内容和措辞终于令中方满意了，荷兰政府表示，荷兰承认中华人民共和国中央人民政府为中国合法政府，并且愿意在平等、互利及相互尊重领土主权的基础上与中国建立外交关系。费渊还口头转达了荷兰政府的一个声明，即荷兰已经撤销了对国民党当局的承认，同时断绝了与后者之间的一切外交关系。

4 月 27 日，中荷之间举行了第一次建交谈判。中方的谈判代表差不多是对英谈判小组的原班人马。荷兰人需要回答的问题与英国人相同，即荷兰政府将如何处理与国民党各机构的关系并且对属于中国的国家财产持何种态度。

荷兰人回答得很轻松，因为他们不像英国人那样刚好有把柄被抓在了中方手中。但中方很快就发现，荷兰人其实是将表态和行动割裂开的，在此后联合国各附属机构就驱逐国民党代表问题进行表决时，荷兰人竟然像没有承认中华人民共和国这回事一样，投了弃权票，甚至是反对票。

中荷之间此后的谈判情形几乎是中英谈判的翻版。荷兰代表不停地为自己在联合国的行为进行辩解，但却始终不肯做出投赞成票的承诺。再后来，朝鲜战争爆发，荷兰不仅加入了所谓的“联合国军”出兵朝鲜，并且还追随美国在联合国的讲台上反诬中国是“侵略者”。事情发展到如此地步，中荷关系只能无限期冻结了。

发生在南北朝鲜之间的一场战争在四个月后竟然演化成了中国和美国这两个世界上从未交战过的大国之间的直接的军事对

抗，这是这场战争的始作俑者美国人始料不及的。

不过，中美之间展开的不仅是一场军事较量，同时也是一场外交上的较量。这场较量在各个场合展开。当然首先是在联合国。1950 年 9 月，把战火烧到了中国边境的美国人倒打一耙，在联合国安理会上指称中华人民共和国是侵略者。在苏联的积极争取下，安理会同意邀请中华人民共和国代表出席联合国大会和安理会，就美国入侵中国领土和武装干涉朝鲜问题表达政府立场。新中国第一次获得了在联合国讲坛上的发言权。周恩来极为重视这次机会，他缜密部署并且亲自指挥了整个行动。这场没有硝烟的战斗取得了重大成果，新中国不仅驳斥了美国的诬陷，而且直接向国际社会传达了中华人民共和国中央人民政府关于解决朝鲜问题的正义要求，这为最终通过谈判实现停火奠定了重要的基础。

中华人民共和国派往联合国的代表一共有九个人，但在国内还有一支大部队支援他们作战。父亲就是其中的一员。朝鲜战争爆发后，在继续主管西欧非洲司业务的同时，父亲还参与起草了一系列与这场外交较量有关的内部文件和公开文告。

其他的国际会议也是十分重要的场合，新中国可以借此充分阐释自己的外交方针和立场，向国际社会揭露事实真相，并且表明自己反对霸权的勇气以及争取和平的强烈愿望。1951 年 2 月，出席在柏林召开的世界和平理事会第一届会议的中华人民共和国代表团肩负的就是这样的使命。父亲是这个代表团的成员之一。这届理事会通过了有关保卫世界和平的九项重要决议，都体现了中国的立场。特别是其中的《关于联合国通过谴责中华人民共和国为在朝鲜的“侵略者”的不公正的决议》和《关于和平解决朝鲜问题的决议》，同时还表明中国为争取和平而展开的斗争正在国际社会赢得广泛的支持。这两份决议明确指出：联合国大会所通过的宣布中华人民共和国为在朝鲜的侵略者的决定是不公正而且非法的，它不仅严重妨碍了朝鲜问题的和平解决，而且还进一步扩大了远东的战争威胁，增加了导致另一次世界大战爆发的危险因素。理事会要求联合国取消这一决定。

柏林会议还建议亚洲及太平洋地区爱好和平的人士在适当的时候召开区域性的和平会议，以消除战争威胁。根据印度和平人士的提议，会议最终被确定在北京召开。这是新中国成立以来举办的规模最大的国际会议。父亲参与了这次会议的筹备工作，他还和同事们共同起草了后来会议通过的《和平会议宣言》《告世界人民书》《致联合国书》以及《关于朝鲜问题的决议》等一系列重要文件。

不过，最重要的场合还是在朝鲜开城和板门店。从 1951 年 7 月 10 日到 1953 年 7 月 27 日，交战双方在那两个此前并不出名的地方展开了一场旷日持久的曲折谈判。不甘心输给中朝的美国人在谈判桌前表现得很狂暴，他们时不时蛮横地说：让炸弹、大炮和机关枪去辩论吧！

谈判时断时续并且充满变数。对外交部而言，没有什么是比赢得这场较量更为重要的工作了。父亲仍然是后方团队的重要成员之一。他随时都有可能参与研究有关的紧迫问题，或者是起草和修改各种重要文件。张昌，一位当时在西欧非洲司和父亲共事的军人出身的外交官回忆说："抗美援朝期间，大部分总理讲话和外交部声明的初稿都出自宦乡之手。他很勤恳，通常是总理交代几个问题，然后宦乡亲自找材料，亲自埋头写作。有时候，一个文稿要反复修改很多次。还有的时候，总理大体改一下，就报毛主席。"

在那段时间里，我们目睹了父亲的忙碌，因为我们家成了父亲夜间的办公室。他的桌上装了好几部电话，电话铃声此伏彼起，他总在不停地和对方讲话。几乎每天晚上，我们都是在这种声音中入睡的。

1953 年是令中国人自豪的一年。父亲在这一年中参与起草了不少后来被载入史册的声明和报告。3 月份，他参与起草了周恩来发表的《关于朝鲜停战谈判问题的声明》。这份声明针对美国纠缠了一年多的交换战俘问题提出了一个新的解决方案，声明建议先将那些并非坚持要求遣返的战俘转交中立国，以保证他们的遣返问题能够得到公正解决。这一颇具建设性的方案立即得到了包括英、法在内的许多国家的支持。在这种情势下，美国不得不同意以这一方案为基础，恢复已经"休会"了近五个月的停战谈判。四个月后，这场长达两年之久的马拉松式谈判终于画上了句号，而被拖了三年零一个月的朝鲜战争也宣告结束。

和在战场上一样，美国人并没有在谈判桌上得到更多的东西，而且他们在道义上输得更惨。中国人用和美国人的狂暴与蛮横形成鲜明对比的冷静、理性、耐心和策略，最终使一切问题都黑白分明、是非判然。

从地图上看，这场花费巨大的战争似乎白打了，但胜负显然已经决出。从 1952 年 5 月起担任"联合国军"总司令的美国四星上将克拉克后来在他的回忆录中说："在执行我政府的训令中，我获得了一项不值得羡慕的荣誉：那就是我成了历史上签订没有胜利的停战条约的第一位美国陆军司令官。我感到一种失望的痛苦，我想，我的前任，麦克阿瑟与李奇微两位将军一定具有同感。"

但是在中国，到处都可以看到欢庆的场面。这场胜利成了献给即将到来的新中国四周年诞辰的最好的礼物，人们因此沉浸在强烈的、含义丰富的喜悦中。

9 月 8 日，父亲接到了一项紧急任务——周恩来点名让他起草《关于中国人民志愿军抗美援朝工作的报告》。这份报告是为亲自指挥了志愿军作战的彭德怀总司令准备的。中央人民政府委员会第二十四次会议要听取他的报告，而且这次会议将由毛泽东本人主持。报告将对抗美援朝这场既伸张了人类正义同时又洗刷了中华民族百年耻辱的斗争做出全面总结，并且还将分析它对未来国际政治格局所产生的深远影响。但会议在三天后就要举行，这也就是说，父亲必须在 72 小时内完成这份报告。

父亲马上安排了三个得力助手帮他查找资料，他给他们留了一天半的时间。但要查找的资料太多，三个人只好 24 小时连轴转。在剩下的一天半里，父亲自己一气呵成写完了那篇近两万字的长文。彭德怀和第二十四次会议的与会者对报告的内容非常满意。

报告后来被公开发表了。其中有一段话给人留下的印象极其深刻，这段话说：抗美援朝的胜利雄辩地证明，“西方侵略者几百年来只要在东方一个海岸上架起几尊大炮就可以霸占一个国家的时代是一去不复返了……一个觉醒了的，敢于为祖国光荣、独立和安全而奋起战斗的民族是不可战胜的。”

毛泽东在第二十四次会议上用他特有的语言表达了同样的意思，他说：“美帝国主义并不可怕，就是那么一回事。”“帝国主义侵略者应当懂得：现在中国人民已经组织起来了，是惹不得的。如果惹翻了，是不好办的。”

这些话听上去让中国人格外扬眉吐气，它们再充分不过地表达了当时激荡在国人心头的强烈的民族自豪感。当然，它们同时也是对那个令人难忘的历史时刻的民族心情的真实记录。

对我们的家庭而言，那是一段前所未有的幸福时光。不再有战乱迫使我们迁徙和分离，母亲当然更不用再为父亲的安危和我们一大家人的衣食而忧。然而那时生活用品——也包括食物——的供应依然匮乏，再加上母亲照例勤俭持家，我们的物质生活仍旧十分简朴。

和在《前线日报》工作时一样，每天都要加班到深夜的父亲，继续享受着母亲专门为他准备的花生米。如果哪个孩子睡得晚，可以挨到母亲拿出花生米的时刻，那就可以和父亲一起分享这份美味。

当然，母亲也为我们几个孩子准备了少量的糖果或点心。因为怕我们吃起来没有节制，她总是偷偷地把买回来的食物藏在家中的某个地方。那些不知藏在哪里的糖果和点心时刻都在诱惑着我们，每当父母不在家时，寻找这些食物就成了最令我们兴奋的集体行动。二姐在这件事上表现出了特殊的天赋，因为母亲不论把食物藏在什么地方，最后都逃不过她的搜寻。那些被找出来的食物就像我们的战利品，无一例外地会被我们分食得一干二净。母亲知道了自然会严厉地训斥我们，但我们看出她并非真的生气，所以她的训斥都被我们当成了耳边风。每当我们在家中“称王”时，我们照例进行着搜寻食物的行动。现在回想起来，那就像是那些年间我们和母亲之间的一场乐此不疲的游戏。

在诸如此类的事情上，父亲对我们的态度要比母亲来得宽纵，至少大弟弟的一段经历给我们留下了这种印象。和家中的几个女孩子不同，大弟弟一到上学的年龄就被父母送进了寄宿学校。他为此感到很委屈：为什么我就不能像姐姐们那样天天回家呢？他后来把这归结为自己太调皮的缘故。但即便如此，他也认为自己应该得到某种补偿。星期天下午返校的时候，父亲总要把他送到公共汽车站。一路上，父亲都会慈爱地将大弟弟的小手握在他宽厚的手掌中。“那是我觉得最温暖的时刻。”大弟弟这样形容自己当时的感受。没有什么时候是比此刻更好的要求补偿的机会了，于是，大弟弟每次都要向父亲提出一些特殊的要求，比如要吃冰棍，甚至是冰激凌。父母平时绝少给我们买这些东西吃，但在这段路上，父亲从不拒绝大弟弟的要求。这成了他们之间的幸福的小秘密。这份独享的父爱不仅将大弟弟内心的委屈一扫而光，而且还带给他无比的快乐。大弟弟后来这样回忆说："我吃着冰棍，登上公共汽车，挥挥手和站在路边目送我的父亲再见，那情景我一生都忘不了。"

但在另外一些事情上，父亲却有他极其严厉的一面。和依然沉浸在童稚快乐中的我们不同，快要中学毕业的大姐已经开始悄悄规划自己的未来了。一向喜爱唱歌跳舞的她瞒着父母报考了海军的文工团。她打算不辞而别。但在离开家的最后一天晚上，父母从二姐那里得知了一切。父亲发怒了，他甚至都不想和大姐好好谈谈，他只是很气愤地质问她："你将来唱歌跳舞能有什么作为？"在父亲的期待中，大姐将来应该学习理工，以科技报效国家。可是大姐从小就怕数学，于是，满怀期望的父亲一有时间就辅导她功课。因为收效甚微，父亲还用戒尺打过大姐的手心，而且手心被打肿过很多次。

大姐被禁足了，她被反锁在了家里。既然数学不好的大姐难以在理工方面有所发展，父亲只好考虑其他的选择。刚好当时北京外国语学院紧急受命为板门店谈判培训一批英文翻译，父亲不由分说就将大姐送到了那里。大姐想要唱歌跳舞的梦想就这样被父亲击碎了，她带着一肚子怨气去了外语学院。所幸的是，她很快就爱上了父亲为她做出的选择，她的学习成绩出类拔萃。不过大姐后来没有去板门店，而是被选派为交换生，去了东德的卡尔·马克思大学（今德国莱比锡大学）。这段经历奠定了大姐一生的职业方向，她虽然没有如父亲最初所愿在理工科方面有所成就，但是却跨入了国际问题研究领域，成了我们兄弟姐妹中唯一一个承继了父亲专长的人。

周恩来点将：出任驻英代办

1954 年的夏天，坐落在莱蒙湖畔的日内瓦万国宫是一个让中国人赢得喝彩和掌声的地方——来自新中国的代表们在这个著名的国际外交舞台上完成了自己的精彩首演，他们在日内瓦会议期间所取得的意料之中和意料之外的重要成果，使这次外交活动成了中华人民共和国外交史上具有里程碑意义的事件。

没有多少人事先看好这次会议，至少没有人认为仅仅通过这样一次会议，有关各方就可以在解决错综复杂的朝鲜和印度支那问题上达成一致。由于美国打定主意要搅黄即将展开的多方磋商，就连此前积极促成会议的苏联都不怎么拿它当真。赫鲁晓夫亲口告诉周恩来，不要对日内瓦会议抱太大的希望，他说：“它可能根本解决不了什么问题。”

但周恩来依然对这次会议充满了信心。他亲自挑选了一批外交精英，包括张闻天、王稼祥、李克农、师哲、乔冠华、黄华、柯柏年、龚澎、熊向晖、吴冷西，组成了阵容强大的中国代表团。父亲也是这个代表团的成员，他和乔冠华、陈家康组成了政治组，负责起草各类文件，特别是周恩来的发言稿。从 1954 年 2 月份开始，周恩来就带着这个人才荟萃的班子着手进行有关的准备工作了。人们为这次会议制定了两套行动方案，一套是关于会议本身的，一套是关于会外外交的。

4 月 24 日，有备而来的新中国代表团出现在了日内瓦。西方投向他们的目光中虽然没有多少热情，但却不缺少应有的尊重。一个敢于挑战美国并且令后者产生了强烈挫败感的国家有足够的理由享有这种尊重。很显然，数十万志愿军将士的血不会白流。

会议的前半段果然如大多数人所料，美国人成功地毁掉了所有达成和平解决朝鲜问题协议的机会。就连周恩来提出的一个赢得了众多国家赞同的最低限度的建议都遭到了美国的拒绝，那项建议仅仅要求国际社会尽力巩固朝鲜半岛当时的和平局面，并且另行择机择地恢复有关谈判。

和剑拔弩张的会场气氛完全不同，周恩来下榻的花山别墅总是高朋满座，从他那间摆放着中国精美瓷器的客厅里经常传出爽朗的笑声。父亲曾经这样描述日内瓦会议之后新中国外交的活跃局面，他说：我们的房子现在已经打扫得差不多了，而且日内瓦会议召开后，要关门也关不住了。事实上，日内瓦会议刚刚开始，花山别墅的门就已经关不住了。

西方阵营从来就不是铁板一块，当美国人还在会场上极力反对中国提出的关于和平解决朝鲜问题的所有建议时，英国外交大臣艾登却迅速成了周恩来的座上宾。发现了这一秘密的美联社大声惊呼道：这是日内瓦的最大新闻！

英国人希望能和中国再续前缘，艾登因此成了被媒体描述为“去花山别墅最勤的人”——记者们之所以这样形容，是因为他走进周恩来客厅的次数比苏联外长莫洛托夫还多。风度翩翩的艾登是当时英国政坛上颇受公众欢迎的人物，他在第二次世界大战期间作为丘吉尔的副手政绩显著，他的长子——一位英国皇家空军的战士——还在这场战争中为他的国家献出了年轻的生命。周恩来的大门很愿意对艾登敞开，因为英国本来就是中方既定的会外外交的重点，中方的底牌是“对英可做到交换谈判代表的程度”。

艾登不打算再浪费时间，他想趁周恩来在日内瓦的时候敲定一些能使中英关系取得实质性进展的重要事项。与1950年不同的是，英国人在对华关系上已经不必唯美国之马首是瞻了，渐渐恢复的元气让他们正在找回一部分主动权。不过，他们对过去几年的状况仍然耿耿于怀，艾登因此不时地会在中国人面前发泄一下他对美国人的不满，而且他很想强调英国和美国之间的不同，他甚至引用了一位英国剧作家的语意夸张的话说：英国和美国除了语言共同以外，别无共同之处。

艾登和周恩来在 4 月 30 日晚宴上的一段对话使中英关系向前迈出了重要的一步。是艾登先提起这个话题的，他用略带抱怨的口吻说：英国是承认中国的，但中国却不承认英国。周恩来机智地反驳道：不是中国不承认英国，而是英国在联合国不承认中国。艾登有些尴尬，但他马上借机表示：我们应该努力改善中英关系才是。艾登的抱怨显然还没有完，他接着说：我们有一个人在北京，而你们却没有人在伦敦。我这次特意把我们的驻京代表杜维廉先生带到这里，就是为了和中国代表团接触的。他问周恩来：你是否也派一个"中国的杜维廉"来？周恩来胸有成竹地回答说：我也把欧非司司长宦乡带来了，他过去常和杜维廉先生接触。艾登意识到机会出现了，他立即不失时机地笑着赞同道：那好极了，看来我们想到一块去了！

艾登在离任后所写的回忆录里谈到了他和周恩来之间的这次对话，他这样写道："我怪他（指周恩来）没有派代表驻伦敦，他表示愿意派一个人去。"而这个被派去的人就是父亲。很显然，这段对话也决定了父亲在此后八年间的角色和使命。

晚宴之后，艾登提到的杜维廉开始和父亲频频会面。拥有男爵封号的杜维廉是四年前到北京参加中英建交谈判的代表之一。在此后的日子里，这位后来担任过英国驻伊拉克、埃及和苏联大使的著名外交官一直在北京闲着没什么事。但在日内瓦，他一下子成了大忙人。一直在旁边密切留意着中英来往的美国人忍不住以尖酸刻薄的口吻评头品足："他（指杜维廉）在北京实际上是被中国人置之不理的。"他们这样说，显然是在借机发泄美国对中英之间频繁接触的不满。

但英国人这一次不会因为美国人不满就止步不前了。6月1日，当艾登回请周恩来时，两人又交换了更具体的想法。周恩来打出了中方的底牌，双方商定，在对方的首都互设谈判代表办事处。

6月4日，父亲约见杜维廉，他向后者传达了一个重要信息，即中方已经确定给予未来派驻伦敦的谈判代表以代办身份。

但英国人喜欢走两步退一步，五天后，当两人再次会面时，杜维廉的谈吐中流露出了明显的拖延之意，他说：由于中国将要派驻伦敦的官员“身份特殊”，无先例可循，因此英国外交部正在和其他方面商讨此事，以便找到一个恰当的方法给予其外交豁免权。他还特别建议说，在英国内部的商讨结束前，双方先不要急于向外界公布此事。

父亲对这个回答不以为然，难道中方代办的身份及权利和杜维廉已经在中国享有的一切有什么不同吗？他说：我看不出公布此事与你们对外交特权的研究之间有什么关系。

杜维廉的确是在奉命拖延，因为虽然艾登在日内瓦迈出了重要的一步，但这并不意味着英国政府也迈出了相同的一步。在英国内部，有一部分人始终认为，英国在对华政策上应该和美国保持高度的一致。此刻，艾登正迫切期待着两周前到日内瓦访问的前工党贸易大臣威尔逊能够尽快做通各方面的工作，因为他在4月30日和周恩来有过一次深入的交谈，这让他掌握了更多与“中方底牌”有关的详细情况。事实上，周恩来是在有意向威尔逊透露更多的信息，因为这将有助于打消一部分英国人对发展中英关系的疑虑。他就英国最为关切的若干问题——它们大多也是中英关系发展的障碍——所做的回答和承诺，对统一英国朝野的看法起到了至关重要的作用。

他们首先谈到的是个悬而未决的老问题，那就是英国打算何时承认中华人民共和国在联合国的合法地位——很显然，它在1954年仍然是个问题。周恩来的回答让威尔逊大松了一口气，他说：英国理应承认中华人民共和国在联合国的代表权，但是“中国也体谅英国的困难”，不会将所有的责任都算到英国头上。

当然，两国间的问题还不止于此，作为巴黎统筹委员会（简称“巴统”）的主要成员国，英国在朝鲜战争爆发后还参与了美国发起的对华经济封锁及重要物资的禁运。英国人担心在封锁和禁运尚未解除的情况下，中英关系的发展将难上加难。但事实证明这种担心是多余的，因为中国正打算将英国作为打破“巴统”封锁禁运政策的突破口。周恩来告诉威尔逊，中国“不会以此作为改善中英关系的前提条件”，他甚至还向后者透露了中国打算在伦敦建立一个常设商务机构以推动中英贸易发展的初步构想。

让英国人格外挂心的还有他们远在马来亚的利益，他们担心新中国将通过以施加某种影响的方式令英国在当地的处境变得更加糟糕，因为这个国家的人民正在为结束英国的殖民统治而进行武装抗争，而这场抗争运动的领导者之一，是由马来西亚华人和具有华人血统的公民组成的拥有七十万党员的马来西亚华人公会。“马来亚是马来亚人自己的事，中国不会干涉。”周恩来这样对威尔逊说，这是他代表中国政府做出的郑重承诺。

两周后，英国内部终于达成了一致。6月16日，杜维廉神情轻松地走进了父亲的房间，他说，英国政府已经同意中方派代表常驻伦敦了。他还告诉父亲，几个小时前，艾登本人向周恩来通报了这一消息。

英国人又变得像最初一样急切了，他们希望把中英之间的口头协议立即变成两国政府同时对外发布的正式公报。他们甚至连一天都不想等，杜维廉说，公报发布的时间最好是在第二天下午三点半。英国人甚至设计好了他们发布公报的具体方式——由英国国会议员就中英关系问题在下院举行的会议上向丘吉尔首相提出质询，而后者则利用回答质询的机会宣读公报。在听完了杜维廉兴致勃勃的讲述后，父亲不动声色地回答道：发表公报的具体时间需要商量。

商量被安排在了当天晚上。双方最终确定的发表公报的时间比杜维廉提议的时间早了半个小时。中方将通过广播宣读公报，而英方则采用他们事先设计好的方式。

6 月 17 日下午 3 点，全世界都听到了公报的内容。那份翻开了中英关系新的一页的公报只有一句话，即“中华人民共和国中央人民政府与联合王国政府协议：中央人民政府派遣代办驻在伦敦，其地位和任务与英国驻北京代办的地位和任务相同”。当然，两国代办的“地位和任务”都是令外界感兴趣的问题。关于这两个问题，中英双方做出了一致的解释，那就是代办们将享有和正常外交人员相同的待遇，而他们的任务则是展开建交谈判并且办理商务和侨务。

在建立正式的外交关系之前先建立代办级关系，这是中国对外建交史上的创举。周恩来把中英关系的这一突破视为日内瓦会议的主要成就之一，他这样评价道：相互承认对方外交人员的代办身份和地位，意味着中英两国的关系已经开始走向正常化，而中英关系的改善，还为中国与其他国家关系的改善铺平了道路。

尽管中英双方在日内瓦迅速走到一起是出于两国自身的需要，但是还要感谢苏联外长莫洛托夫，因为周恩来和艾登第一次接触就是他牵线搭桥的，那是 4 月 26 日，日内瓦会议开幕的第一天。路透社在当天的消息中这样描述了两人相识的情景：“艾登先生在会后曾走过会场与莫洛托夫先生握手，然后，莫洛托夫先生把他介绍给周恩来先生。艾登先生和周恩来先生于是热烈地握手。”

当然，莫洛托夫所做的还不止于此，三天后，他又把艾登和周恩来同时邀请到了苏联代表团的驻地，还为他们准备了丰盛的晚餐。席间，艾登指着五彩斑斓的水果盘说：“什么水果都有，就是没有菠萝……”“但中国有，”莫洛托夫马上说，“中国是物产极其丰富的国家。”他还建议艾登在适当的时候访问中国。紧接着，艾登便听到了周恩来对他发出的邀请。艾登立即表达了他对周恩来本人的好感，他还向后者透露了他在一周前刚刚收到的一封友人来信中的一段话，他说：那位朋友“要我信任周恩来先生的每一句话，他说他熟悉周恩来先生”。

莫洛托夫的做法显然启发了艾登，他打算在周恩来和美国国务卿杜勒斯——他同时也是美国代表团团长——之间也扮演一次同样的角色。4 月 26 日，也就艾登和周恩来握手的当天，杜维廉就通过父亲向中方转达了艾登的一个建议，即如果周恩来不反对的话，艾登将在下一次会议的会前或会后介绍他与杜勒斯相识，当然，艾登还希望看到他们彼此握手致意。

周恩来很快就通过父亲向杜维廉转达了他的想法。“既然在一起开会，理应互相接触。”周恩来这样说。他还对艾登的设想表示了赞赏。

但这个建议被杜勒斯拒绝了。第二天上午，杜维廉神情沮丧地告诉了父亲这一消息。事情本来到此为止，但有关此事的传闻却不胫而走，而且人们听到的是一个与事实颇为不符的版本。在那个版本中，周恩来成了主动要跟杜勒斯握手的人，当然，他遭到了杜勒斯的拒绝，而且听上去还是被当场拒绝的。

这个以讹传讹的版本一直流传了二十多年。在美国前国务卿基辛格的著名回忆录《白宫岁月》里就白纸黑字地写着这样一段话："周恩来对 1954 年杜勒斯的怠慢之举耿耿于怀。"很显然，后来打破了中美关系坚冰的美国总统尼克松也知道这个传闻，所以当他在 1972 年第一次访问中国时，刚一走下飞机舷梯就主动向周恩来伸出了手，因为他心里想的是要洗刷杜勒斯当年对中国总理的侮辱，他要让全世界都看到，这次握手不是中国主动的，而是美国主动的。人们在他的回忆录里同样可以读到一段有关的内容："我知道，1954 年在日内瓦会议时福斯特·杜勒斯拒绝同周握手，使他深受侮辱。因此，我走完梯级时决心伸出我的手，一边向他走去。"显而易见，美国人普遍偏爱这个版本，而在 1954 年的夏天，这个版本还可以让身处日内瓦的杜勒斯感到很解气。

美国人的确有气要撒，特别是杜勒斯，他恨不得让会场上那一大片令美国人在朝鲜战场上蒙羞的中国人从眼前彻底消失。他把日内瓦的会议厅当成了另一个朝鲜战场，这使他成了所有代表中最愤怒的一个人。他发泄自己愤怒的方式之一是对周恩来视而不见。日内瓦会议开幕的第一天他就发誓说，他绝不会和周恩来见面。"除非我们的汽车相撞。"这是他能想到的唯一可能性。在一些小范围的会议上，他和周恩来中间只隔着两三个人，但他从来不朝中国总理那边看一眼。当然，他希望大家都能看到他对周恩来的敌视并且感受到他的愤怒。然而他的这种表现却被《华盛顿明星报》讥讽为"一出滑稽剧"，而《基督教科学箴言报》则把他比喻为"一只鸵鸟"。"在日内瓦，许多有经验的职业外交家认为美国对共产党中国的政策是完全错误的，在他们看来，由于共产党中国的存在是一件令人不愉快的事实而拒绝承认它，就跟谚语所说的鸵鸟把头埋在沙土中的行径差不多。"记者们在文章中这样写道。

事实的确如此，尽管杜勒斯可以假装周恩来根本不在会场上，但他却无法不同这个他视而不见的中国人交手，而让他格外恼火的是，他在关于印度支那问题的谈判中输给了周恩来。

阻止会议达成任何协议，这是美国人跑到日内瓦的唯一目的。他们在讨论朝鲜问题时做到了，但在讨论印度支那问题时却碰到了麻烦。让美国人深感无奈的是，他们不是印度支那问题谈判的主角，而最不喜欢美国人的法国人才是。为了阻止法国人接受任何协议，美国人就像在1950年威胁英国人那样威胁法国人，比如声称美国将中止对法国的经济援助等等。但在法国内部，反战的呼声已经压倒了一切，和公众的愿望比起来，美国的威胁只是法国政府要考虑的次要问题。然而比这还要麻烦的是周恩来，因为就在美国人感到束手无策时，这位杜勒斯一直视而不见的中国总理成功地做通了印度支那问题谈判的另一个主角——越南的工作，他让越南人从原来坚持的南北分界线的位置上向后退了一个纬度，这个让法国人保住了颜面的举动扫除了谈判的最后障碍，他们已经没有理由不在停战协议上签字了。不仅如此，周恩来还在争取让日内瓦会议至少达成一项协议的问题上争取到了包括英国在内的众多国家的支持。他的奇迹般的多边外交活动的结果，是使美国成了孤家寡人。杜勒斯和他率领的代表团无法继续完成使命，他们只能眼睁睁地看着日内瓦会议收获了一份宝贵的和平协议。

周恩来赢得既机智又有风度，他成了智慧、正义和文明的化身。当然，他也成了云集在日内瓦的各国政要中的明星。没有一家媒体会像杜勒斯那样对周恩来视而不见，它们对他交口称赞。在一年后见到周恩来的联合国前秘书长哈马舍尔德曾经说过一句后来广为流传的话："与周恩来相比，我们简直就是野蛮人。"这句话刚好印证了很多人在日内瓦的感受。相比之下，杜勒斯倒是很少出现在媒体的报道中。也许这些都是令他格外恼怒的原因。

不过尤其糟糕的是，美国人没办法和中国人老死不相往来，事实上，他们在当时就有求于中国人，他们急于要让中国释放几十名由于入侵中国领空和领海而被俘的美国军人，以及因为触犯了中国法律而被扣押的美国人犯。美国人，至少是一部分美国人不想错过在日内瓦的机会，因为如果不抓紧时间在这里和中国人接触的话，天知道彼此还会在什么时候再次相遇。因此，当杜勒斯在会场上看也不看周恩来一眼的时候，美国代表团中的第三号人物约翰逊——他同时也是美国驻捷克斯洛伐克大使——已经向英国人提出从中斡旋的请求了，而他选中的中间人恰好就是杜维廉男爵。

这位正被美国媒体揶揄的外交官更忙了，他不断地通过父亲向中方传递有关信息，父亲因此成了中美首次接触的中方联络人和见证人。

5 月 19 日，当他们刚刚开始就发展中英关系的具体问题进行接触时，杜维廉出人意料地告诉父亲，他愿意以“纯粹的私人身份”就中美双方的平民归国问题居中调停。“如果中方愿意就此事与美方接触的话，我一定会尽力安排。”杜维廉说。

这个“私人意愿”的意义非同小可。父亲立即将此事报告了周恩来。周恩来连夜召集了一次会议研究对策。需要研究的主要问题并不是要不要与美方直接接触，事实上，中方有比美方更为迫切的理由想要尽快解决平民归国问题，因为 1949 年新中国成立后，美国已经扣留了数千名打算回国效力的中国留学生以及包括钱学森在内的一批著名科学家。问题是，美方究竟打算怎样谈？

父亲很快就把中方的想法告诉了杜维廉，他说：我们愿意通过英方与美方直接接触。

有关此事的各种传闻没过几天就在日内瓦满天飞了，但美方那边反倒没了任何信息。不断和父亲碰面的杜维廉解释说：美国代表团并没有改变初衷，只是他们还需要等待国务院的具体指示。而与此同时，美国的媒体则开始谈论美国政府内部在这个问题上的意见分歧。记者们这次没有捕风捉影，这种分歧不仅存在，而且还很严重。国务卿杜勒斯就是个坚定的反对派，他认为与中方的任何接触都有可能被误读为是美国对新中国的某种外交承认，要么就是打算给予外交承认的开始，而这是美国或者至少是像他那样的对新中国无法容忍的美国人根本不能接受的。但副国务卿史密斯却持有相反的看法，而且他也不认同杜勒斯的“鸵鸟式”表现，作为美国代表团的副团长，他甚至在会议间隙主动走到周恩来面前打了招呼。

在美国国内各种力量的交互作用下，接触派在这场争论中占了上风。美国代表团的“等待”结束了，6月4日，杜维廉在和父亲会面时很肯定地说：美方愿意与中方举行会谈。但是，作为会谈的条件之一，美方坚持要有英方人员在场。杜维廉告诉父亲，艾登已经批准他作为中间人参加中美之间的直接接触了。当初选中了杜维廉的约翰逊和美国国务院远东司副司长马丁将代表美方出面。杜维廉向父亲表示，美方和他都希望中方能安排同等身份的人出面。“如果能派王炳南先生最好。”他甚至提出了具体的人选。

父亲需要马上把这些情况报告周恩来。他告诉杜维廉，他很快就会得到中方的答复。仅仅几个小时之后，杜维廉便应约走进了父亲的房间，这是他在一天之内第二次出现在这里。

立即安排会面似乎是不可能的，因为杜维廉本人和即将作为中方代表之一的外交部美澳司司长柯柏年都将在第二天暂时离开日内瓦。“等你回来我们再谈吧！”父亲这样答复道。

但杜维廉怕夜长梦多，他坚持要将会面安排在第二天上午。

"我可以明天下午再走。"他这样说，看上去，他对美方会接受这样的安排也相当有把握。

父亲答应了他的请求。他告诉杜维廉，王炳南将是中方的首席代表。他还特别强调说，由于时间太过仓促，第一次会面只能是双方之间的"初步接触"。

会面的地点是由杜维廉挑选的。直到第二天早上，他才选中了万国宫的一间没有桌子只有沙发的会客室，因为据说没有桌子可以使会面的气氛显得轻松随意一些。

作为中方的联络人，父亲也参加了中美之间在 6 月 5 日的首次接触。美国人原指望通过一次商谈就能解决主要问题，所以当约翰逊听王炳南说，这次碰面只是正式商谈前的"初步接触"时，他表现得大失所望。结果，首次会谈只持续了 15 分钟就结束了。

尽管这是一次不能用愉快来形容的碰面，但所幸的是，双方都表现出了足够的耐心。在日内瓦会议结束前，或者说在大约一个半月的时间里，双方一共举行了四次会谈。7 月 21 日，当日内瓦会议落下帷幕时，美方主动提议，可以将会谈的接力棒交到双方派驻日内瓦的总领事手中。于是，两国代表团之间的临时性会谈变成了领事级会谈。一年后，它再次升格为大使级会谈。中美双方在 1954 年的夏天都不会料到，这个第一次只延续了 15 分钟的会谈后来一直延续了 15 年。

这绝对是中国代表团在日内瓦的意外收获。作为中方首席代表的王炳南后来这样评价那些会谈的意义："在我们经过充分准备的日内瓦会议上，意外地在中美之间的巨大鸿沟上架设了一座中美官员接触的桥梁。"

中国代表团从日内瓦满载而归。代表团的成员们在自己的祖国受到了热烈欢迎。新中国外交的一个新时代开始了。

7 月 8 日，在中英谈判和中美接触中立下了汗马功劳的杜维廉向周恩来递交了英国政府任命他为首任驻华代办的委任书。在同一过程中担当了重要角色的父亲随即也被中国政府任命为首任驻英代办。

杜维廉立即成了荷兰人的老师。荷兰驻京代表司曼从 6 月份开始就急不可耐地向他讨教经验了，既然中英代办级关系的建立已经为其他国家“铺平了道路”，那荷兰有什么理由不像英国那样也和中国互换代办呢?

荷兰人的确搭上了英国人的便车，他们在 10 月下旬向中方提出了互换代办的正式请求，11 月上旬就如愿以偿。新中国的大门的确已经关不住了。

父亲计划在 10 月下旬动身去伦敦。10 月的北京秋高气爽，欧非司的同事们在中山公园为他开了一个欢送会。但在伦敦或许就不会像这样充满欢声笑语。“去那里建馆，是到帝国主义的心脏里去了。”对东西方隔阂有着深刻了解的周恩来对父亲说，“那是一个孤岛，要准备在那里坐冷板凳。”

英伦八年：开始针对西方的外交战略研究

在中国的对外交往史上，由政府正式派出的第一个外交使节是一位名叫郭嵩焘的晚清官员。1877 年，他以驻英公使的身份抵达伦敦。随着他的到来，位于波特兰大街 49–51 号的一幢建成于 18 世纪的亚当风格的建筑成了中国公使馆。从此，这座穿行了悠久时光的美丽建筑开始见证中英关系的风云变幻。1950 年 1 月 6 日，当英国政府对外宣布承认中华人民共和国时，蒋介石政府派驻伦敦的最后一任大使郑天锡从这里黯然离去。伦敦《每日邮报》曾就此事大发议论说：“蒋介石委员长送给他所痛恨并战胜了他的敌人共产党领袖毛泽东一件价值 1500 万英镑的礼物，当毛的代表以共产党大使的身份抵达此地时，他将发现，这件礼物在伦敦西区一个叫波特兰的地方等着他，这个礼物就是全部修缮过的、里外油漆一新的大使馆。”而郑天锡本人更是懊恼不迭地抱怨道：“如果我知道这事会发生，我就不该辛苦地拿国民党的钱给共产党修缮这个地方。”1954 年 10 月 29 日，当父亲和他的同事们推开波特兰大街 49–51 号那关闭了四年之久的大门时，中英关系也翻开了新的一页。

深秋的伦敦已经不大能见到明媚的阳光，人们开始准备应对即将到来的寒冷的冬季。战争结束已经快十年了，尽管遭受重创的经济已经恢复到了甚至是超过了战前的水平，但那段时间依然是英国人记忆中的艰难岁月。丘吉尔对此早有预见，还在 1943 年的德黑兰会议上，他就看着坐在自己身边的斯大林和罗斯福感慨万端地说：与巨大的俄国熊和北美野牛比起来，英国已经小得像一头“可怜的毛驴”了。从称霸世界的“雄狮”变成“可怜的毛驴”，这就是英国人在战后近 20 年的时间里不得不经历的过程。它指的显然不是战争带来的直接损耗，比如 120 多万英国军人的阵亡、黄金储备几乎被消耗殆尽以及大部分海外资产不得不被变卖等等，它指的是支撑英国作为一个全球性帝国的庞大的殖民体系的瓦解——这一体系在第二次世界大战爆发前膨胀到了令人咋舌的地步，当时地球上四分之一的陆地，或者说超过英国本土面积 110 倍的广袤区域都被纳入了大英帝国的版图。事实上，第二次世界大战结束后，没有什么事情是比近 60 个所谓的“委任统治地”的纷纷独立更能让人感到英国在迅速“变小”了。

与此同时，欧洲的政治版图也在发生着剧烈的变化。大陆国家刚刚从战争的打击中喘过一口气来，马上就开始向英国的支配地位发起了挑战。在战争中作为英国人牢固盟友的法国人成了挑战的带头人，他们在1950年提出了一个“舒曼计划”，这个同时也被称作“欧洲煤钢共同体”的计划提议成立一个欧洲煤钢共同市场，该市场将由一个独立的超国家机构来进行管理和监督，凡是参加这一市场的国家都要将本国经济中煤钢部门的管理权让渡给这个机构。很显然，英国人不喜欢这个新游戏，因为英国的煤钢企业可能竞争不过大陆国家的同类企业，况且他们也不希望看到一个超国家机构的出现。再说既然已经有了一个由英国主导的欧洲经济合作组织——该组织成立于1948年4月，为马歇尔计划的执行机构，为什么还要再建立一个“煤钢共同体”？但不幸的是，美国人支持这个计划，而且英国最主要的竞争对手德国是该计划的热衷参与者。当然，更糟糕的事情是噩梦才刚刚开始，因为“舒曼计划”的提出，实际上按下的是令英国人越来越头痛的西欧一体化进程重新启动的按钮。

不论是英国殖民体系的瓦解，还是西方大国之间的博弈，当然也包括由这一切所引发的国际关系的错综复杂的变化，它们一向都是父亲高度关注的问题。不过和以往不同的是，他将有机会在伦敦而不是在国内对它们进行观察和研究，这让父亲感到相当兴奋和幸运。他此前还从未拥有过如此理想的观察和研究条件，现在他可以直接获得大量的第一手资料，这对及时做出准确的分析和判断至关重要。当然，这同时也是他作为驻英代办的重要使命之一，因为直到中法建交之前，驻英代办处一直是新中国设在西方主要国家的唯一的调研基地。

因为还没到上学的年龄，最小的弟弟和父母一起去了伦敦。按照当时的国家规定，原来分配给我们一家人居住的宿舍被收回了，一向照顾我们的大姐很快也去了德国，留在北京的我们，突然间变成了一群无家可归的孩子。

我们平日里分散在不同的学校寄宿。只有当过节时，我们才能在姑姑家团聚。小弟弟一到上学的年龄就被送回了北京。让我们大吃一惊的是，分别才一年半的他竟然操着满口英文，而中文却生疏到不行。原来是父母工作太忙，实在没时间陪他，结果每天陪他的，就只有替代办处守门的一位英国老人了。

年龄大些的孩子自然要扮演家长的角色，比如给弟弟妹妹们开家长会。当然，有时还会为他们担惊受怕。有一次，最小的妹妹不小心吞下了一粒弹球。我们一接到老师打来的电话，马上就往她的学校跑，因为心里怕得要死，一见面我们先抱头大哭了一通。所幸后来小妹妹没出任何问题。

对父母的思念，让我们无时无刻不在期盼着他们回国的时刻。因为要参加使节会议，父亲每年能回来一次，而母亲则要按照外交部的有关规定，每两年回国休假一次。每当他们回来时，我们就和他们一起住进北京饭店，那里就成了我们临时的家。由于只有一个房间，所有的孩子都要打地铺，但这反而增添了我们的欢乐。而那些打地铺的日子，也成了我们所有人的节日。

对同样远离亲人的驻伦敦办事处的工作人员来说，波特兰大街 49-51 号就好像是他们的新家。很多第一次和父亲共事的人开始在私下里揣测他的为人秉性。父亲的职务、在国际问题研究领域里的显赫声望、魁梧的身材、威严的表情以及不苟言笑的个性，曾经让大家把他想象为一个高高在上并且很难接触的人。但人们很快就发现他们错了。“我们都见过脾气大的领导，但宦先生完全不同。”在办事处和父亲共事多年的外交官俞志忠回忆说：“他态度温和，从不以领导自居。他平等地对待每一个人，并且发自内心地尊重每一个人。我们从没见过他训斥任何人，也包括工勤人员。即使有人犯了错，他也只是提醒对方下次要注意。”

但父亲对自己的要求却极为严格。除了让办事处食堂的大师傅每顿饭给他上一点辣椒之外，他在生活待遇上与大家完全一样。即使是符合规定的与职级有关的待遇父亲也拒绝享用，因为只要在生活上有任何一点特殊，都会让他深感不安。

父亲也用同样严苛的标准要求母亲。母亲那时在代办处负责资料工作，而且由于父亲的笔迹很难辨认，她还要用大量的时间为父亲誊写手稿。有一次，母亲和代办处的几位女同志去了一趟商店。回来时，她的手里拿了一副假发。父亲见了问：你买这个东西做什么？母亲说：想在参加外事活动时用。父亲一听就火了，他语气严厉地对母亲说：用不着！你不用给大家带这个头！你做好自己的工作就行。母亲接受了父亲的批评，那副假发她后来一次都没有用过。

只要没有外事活动，父亲每天晚饭后都要外出散步。他没有固定的散步伙伴，通常是碰到谁就拉上谁。办事处的很多人都是在和父亲散步时成了无话不谈的朋友的。

在大家的感觉中，办事处的氛围始终是温暖的。然而，人们走出大门之后的体验就完全不同了。在“帝国主义心脏里”的滋味不只是“坐冷板凳”。中英代办级关系的建立并不会让英国国内的反华势力闭嘴，相反，他们的声音依然很大，特别是在媒体上，针对中国的不友好言论甚至谩骂不绝于耳。即使是和父亲直接打交道的英国外交官也和出现在花山别墅的艾登大不一样，这些本该彬彬有礼的官员时常表现得傲慢无礼，甚至是出言不逊。比如有一次，一位接待中国代表团的英国官员竟然当众语带讥讽地说：“没想到堂堂中华人民共和国的官员居然不会说英语！就这样还要访问英国？”父亲不得不当众“回敬”他，他针对那位官员的奇怪逻辑反问道：“请问贵国驻中华人民共和国的代表会说中文吗？”

绝大多数英国人对新中国的了解少得可怜，他们当中的不少人甚至认为中国还停留在郭嵩焘时代。“让我们相互了解。”父亲总是对他见到的英国人这样说。当然，这将是一个漫长的过程。

那些一心想和中国人做生意的商人显然比他们的大多数同胞更急于了解新中国的情况。代办处成立不久后，一些区域性的商会便开始向父亲发出邀请。父亲对他们总是有求必应，到那些商会去演讲，成了他向英国人介绍自己国家的开端和突破口。

商人的圈子果然像雪球一样越滚越大，而且它开始向其他人群辐射。渐渐地，一些商会以外的机构也纷纷向父亲发出邀请，比如一些大学的学生组织和一些地方性的社团。对于它们的邀请，父亲同样欣然接受。他不仅自己出去演讲，而且还鼓励代办处的其他外交官也出去演讲。这是一项需要付出耐心的垦荒的工作。一年之后，情况开始好转，尽管攻击或谩骂新中国的声音仍然不绝于耳，但驻英代办处的中国外交官们已经不再坐冷板凳了。正是在这种日积月累的努力中，越来越多的英中友好组织破土而出，它们成了推动中英关系发展的重要的内生性力量。

当然，对驻英代办处而言，同等重要的工作是了解对方，而父亲显然对此抱有极大的热忱。事实上，在英国的那些年间，他把自己的主要精力都放在了调研上。他在收集信息上倾注的热情和耗费的心血无人能及。他每天都要阅读二十多份当地的英文报纸，并且还要将其中有价值的内容剪贴归类。除此之外，他还要做大量的读报笔记。但这只是他每天所做笔记的一部分内容，其他的内容还包括他和英国各界人士以及驻伦敦的各国外交官们谈话、讨论甚至是聊天的记录。在父亲看来，与人交往时获得的“活材料”往往比那些任何人都能得到的公开信息重要得多。有位当时在驻英代办处工作的年轻外交官后来回忆说，在父亲积攒的各类资料卡片上有很多他们根本不知道的事情，而尤其令他吃惊的是，似乎没有什么信息不在父亲的搜索和收集范围之内，比如在关于英国一位前大臣的个人资料中，居然有他是英国王族的私生子这样的鲜为人知的记录。

然而除此之外，父亲还要承担大量本该由下属完成的工作。三十多年后担任外交部美大司司长的张毅君，当时是个年仅 19 岁的英文生涩的小伙子，他这样回忆说："刚到英国时，整个代办处里只有包括宦先生在内的三个人会英语，其余的人大多没有外事工作经验，还有些同志是从部队来的，大家连回复英文来信的能力都不具备，所以基本的工作都压在他身上。他每天要为我们修改各种对外的文稿，包括书信或者宣传品，当然不光是修改文字，内容也要改，同时还要给我们提供很多资料。"正因为看到父亲如此忙碌，所以很多人都建议他把剪贴报纸的工作交给他们去做，但父亲坚持亲力亲为，他说："这件事不能请人代劳。"

整个代办处的调研工作也被打上了父亲个人风格的鲜明烙印。他主张对问题做系统的、寻根究底式的研究。他本人曾经主持过一个系列座谈会，其目的是了解英国所实行的各项复杂的制度。一个又一个英国专家受到邀请，他们走进代办处向中国外交官们逐一介绍英国的政治制度、经济制度、教育制度，甚至还包括警察制度。在座谈会开始的时候，没有人料到它会被延续四年之久。

召集研讨会也是父亲喜欢的方式之一。他在代办处经常组织一些内部讨论，通常都是由他提出某个问题，然后大家各抒己见。"他很善于广采众议，"当时在代办处工作的刘耕园回忆说，"他提出的看法，当我们有异议时，只要理由充分，他就会说：'你说得对！'这说明他是实事求是的，这点很可贵。有的头儿只要自己有看法，别人提不同看法不行。"不仅如此，父亲还不断鼓励代办处的年轻人撰写调研报告。他会指导他们反复修改，直到报告令人满意为止。在诸如此类的事情上，他从不吝啬时间。

局外人很难想象父亲为此花费了多少心血。有一次，几位年轻人在父亲的鼓励下共同完成了一份调研报告。但是，当他们后来看到经过父亲修改后的最终定稿时不免大吃一惊——他们的原始报告在定稿中只被保留了七个字。这件事让他们深感不安，因为他们认为自己不仅没能分担父亲的工作，反而给他添了很多麻烦。“你们的报告对我很有用！”父亲这样给年轻人打气和消除他们的不安，“报告中有些分析很好，我改的只是文字，而且你们的有些观点是我没想到的，它们开阔了我的思路。”他显然愿意和年轻人们一起继续努力，他用鼓励和宽慰的语气说：“你们不要急，慢慢来。”

代办处研讨会的范围不久后被拓展到了驻伦敦的社会主义国家使节中间。父亲是这一研讨活动的发起人和召集人。研讨会定期举行，使节们可以通过这种聚会交流彼此对国际形势的看法以及各自所掌握的信息，它也因此大受欢迎。在父亲担任驻英代办的那些年间，这种研讨活动从未停止过。

这项活动让父亲在驻伦敦的社会主义国家使团中享有很高的声望。“尽管宦先生当时的外交身份只是一个临时代办，但那些身份比他更高的大使和公使们却都听他招呼，他成了他们当中的核心人物。”俞志忠颇为感慨地回忆说。事实上，父亲离开英国很多年后，在使节们的圈子中还经常有人谈及此事，他们对父亲当年的那种令他们获益匪浅的做法一直念念不忘。

举办这种活动，也让代办处的工作人员在积累外事经验方面获益匪浅。最初的时候，人们完全不知道该如何安排这种沙龙式的聚会，特别是当外交官们开始侃侃而谈时，招待他们的夫人们则成了更大的难题。但在父亲的悉心帮助下，大家对接待工作很快就驾轻就熟了。为了款待贵宾，代办处还特地准备了大受欢迎的古巴雪茄。平时从不抽烟的父亲，这时也会手夹一支劲儿大的雪茄，和他的客人们谈笑风生。

代办处广泛而深入的调研的结果体现在了父亲发回国内的一系列报告中。那些报告在外交部内部被评价为是“从大局着眼”，并且“最见功力和最有水平的”，而且也是“中央最希望看到的”，换一句话说就是，它们对形成新中国的整体外交战略具有重要的参考价值。

有两份报告因为被毛泽东推荐给参加政治局扩大会议的党的领导干部阅读，其影响远远超出了外交部的范围。

第一份被推荐的报告完成于 1958 年 11 月。报告分析了在当时成为一大新闻的欧洲各国关于建立“自由贸易区”的谈判破裂的原因以及由此折射出的西方大国之间错综交织的矛盾。它是一份典型的站在观察者的角度完成的研究报告。

英国人是这场刚刚破裂的谈判的发起人，当然不仅如此，他们也是建立“欧洲自由贸易区”计划本身的始作俑者。他们之所以不遗余力地向欧洲各国推销这一计划，是为了抗衡或者说整合 1958 年 2 月刚刚成立的欧洲“共同市场”，如果用一句在当时极为时髦的话说就是，英国人打算用“自由贸易区”这只茶杯融化“共同市场”这块糖。该计划是在欧洲经济合作组织的基础上提出的一个在参加国之间逐步减低关税，进而逐步消除贸易限额制度的方案，它既能让英国人分享到“共同市场”参加国在西欧市场上享有的关税优惠，同时又能让他们保持行动的自由，并且继续获得已经延续了 26 年之久的帝国优惠制带来的种种好处——这一优惠制不仅可以确保英国从自治领地和殖民地输入廉价的粮食及原料从而提高英国出口商品的竞争力，而且还能防止其他国家染指英国的势力范围。“自由贸易区”计划的提出，实际上是英国在 1952 年抵制“舒曼计划”的行动的延续，因为“共同市场”恰恰是“舒曼计划”成功实施六年之后的产物，它体现的是令英国人反感的欧洲一体化进程的实质性进展。但就像六年前一样，大陆国家对“自由贸易区”这个让英国人占尽好处的计划不感兴趣。法国人又一次扮演了抵制英国的带头人的角色，在与后者进行了若干轮磋商却仍未有所斩获之后，戴高乐总统索性宣布法国退出谈判，此举导致了“自由贸易区”计划的最终流产。

父亲在他的报告中指出：“自由贸易区”谈判的破裂拉开了帝国主义国家之间经济贸易战的大幕。他认为，战后经济恢复期的结束，改变了西欧主要国家之间以及它们与美国之间矛盾的焦点，对世界市场的争夺正在取代它们战前对殖民地的争夺——这是父亲对战后大国关系演变的重要判断之一。而这次谈判的破裂，则宣告了英国在这一轮争夺战中的失利，其结果是它在资本主义世界第二大国的地位被进一步削弱，当然，它在战后苦心缔造的西欧霸权也彻底动摇。很显然，英国遭受了它在“二战”结束以来对西欧外交的最严重挫折。“现在英国面临着两项重大抉择”，父亲在报告中分析道，要么是断然采取报复措施，破坏欧洲的政治经济合作，要么是重新恢复谈判，继续寻找与大陆国家暂时妥协的基础。父亲的判断是，英国人将会做出后一种选择，并且设法得到美国的支持。此外，英国还将继续利用法国与德国之间的矛盾，比如对它们加以分化并使之互相牵制。“这种均衡政策在相当长的时期内势必继续推行下去。”父亲在报告的最后得出了这样的结论。当然，这只是针对英国而言，而综观整个西方世界，父亲的结论则是：帝国主义国家之间在西欧问题上的矛盾已经达到了空前尖锐的程度，它们之间以往的力量对比关系正在这场争斗中酝酿着新的变化。

报告发回国内一周后被送到了毛泽东手中。毛泽东看后大加赞赏，他当即在报告上写下了一段很长的批语，字里行间散发着他特有的气势。批语说：“宦乡的论点是对的。四分五裂，这就是西方世界的形势。目前正在逐步破裂的过程中，还没有最后破裂，但是向着最后破裂前进，最后破裂是不可避免的。过程时间，可能有相当长，非一朝一夕。所谓西方团结是一句空话。团结也是有的，杜勒斯正在努力。但是要求‘团结’在美国的控制之下，在原子弹下面要求他的大小伙伴们向美国靠拢，交纳贡物，磕响头称臣，这就是美国人的所谓团结。这种形势，势必走向所谓团结的反面：四分五裂。同志们，请看今日之域中，竟是谁家之天下。”

很显然，毛泽东在父亲这份报告的基础上推导出了一个新的结论，即西方世界正在四分五裂。毛泽东希望看到这样的局面。他之所以对父亲的报告大加赞赏，原因在于他认为报告谈及的情况刚好为他当时的一个判断提供了佐证，即世界革命的形势正在到来。他希望通过推动世界范围内的革命运动来牵制和打击美国——他当时把美帝国主义视为中国人民和世界人民“最凶恶的敌人”。他还希望以此回击赫鲁晓夫，因为后者正试图与美国“和平共处”并且展开“和平竞赛”。在毛泽东看来，这不仅是害怕革命的表现，而且是对斯大林的背叛，同时也是在将国际共产主义运动引入歧途。

毛泽东当时正在武昌出席政治局扩大会议。他指示中共中央总书记邓小平将报告印发给全体与会代表。他亲自为报告加了一个标题——《宦乡论西方世界的破裂》。这份报告后来经过改写，被发表在1958年第14期《红旗》杂志上。文章署名“王书人”，标题是《从“欧洲自由贸易区”谈判的破裂说起》。当然，毛泽东的批语也一同发表了，不过不是以批语的形式，而是以文章内容的形式，事实上，它成了整篇文章的结论。

与这份视角相对超脱的报告不同，被毛泽东推荐给党的领导干部们阅读的第二份报告触及中国对外政策的核心，当然，其中也包括一些重要的外交政策建议。

报告完成于 1960 年 5 月 28 日，它分析的是发生在 12 天前的苏、美、英、法四国首脑会议的流产对国际局势产生的复杂影响。

找到某种办法来结束或者至少是缓解四国之间——更确切地说是苏联和其他三国之间——对西柏林控制权的争夺是这次首脑聚会的初衷，这是 1959 年 9 月赫鲁晓夫访问美国时和艾森豪威尔总统在戴维营达成的协议。召开首脑会议的时间被确定在了来年的 5 月 16 日。人们本来是想看看四大巨头如何在巴黎的爱丽舍宫化解这一冷战危机的，但没想到赫鲁晓夫和艾森豪威尔在预备会议上就吵翻了，结果正式的会议还没开始就不得不宣布取消。

令赫鲁晓夫对艾森豪威尔大光其火的原因是美国中央情报局的 U-2 型高空侦察机擅自闯入苏联领空从事侦察活动。半个月前，苏联空军在其境内的斯维尔德洛夫斯克市（今叶卡捷琳堡州）上空击落了一架那样的飞机，并且俘获了它的飞行员。正当人们以为美苏关系就像它看上去的那样日趋缓和时，一架被击落的飞机揭开了掩藏在缓和幕布之后的从未停止过的冷战真相。

随着这架飞机的坠落，更多幕后事件被一一曝光。一个尤为令人吃惊的事实是，U-2 型飞机在苏联上空已经肆无忌惮地飞行了四年之久。这种飞机什么时候进入苏联领空完全取决于美国中央情报局的意愿。飞机拍摄的苏联军事基地、工业设施、干线铁路和公路，甚至研制导弹和进行核试验的照片令情报局局长艾伦·杜勒斯极为满意，他曾经这样夸耀说：那些情报准确和可靠的程度，仅次于直接从苏联政府部门和实验室获得的技术文件。美国战略空军指挥部根据这些情报编制了一长串打击目标清单。但是四年来苏联人对外一直三缄其口，原因之一是他们无法打下那种能在两万米以上的高空飞行的飞机。不过四年后他们终于成功了，人赃俱获的苏联人决定打破沉默，赫鲁晓夫对外高调宣布说，是他亲自命令苏联的火箭部队用导弹击落飞机的。

然而接下来发生的事情更加耐人寻味，尽管美国人压根儿就没把苏联的主权和尊严当回事，但赫鲁晓夫还是不想跟美国人撕破脸，他在稍后发表的一次讲话中刻意制造了一个可以让美国人借坡下驴的机会，他说："可能艾森豪威尔总统并不知道这次飞行。"但素以诚实著称的艾森豪威尔不喜欢赫鲁晓夫的这个小把戏，他以令人吃惊的坦诚态度说，他不仅知道而且还亲自批准了这次飞行。他接着又补充道：尽管谍报行动"令人厌恶"，但它却是"十分必要的"。很显然，不管赫鲁晓夫和艾森豪威尔见面时手握得多么紧，有一点都是不会改变的，那就是美国人仍然将苏联人视为敌人而不是可能的朋友。

赫鲁晓夫只能在四国首脑会议上对艾森豪威尔怒目而斥。据说他发言时气愤到了讲话稿一直在手中瑟瑟发抖的地步。他撤销了在前一年 9 月份向艾森豪威尔发出的访苏邀请，他还要求后者就美国的行为公开道歉，否则苏联代表就将拒绝参加会议。可艾森豪威尔宁愿让会议流产也不接受赫鲁晓夫的要求，他看着面红耳赤的苏联领导人语气平静地说，他已经下令停止侦察行动，但他不会为已经发生的事情道歉。他的话听上去毫无商量余地。已经没有退路的赫鲁晓夫负气而去，其余的首脑们也只好各自打道回府。

"艾森豪威尔是和平爷爷"的说法已经被彻底拆穿了，这是父亲在他的报告中阐述的第一个观点。他说，一段时间以来，由于对西方帝国主义抱有和平幻想而放弃斗争，这成了不少国家的流行做法，但美国人用事实给大家上了一课，它让人们看到，指望帝国主义给世界带来和平是多么不切实际的想法。父亲所说的“对帝国主义抱有和平幻想的人”在很大程度上是指赫鲁晓夫，因为他才是这种想法的积极散布者。艾森豪威尔“和我们一样爱好和平”——赫鲁晓夫在1959年访问美国后就是这样对中国领导人说的。他当时正在北京参加新中国成立十周年庆典，他以“世界人民心目中的和平缔造者”和社会主义阵营中的“老大哥”的傲慢口吻教训他眼中的中国“小兄弟”：不要试图“用武力试探资本主义的稳固性”，不要动不动就表现得像只“好斗的公鸡”。但恰恰是这个唯恐激怒美国而坏了美苏和解大事的赫鲁晓夫，这次为什么又一改以往单纯的绥靖政策，转而采取强硬斗争的策略了呢？他究竟是被逼无奈，还是打算改弦更张？父亲在他的报告中分析道，苏联斗争策略的转变主要是“谍机事件本身发展的逻辑结果”，可以证明这一点的是，四国首脑会议流产才不过十几天，赫鲁晓夫对美国的态度就已经明显软化。不过父亲也谈到了另一种可能性，那就是苏联的对美政策将逐步转向强硬。尽管人们在当时还看不到这种转变的明显迹象，但西欧各国已经被美苏之间的争吵吓坏了。对于这些刚刚抚平战争创伤的国家来说，它们敏感的神经还不足以让自己在两个庞然大物的争吵面前保持镇定，它们既担心自己在不久的将来不得不追随美国与苏联为敌，更担心会被重新拖进战争的泥潭。首脑会议流产后，不少人在媒体上紧张地谈论说，会议的失败有可能“引发第三次世界大战”，因为他们看到大多数社会主义国家正在举行抗议美国和支持苏联的大规模群众集会。为此，不少国家的舆论都呼吁要扩军备战。父亲在报告中指出，美苏的翻脸已经引起了西方阵营内部的混乱和相互争吵，这必将加剧各国之间的矛盾。但是，它们有一个共同的担忧，那就是这次事件有可能成为促使社会主义国家更紧密地团结在一起的黏合剂。正因为如此，它们开始把冷战的矛头指向了中国，它们希望通过离间中苏关系来达到分化社会主义阵营的目的，比如它们的舆论正纷纷把赫鲁晓夫改变对美策略的原因归结为是受了“中国的影响”。父亲在他的报告中建议说：在这种情况下，中国应该“十分慎重地处理”中苏关系，以免落入西方的政治圈套。

毛泽东看到这份报告的时间是 6 月 7 日。“此件说得很好。”他在报告上这样批示道。一个星期后，政治局扩大会议就要在上海召开了，他指示将报告印发全体与会代表。在 5 月 22 日于杭州召开的政治局常委会上，毛泽东花很长时间谈了他对四国首脑会议流产特别是对赫鲁晓夫的看法。他说：“在一些根本问题上，不能指望赫鲁晓夫会改变。这一次他是被逼的，一是美国逼得厉害，二是国内对美国群情激愤。”毛泽东坚决反对他将中国外交纳入苏联的全球战略轨道。“这个人不可信赖。”毛泽东这样评价赫鲁晓夫。但他赞同慎重对待中苏关系，他说：“现在是内部批评，不公开指名骂他，用今天正面表态的办法讲道理。将来说不定要公开批评，但绝不为天下先。”

父亲在第二份报告中又一次提到了苏联对美政策存在着逐步转向强硬的可能性。当赫鲁晓夫在一个劲儿地和美国套近乎时，这种可能性很容易被人们所忽略。但同时还有另外一个问题，那就是美国人会和赫鲁晓夫携手吗？后来的事实证明，联合美国共同主宰世界不过是赫鲁晓夫的一厢情愿而已。

但父亲并不是为了使自己的分析看上去万无一失才随意谈到这种可能性的，事实上，他在更早的时候就质疑美苏之间能否走到一起。这牵涉到对一个更为基本的问题的判断，那就是在两大阵营之间以及在资本主义阵营内部的错综交织的矛盾中，究竟哪种矛盾能够主宰国际关系的大局？

斯大林在 1952 年就给这个问题定了调。“第二次世界大战及其经济影响在经济方面最重要的结果，必须认为是统一的无所不包的世界市场的瓦解……这一情况决定了世界资本主义体系总危机的进一步加深”，这是斯大林在他一生中所写的最后一部著作《苏联社会主义经济问题》中提出的“资本主义总危机”理论的重要前提。根据这一基本判断，斯大林认为，战后世界的主要矛盾已经确定无疑地表现为发达资本主义国家之间的矛盾，其尖锐和无法调和的特征甚至超过了两大阵营之间的矛盾，当然也超过了发达资本主义国家与原殖民地国家之间的矛盾。斯大林这样描述道：“帝国主义国家间争夺市场的斗争以及它们想把自己的竞争者淹死的愿望，在实践上是比资本主义阵营和社会主义阵营的矛盾更加剧烈的。”

显而易见，斯大林的这一理论没有经受住时间的考验，但它对苏联乃至世界政治所产生的影响却令人印象深刻。在中国，这种观点的权威性丝毫也不亚于在苏联。毛泽东多次要求地委以上的干部反复学习《苏联社会主义经济问题》，它被视为斯大林的一部带有总结性的理论著作，同时也是社会主义政治经济学的奠基之作。在相当长的时期内，书中的大部分观点——其中也包括关于世界主要矛盾的观点——一直被人们奉为圭臬。

在发达资本主义国家之间的矛盾中，英美矛盾又是最主要的矛盾，这是人们根据斯大林的基本判断所推导出的具体结论。直到 20 世纪 60 年代初期，这种看法都是中国领导人和外交界的主流观点。

人们可以毫不费力地找到不少事实依据来支持这种判断，但那是在 20 世纪 50 年代中期以前，而在那之后，至少父亲找不到足够的证据来证明英美之间会闹到彼此都非要“淹死”对方的地步，而且即使有一天它们真的闹到了那一步，它们之间的冲突能左右整个世界的政治格局吗？父亲不是一个在经典著作或是领导人划定的圈子内思考的人，1956 年 8 月，也就是父亲到英国快两年的时候，他向国内发回了一份报告，他说，英美之间虽然有矛盾，而且这种矛盾有时还相当尖锐，但它既不是而且在将来也不会成为世界的主要矛盾，在重大的国际问题上，英国的选择将是追随美国而不是相反。

这份报告的观点在当时很难被人接受，特别是当它被送到周恩来手中时，英美之间的矛盾恰好“相当尖锐”，它们在处理苏伊士运河危机问题上的冲突正不断升级。看上去，英国似乎不打算在这个足够重大的国际问题上追随美国，它正和法国起劲儿地往运河周围屯兵，它们打算对胆敢挑战两国在这条运河上的贸易利益的埃及实施军事打击。而美国人是不会允许有人在此刻对埃及动武的，他们担心苏联人会借机牟利，因为埃及人已经从苏联那里购买了大量武器，并且有可能进一步向苏联靠拢。很显然，英国人搅的是美国整个中东战略的局。那么，一旦英国一意孤行，谁能保证美国就不会对它大动干戈？周恩来认为报告忽略了这种可能性，他在报告上批示道：“宦乡对英、美矛盾估计不足。”

但是父亲已经仔细分析过这种可能性并且看到了更远的将来。事实上，他比国内的任何人都更清楚英美之间在当时闹得有多僵。他不是通过间接的信息或者第三方的分析来做出判断的，他是在伦敦，特别是在艾登的客厅里感受这一切的。他看到过艾登怨恨的眼神，他也听到过艾登的叹息：“美国的风已经吹到苏伊士运河了！”但他并不认为这种矛盾将决定英美关系在未来的发展趋势，而能够决定这种趋势的事实是，英国的海外殖民地正纷纷宣布独立，这意味着它和美国在争夺势力范围问题上的冲突将趋于减少和缓和，而不是日益频繁和加剧。至于苏伊士运河之争，这很可能是发生在英美之间的最后一次激烈冲突，因为这条运河是英国和法国在东方的最后疆界。

挑战斯大林和主流观点是需要勇气的，父亲显然不缺乏这种勇气，而此后的情形则成了对他的勇气的更大考验，因为他的研究不仅没有将他和主流观点越拉越近，反而越推越远。1958年，当苏伊士运河危机结束一年多后，父亲在发回国内的一份报告中甚至指出，即使在资本主义阵营内部，英美矛盾也不是主要矛盾。父亲认为，尽管英美之间摩擦不断，但英国人不会感情用事，因为他们心里很清楚，大英帝国的不可一世已经成为历史，而“小得像一头可怜的毛驴”的英国只有靠着和美国这个新的世界性帝国保持一致而不是不自量力地与之抗衡才能维护自身的利益。

父亲的这个更加偏离主流观点的看法在 1958 年 7 月于布拉格召开的驻欧洲国家和阿联使节会议上引发了激烈的争论，更确切地说，是在父亲和其他人之间引发了激烈的争论。主持使节会议的外交部副部长张闻天就完全不赞同父亲的观点，他既是老资历的党的领导人和理论家，也是著名的外交家，当然还是父亲的顶头上司。他在会议结束时所做的总结发言中特别提到了这场争论。他肯定了争论本身，他认为争论有助于深化人们对问题的认识，就像大家在布拉格争论了一番之后那样，其结果是人们对主流观点更加深信不疑了。他在发言中以相当肯定的口吻重申了主流观点，他说：帝国主义国家之间的矛盾是绝对的和日益加深的，合作则是表面的和暂时的，而在这种绝对的和日益加深的矛盾中，英美矛盾无疑义是主要矛盾。“要看本质，不要为表面现象所迷惑。”他这样含蓄地批评了父亲，“美英有时看起来是合作的，但这种合作正像苏联同志所形容过的，是马和骑马人的合作。”张闻天很谦逊地说，上述看法只是他的个人观点。

基于战后初期国际力量对比状况而构建的雅尔塔体系迅速崩溃，国际关系的重心已经从欧洲移向它的两侧，而两侧的关系则正在断裂——美苏两国正在经历从战时同盟的最后破裂到全面对抗的演变，20 世纪 50 年代末的世界，正处在这样一种被毛泽东形容为“大动荡、大分化、大改组”的充满变数的时期，人们在对大国关系的变化以及由此主宰的国际局势走势的判断上出现分歧不足为奇，但父亲挑战权威和坚持己见的做法却使这种分歧格外引人关注。

但几年后就没人再认为英美矛盾是主宰国际关系大局的主要矛盾了，因为美苏冷战局面的形成已经给出了答案。而在西方世界内部，和美国关系恶化的也不是英国而是法国，后者开始联合 1952 年加入“煤钢联盟”的欧洲大陆国家继续推进欧洲一体化进程，它们试图在两极世界之外集结第三种力量。至于美英则结成了牢不可破的利益同盟，这种状况直到今天都没有丝毫改变。

事实和父亲的判断完全一致。当然，父亲和所有的人一样，他也会犯错误，他也完全有可能固执地坚持一个错误的观点，但他却不会因为事实以外的原因犯错误，比如对领袖的盲目崇拜、对权力的屈从、意识形态的束缚、人云亦云，或者是对个人利害得失的权衡等等，因为他只尊重事实，他只向事实低头。他的那些观点也不是靠灵感或突发奇想而获得的不扎实的想法，它们是在对大量事实进行动态分析的过程中逐步形成的，不断变化着的事实就是那些观点扎根和生长的土壤，它们就如同农民收获的庄稼，那是播种者在大地上一寸一寸地耕耘和浇灌的结果。也许这就是使父亲具有那种令人印象深刻的勇气和以超乎常人的自信坚持己见的原因。他的勇气和坚持既体现了他作为一个真正的知识分子追求真理的本能，同时也是他对自己所信奉的价值理念的坚守以及对国家民族的职责的承担。但父亲从来也没有试图对别人解释过什么，除了母亲，他曾经对母亲这样说：“我怎么能不坚持呢？对英美矛盾的估计，将直接影响我们对资本主义世界外交政策的制定。”这就是父亲和所有人争论的全部理由。

那时的中国还远没有形成自己的针对西方国家的外交政策，而父亲所从事的调研正是这项刚刚起步的工作的一部分。摆在人们面前的差不多还是一张白纸。面对西方这个自身也处于急剧变化中的与中国完全不同的世界，有太多的问题有待了解和思考。有些全局性的问题甚至还没有进入人们的视野，比如应当如何看待已经开始启动的欧洲一体化进程。父亲在 1958 年 1 月 1 日欧洲经济共同体宣告成立时就敏锐地捕捉到了它所预示的某种趋势。后来的事实证明，父亲对这个问题的看法比他对英美矛盾的判断更具前瞻性。他在 1959 年发回国内的一份报告中就明确指出：以欧洲经济共同体的成立为标志，战后的西欧已经跨入了一个新的时代，这个基础还极其脆弱的组织的出现，预示着欧洲的联合与独立已经成为历史的必然趋势。尽管英国为了抵抗这个以法、德为核心的共同体而匆匆成立了一个欧洲自由贸易联盟，但是父亲大胆地预言：英国迟早要向法国和联邦德国妥协，并且最终成为欧洲经济共同体的一员。父亲在他的报告中分析道：尽管西欧各国的联合将是一个曲折和充满矛盾的过程，但是它们之间的共同利益将促使它们不断做出调整和协调。他在报告的最后建议道：中国应该加强与欧洲经济共同体及西欧各国的联系，并且积极支持西欧的联合。

这不是父亲一系列报告中的一个无足轻重的小观点，这是一个重大的判断。支撑着这个判断的，是一个庞大的系统研究工程，其内容不仅包括西欧各国之间的关系，还包括它们的历史，它们的生产力、科学技术、组织管理、市场经营以及资本运转和流动的状况。正是这种研究，让父亲真切地了解到了以法、德为代表的西欧经济在战后强劲增长的事实，同时更感受到了这些国家想要形成自己独立力量的强烈愿望，在这种愿望的背后，是现实的政治、经济、社会、安全等多重利益以及历史、价值观和文化传统及诉求的重合。它们让父亲确信，这个刚刚启动的看上去还前途未卜的运动，将是贯穿欧洲大陆未来几十年发展进程的主题。

但是这份报告在国内没有引起足够的重视，当然更没有人认为中国有必要对西欧的联合表示支持，因为人们根本不看好“共同体”的前景。并不是没有人关心这个组织的出现，特别是它和“欧洲自由贸易联盟”之间的热闹的冲突，然而人们是在一个完全不同的层面上理解这件事的意义的，事实上，人们仍然在“资本主义总危机”理论的圈子里打转转。他们认为欧洲经济共同体和欧洲自由贸易联盟这两个“国际垄断联盟”的出现，反映的恰恰是帝国主义国家之间不可调和的矛盾。

也没有什么人站出来和父亲争论，因为人们当时既不真正关心也不真正了解这个问题。而在那之后的若干年内，在外交上不得不与美苏两个超级大国同时作战并且内部政治运动频仍的中国，更是无暇顾及这个发生在遥远的欧洲大陆的充满了曲折和失败的复杂事件。直到 20 世纪 70 年代中期，当欧洲各国经过百折不挠的努力建立起未来欧盟得以产生的基础——关税同盟，并且英国也已经加入了欧洲经济共同体时，父亲的那些观点才终于受到人们的重视并且被普遍接受。那些年间，父亲始终关注着这个如同一场漫长的利益纷争般的联合进程。当一个即将访问英国的官方代表团的负责人就中国是否应该公开表态支持欧洲一体化进程一事听取父亲的意见时，他毫不犹豫地告诉对方：“不要对欧洲说‘不’，欧洲的联合势在必行。”从父亲提出这个观点，到它真正成为中国制定对外政策的依据，前后相隔了将近 15 年。

当 20 世纪结束的时候，已经没有人再怀疑，欧洲一体化进程堪称这个一百年间最引人注目的大事之一。那些欧洲国家的努力不仅使它们自身摆脱了战后初期对美国的依附地位，把它们变成了后者的伙伴而不是从属，更重要的是制约了两个超级大国的争夺，并且推动世界向多极化的方向发展，从而改变了整个世界的政治格局，当然也为包括中国在内的众多国家打开了对外关系发展的更大的空间。

“外交调研，判断是要害。”父亲常常这样说。准确的判断离不开尽可能充分的信息收集和对信息的缜密分析，而这两件事恰好是父亲乐此不疲的。很难说他的调研不包括什么，因为他常常就一些似乎不属于他职责范围内的事情做出与众不同的或大胆的判断。难免有人会为他捏一把汗或心存疑问，他为什么总喜欢为那些“分外事”冒险呢？

一件给毛泽东和周恩来都留下了深刻印象的事情发生在 1956 年，它与当时在中东地区爆发的一场纠结了英、法、美、苏以及西欧、中东和第三世界等各方利益的国际军事冲突有关，这场冲突后来被冠以各种称谓，比如苏伊士运河战争、第二次中东战争、西奈战役或卡代什行动。

冲突中的主角之一是当时的埃及总统纳赛尔。这位年仅 38 岁的血气方刚的领导人对遍布非洲大陆的由来已久的殖民统治深恶痛绝，并且下决心将殖民者赶出他的祖国。作为向殖民者宣战的方式，他于当年 7 月 26 日宣布将苏伊士运河的经营权收归国有，而在此前的大半个世纪里，这条运河的收益一直被英国和法国瓜分。

纳赛尔的这个颇有胆略的决定点燃了危机的导火索。英法两国不惜为此一战，因为这条长一百九十多公里的穿过埃及沙漠的狭长水道一直是它们进入远东的主要通道和经济命脉，特别是当纳赛尔宣布将其收归国有时，它还成了最具战略价值的石油通道——当时欧洲所需石油总量的三分之二都要仰仗这条水道运送。纳赛尔深知他击中了英法乃至整个西方的要害，他说：失去了石油，工业国的所有机器都不过是一堆锈迹斑斑、无法运转和毫无声息的废铜烂铁而已。

但在开火之前，英法两国曾经展开过长达三个月的外交努力。它们不遗余力地游说西方各国及联合国安理会，要求对运河实行“国际管制”。但是有关协议迟迟无法达成，而安理会则索性否决了它们提交的要求埃及接受“国际管制”的提案。寻求外交妥协的希望越来越渺茫，这是否意味着开战的可能性越来越大了呢？

国际社会对此看法莫衷一是，印度总理尼赫鲁就笃信打不起来。当然，没有人怀疑英法想要对埃及诉诸武力，但人们怀疑它们是否会为此冒天下之大不韪。一个显而易见的事实是，如果英法对埃及动武，它们首先会同时触怒苏联和美国。运河危机爆发以来，这两个国家一直在声色俱厉地警告英法，以迫使后者彻底打消动武的念头。苏联的立场尽人皆知，它正积极扮演纳赛尔的支持者的角色，它试图以这种方式向中东渗透。而恰恰是这一点决定了美国的立场，它不允许任何人当然也包括英法为苏联人进入这一地区制造借口。

除此之外，发展中国家的态度也不容忽视，它们正将矛头一致对准英法。不过英法的举动证明它们显然不识时务。美国总统艾森豪威尔试图用自己的理性帮助它们看清形势，他用词坦率而难听地说：欧洲国家根本没有能力在埃及建立一个有生存能力的驯服政府，而且任何这一类的尝试都会激起阿拉伯国家和所有发展中国家的反对，更何况这还会让苏联人从中渔利。在他看来，英法既没有开战的理由，更无取胜的把握。艾森豪威尔警告说，如果对埃及发动进攻，肯定会使纳赛尔成为发展中国家的英雄，而欧洲则要做好面临石油危机的准备。

中国是埃及的坚定支持者，因为中国支持世界上所有国家和人民的反殖民主义斗争。当然不仅如此，埃及还是中国的好朋友。1955 年 4 月，纳赛尔和周恩来在万隆会议上一见如故，那时埃及还和台湾保持着“外交”关系，但是一年之后，它就成了与中国建交最早的非洲和中东国家。作为帮助中国在这一地区实现了外交突破的人，纳赛尔得到了中方毫无保留的支持。

不过，前面即使是万丈深渊英法也决定跳下去了，这是为帝国利益和面子的拼死一搏。10 月 14 日，也就是联合国安理会否决了英法提出的要求埃及接受“国际管制”提案的第二天，两国秘密制订了作战计划。直到这个计划被实施之前，没人知道它的存在，即使是美国的情报系统也没有得到任何口风。

但令人不可思议的是，父亲却从他收集到的公开信息中捕捉到了蛛丝马迹。10 月 19 日，也就是那个不为人知的作战计划诞生的第五天，他向国内发回了一份急电。他在电报中说，英法的进犯已经无可避免，他要求国内尽快转告埃及做好应战的准备。父亲在电报中还预测了英法可能采取的作战计划，他认为英法将首先摧毁埃及的机场和飞机，然后再派部队从地面登陆，他甚至还推测出了两个可能性最大的登陆地点——塞得港和亚历山大港。

在没有任何确切情报来源的情况下做出如此判断显然是令人担心的。但同样令人担心的是，尽管没有任何来自其他渠道的消息可以证明这个判断的可靠性，周恩来还是立即将电报的内容转告了纳赛尔。可如果事实证明这是一个错误推断的话，其情形岂不是很难堪？

但事情的确被父亲说中了。应该说，中方的这一举动为纳赛尔赢得了半个月的布防时间。不过或许恰恰是这一点，反而让埃及在战争一开始时陷入了被动，因为那场战役是以全世界都没有料到的方式打响的——看上去与这场冲突毫不沾边的以色列人突然冒了出来，10 月 29 日，他们从埃及军队防御薄弱的西奈半岛长驱直入。

是法国人说服了埃及的这个夙敌。事实上，以色列人早在一年前就制订了一个入侵加沙地带和西奈半岛的作战计划，其目的是打破埃及对蒂朗海峡和苏伊士运河的封锁，从而使以色列的船只能够自由穿行。10 月 13 日，也就是英法制订秘密作战计划的前一天，法国向以色列保证说，它很快就会如愿以偿的，只要它愿意在英法即将发动的战争中打头阵。

纳赛尔只能将守卫运河的部队紧急调往荒无人烟的西奈半岛。不过以色列人在战场上表现得不怎么样，双方只交火了一天半，以色列军队就遭受了重创。但尽管如此，以色列人已经完成了他们的使命，那就是为英法出兵埃及制造借口。10 月 30 日，英法两国以保护运河航运为理由，向埃及发出了“最后通牒”，他们以第三方的口吻说，埃以双方必须立即停火，并且允许英法军队进驻运河区，如果这两个要求被拒绝的话，英法就将立即对这一地区实施武力干涉。

纳赛尔的回答是命令此前被紧急调往西奈半岛的部队迅速回防，他同时还命令尼罗河流域和运河区的埃军立即进入戒备状态。当然，这恰恰是英法所期待的反应。10 月 31 日，两位主角终于登场了，而且其情形和父亲在电报中推测的几乎毫无二致，它们果然是先轰炸了埃及的机场、兵营和所有重要城市的经济及交通设施，然后将打击目标锁定为计划中的登陆点——塞得港。在对这个港口的防御设施连续轰炸了四天之后，英法向地面空投了一千多名伞兵，并且派出了两万多名海军陆战队队员，它们试图占领这个港口，然后沿运河南下，一举占领整个运河区。

这下轮到事先有所准备的埃及军队发挥威力了。不过发挥了威力的不只是埃及军队，还有居住在塞得港的普通居民。那些被空投到地面的伞兵们首先领教了埃及人的厉害，他们总是刚一着陆就陷入埃及军民的合围，因为埃及当局事先在港口的各个重要地点都设置了广播站，每当一批伞兵着陆时，当局便迅速通过广播召集军队和民众，而后者则会立即赶往降落地点对伞兵实行有效的合围。

面对这样一个全面设防的城市，英法军队几乎无计可施。他们发动的地面攻势只维持了四十多个小时就不得不草草收场。在这场短暂的战役中，他们始终没能完全占领塞得港，当然就更谈不上占领整个运河地区了，事实上，他们的先头部队仅仅从塞得港向南推进了 27 公里。

国际社会的巨大压力也是令英法止步的重要原因。艾森豪威尔听到以色列人在西奈半岛动武时勃然大怒，他立即把电话打到了唐宁街 10 号，他甚至都没来得及弄清接电话的人是不是艾登就将对方臭骂了一顿，结果艾登的助手成了那个挨骂的倒霉蛋。紧接着，美国便命令分布在世界各地的美军进入警戒状态，华盛顿警告英法说：仅仅停火是不够的，英法的军队必须撤出埃及。在此后的半个月里，美国人又以另一种令英法心痛的方式强调了他们的立场和愤怒，他们拒绝为英法提供石油援助，由于苏伊士运河航运中断，再加上沙特阿拉伯对英法实行石油禁运，后者的石油储备仅够维持几周的用量。

苏联人显然比艾森豪威尔还要恼怒。他们当时正忙于镇压发生在匈牙利首都布达佩斯的一场抗议其统治的暴动，尽管他们无暇南顾，但他们一样可以让英法胆寒，他们以一种令后者备感屈辱的方式警告说：如果英法军队不立即撤出运河地区，苏联就将对伦敦和巴黎实施核打击。

很显然，英法已经别无选择了，他们不得不于 11 月 7 日宣布停火，并于 11 月 22 日撤出了全部军队。

就像艾森豪威尔在几个月前警告英法不要动武时所说的那样，纳赛尔成了发展中国家的英雄。他在英法军队撤出埃及的当天致信周恩来总理，对中国人民的支持给予了高度评价和由衷感谢。

父亲的那份急电令他的很多同事感慨不已。事实上，深入的调研和准确的判断不仅与制定外交策略和战略有关，还能在紧急关头发挥至关重要的作用。

在一些重大问题上做出与众不同的判断似乎成了父亲的某种特征。1959 年，当全世界——当然也包括中国——都在指责刚刚担任法国总统的戴高乐是一个法西斯分子，而以他为首的法国正在蜕变为一个独裁国家时，父亲却在他的一份报告里断言这是个错误的判断，不仅如此，他还竭力建议中国抓紧时间与戴高乐领导下的法国建立外交关系。

这是个和所有人“唱反调”的观点。问题的关键在于如何看待戴高乐——他和他领导下的法国真的像人们所指责的那样危险和可恶吗？

1958 年 12 月，戴高乐，这位在第二次世界大战期间曾经领导了自由法国运动的将军刚一当选总统，他和法兰西第五共和国就被淹没在了“法西斯分子”和“未来的独裁国家”的指责中。难得一见的是，苏联和美国在攻击戴高乐和法国时竟然发出了一致的声音。很显然，这位在国内赢得了近 80% 选民支持的 68 岁的老人既不受东方阵营的欢迎，也不受西方阵营的欢迎，他好像是全世界的敌人。

的确，以苏联为首的东方阵营肯定不想看到戴高乐当上法国总统，这在很大程度上源于深刻的意识形态对立。一个尽人皆知的事实是，戴高乐对共产主义素无好感。他似乎在任何情况下都拒绝与共产党人合作，比如他在“二战”期间领导自由法国运动时就极力排斥法共的参与，尽管那时法国大敌当前，而且法共已经是一支拥有超过 50 万名成员的重要政治力量。诺曼底登陆后，戴高乐还曾带领法军日夜兼程赶往巴黎，就是为了阻止法共乘机争取民众支持，从而在战后染指政权。而当他成为法兰西第五共和国的总统之后，更是对法共发起的青年运动和工人运动采取了毫不手软的镇压政策。至于社会主义阵营的领袖苏联，在他看来则是一个不折不扣的“共产主义的集权专制国家”。他认为，这样的国家是西方“自由世界”的天敌。当然不仅如此，苏联同时还是对外扩张和霸权主义的象征或代名词。正因为如此，在战后抵制苏联控制西柏林的问题上，戴高乐所采取的政策甚至比美国和英国还要强硬。一个对共产主义如此憎恶的法国总统，自然会成为社会主义国家，也包括西方共产党人的共同敌人。

然而厌恶共产主义和抵制苏联并不意味着戴高乐同西方阵营就更加亲近，事实上情况刚好相反，他同英美，特别是美国人之间搞得更僵。早在他当选总统之前，他就曾以法国代总理的名义致信美国总统艾森豪威尔和英国首相麦克米伦，要求改组北大西洋公约组织，或者说要求打破美英主导一切的局面，重建一个由法国和它们分享权力的领导机构，否则法国就将拒绝参加该组织的任何活动。当然，美国和英国先拒绝了戴高乐。不过戴高乐的那封信显然不是写着玩玩的，他当选总统三个月后，就明确宣布法国的地中海舰队不再接受北约军事一体化机构的指挥。又过了三个月，法国要求美国把它此前停放在法国领土上的所有核轰炸机全都挪到别的地方去，结果后者只好把那些飞机转停到了英国和西德。紧接着，法国又在戴高乐的领导下向美国的核垄断地位发起挑战。1960 年 2 月，法国成功试爆了原子弹，戴高乐忘情地高呼“法兰西万岁！”显而易见，对抗美国的独断专行，特别是摆脱美国对法国的控制，恰恰是戴高乐政府对外政策的基点之一。至于抵制英国，则是这一外交政策的组成部分，因为在戴高乐看来，英国不过是美国在欧洲的代言人而已，或者也可以被形容为美国安插在欧洲的“特洛伊木马”，因此，抵制英国就是抵制美国，换一句话说就是，抵制美国就包括抵制英国。这就不难解释为什么在西方阵营内部人们对戴高乐也是骂声一片了。而在美国和英国，就连普通民众也对戴高乐嗤之以鼻，他们认为他简直就是一个恩将仇报的家伙，因为他早已把这两个国家在“二战”期间曾经给予“自由法国”运动以及他本人的支持抛到了脑后。

但抵制苏联的强权和拒绝在北约中充当美国的驯服伙伴并没有错，事实上，戴高乐不过是想要在美国和苏联这两个超级强国之间寻找第三条外交路径而已。“戴高乐不是法西斯分子，而是一位有所作为的民族主义分子；法国也没有蜕变为独裁国家，它在戴高乐的领导下，正在建立更加独立的资产阶级民主制度。”父亲在他的报告中这样写道。他认为，戴高乐的做法将会得到法国人民的支持，更重要的是，它将会改变欧洲乃至整个世界的政治格局。因此，中国要做的不是跟着苏联人一起指责戴高乐，而是要抓住当下的时机，尽快与戴高乐领导下的法国建立外交关系，从而实现中国对西方的外交突破。

这个大胆的建议再充分不过地体现了父亲的务实风格。他从来不会受僵化的意识形态的束缚而对现实国际政治中出现的任何对中国有利的时机视而不见，当然，他更不会天真幼稚地被别人牵着鼻子走。

这是又一份得到毛泽东高度赞赏和肯定的报告。毛泽东对父亲在报告中提到的“时机”问题格外重视，因此，报告的建议立刻就被接受了。的确，没有哪个时候还能比戴高乐和他的政府同时遭到东西方两大阵营的攻击时更有利于中法接触了。

五年后，全世界都看到了中法接触的成果——法国成为第一个和中国建立了正式外交关系的西方大国，它意味着美国和西方国家对中国实行多年的外交封锁被撕开了一个大口子，而法国也因此成为唯一一个能同时和中、美、苏三国对话的西方国家，这正是戴高乐孜孜以求的使法国重新成为国际舞台上的一个重要角色的证明之一。正因为如此，中法建交被西方舆论形容为一次“外交核爆炸”。

如果父亲的某个与众不同的判断涉及的是国际关系甚至战争，那都不会令人感到意外，因为那是他熟悉的领域。但如果他的某个判断涉及英镑的走势呢？他在 1960 年发回国内的一份报告谈论的正是这个问题。他写那份报告的目的是要阻止中国银行卖出中国存在伦敦分行的英镑——那是中国当时拥有的近一半的外汇资产，或者说是中国与非社会主义国家进行贸易的全部外汇结余。由于国际舆论普遍认为英镑将大幅贬值，国内主管部门正打算将那些英镑兑换成瑞士法郎。但父亲认为这将铸成大错，“不能兑换，否则损失太大”。他在报告中情急地写道：“如我判断错误，使国家受损失，我愿意受党纪处分。”

大概不会有人想到或理解父亲为何要写这样一份报告。的确，位于卡农街 90 号的伦敦分行和中国驻英代办处同处一城，那些结存在银行里的国家财产时刻牵动着父亲的心，但管理这笔财产完全不在父亲的职责范围之内，他为什么非要在这件事上越俎代庖呢？

然而这不是父亲考虑问题的逻辑。他没有人们通常会有的那些顾虑，他也不会按照通常意义上的工作分工去理解自己的职责。他的想法很单纯，只要事关国家利益，只要他能有所作为，他就不能袖手旁观。但问题是，父亲这一次的判断本身可靠吗？

很显然，在20世纪50~60年代，让人们相信英镑将会贬值要比让人们相信英镑不会贬值容易得多，因为美元正在彻底终结英镑维持了一个多世纪之久的世界第一货币的历史。当全世界都在闹“美元荒”时，谁还会看好每况愈下的英镑？当然，像父亲那样一个研究兴趣极其广泛的人，并且又刚好身处国际金融中心伦敦，他不可能没有注意到这一点。事实上，没人怀疑他对英镑走势的了解程度，但那也许是宏观或战略层面上的了解，比如英镑在战后西方大国建立国际经济及金融新秩序的复杂博弈中将面临怎样的前景，难道他还会像一个外汇专家那样研究英镑的日常波动？不会没有人反对父亲的看法，或者至少会有人认为父亲在这个问题上没多少发言权。

不过中国银行伦敦分行的朋友们并不这样认为。在父亲担任驻英代办的那些年间，他们一直是父亲客厅中的常客。每当父亲在他的研究中对英镑的走势有什么发现时，他都会及时告诉他们。仅仅在1958年一年间，父亲就曾经三次准确预测了英镑的走势，而伦敦分行则因为采纳了父亲的建议赚了不少钱。父亲和伦敦分行的朋友们对此显然都非常得意。他们后来常常忆及那段经历，每当那时，父亲都会朗声大笑。看得出，他从中获得了极大的满足。

尽管要冒很大的风险，国内最终还是采纳了父亲的建议，中国银行伦敦分行没有将英镑兑换成瑞士法郎。那一次，英镑果真没有贬值，而贬值的竟然是一直炙手可热的美元。

父亲又一次令人感到不可思议。能够解释父亲“能掐会算”的唯一理由，就是他的研究涵盖了影响英镑走势的各种复杂因素。与其说父亲预测的是英镑的走势，不如说他洞悉的是隐藏在波诡云谲的汇率变动背后的深刻的经济和政治根源，而正是这一点，使他在某些情况下对汇率变化趋势的预测比大多数外汇专家还要准确。

这件事让父亲在英镑问题上拥有了更大的发言权，几年后，他甚至成了中央成立的一个专门研究汇率问题的经济小组的重要成员。

在波特兰大街49–51号那幢有着金碧辉煌的大厅和美轮美奂的天花板的建筑里，父亲度过了八年时光。中英建交的路还很长，没人知道两国在这条路上还要走多久。尽管实现最终目标还显得遥遥无期，人们还是在某些领域成功地推进了双边关系的发展。最显著的成就体现在贸易领域，两国在20世纪60年代的平均年贸易额已经达到了两亿美元。父亲是两国经贸关系发展的积极推动者，他经常在英国商会和国内的外贸部门之间穿针引线。中英之间的教育合作也取得了实质性突破，两国的教育机构在60年代初开始互换留学生，当然，这项成果里同样浸透着父亲的大量心血。

但相比之下，父亲在那些年间所做的更具意义的工作之一，就是做了大量针对西方的基础性和战略性研究。这种研究的成果集中体现在驻英代办处八年来发回国内的各种报告中，而他本人对一系列重大国际问题所做出的准确分析和判断，特别是他在捕捉大国关系及国际局势演进趋势方面所表现出来的先见之明，以及基于这种先见之明而做出的准确预判，也使他成为中国整体外交战略尤其是针对西方的外交战略形成过程中的一个卓越贡献者。

那也是他个人生涯中的一段好时光。作为一个研究者，他的极其广泛的兴趣得到了前所未有的满足。

20世纪50年代中期到60年代初期的欧洲，提供了远比父亲预想的更为丰富，同时也更具吸引力的研究课题和研究样本。尽管战后重建困难重重，但欧洲依然顽强地焕发出一种内生的活力。这种活力源自科技、生产工艺和生产组织管理的进步以及各种富有成效的社会改革，它正在将西方资本主义国家带入一个长达 20 年的经济高增长的“黄金时代”。所有这一切都令父亲着迷。他的思维敏锐、自由而活跃，他总是为一些外交官们通常不会特别留意的事情而感到兴奋不已。

他对凯恩斯理论以及英国政府在这一理论影响下所实施的干预经济及提高社会福利水平的政策产生了浓厚的兴趣。他认为这有可能在一定程度上缓和资本主义社会的内在矛盾。很多年后，他把这种经过改良的资本主义称作“社会资本主义”。不仅如此，他还对国家的职能有了新的认识，他意识到马克思主义的经典理论在阐述这一问题时更多地强调了国家作为一个阶级压迫另一个阶级的工具和机器的特征，但却忽视了国家还同时具备对社会公众生活进行管理的职能。

当然，这远不是唯一令父亲兴奋的发现，当他看到泰晤士河里重新游弋着活泼的鱼群时，他的喜悦甚至难以抑制。他目睹了这条河的变化。当他刚到伦敦时，河面上漂浮着大片的、肮脏的油污，所有的鱼类都消失得无影无踪，它成了世界上最著名的死河之一，或者说，它成了人类为发展工业化而付出的惨重代价以及人类纵容自身贪婪的牺牲品。正因为如此，在父亲眼中，当泰晤士河重新变得清澈起来并且充满生机时，它也成了人类进步和人类理性胜利的标志。在他看来，泰晤士河的由浊变清反映的是人类在处理自身与自然关系问题上的觉醒，当然不仅如此，它还意味着高度发展的生产力和科学技术正在为人类提供修复曾经遭到破坏的自然生态系统的现实可能性，并且它同时也预示着人类终将走上一条更加科学的发展道路。在那段时间里，他忍不住和每一个他碰到的人分享他的喜悦和感受。

资本主义制度并不像列宁所预言的那样已经腐朽和垂死，相反，它正在进入一个新的发展阶段；作为一种历史性的制度，它还具有某种弹性、潜力及回旋空间，它的肌体还没有丧失活力……诸如此类的想法不断出现在父亲的头脑中。一个更加庞大的计划萌生了：他要系统研究新的资本主义或者说新的帝国主义，一个和列宁所观察到的和所预言的有所不同的资本主义或帝国主义，当然也包括研究社会主义，因为这个在未来将要取代资本主义的更加先进的制度不是苏联式的，也不是建立在普遍贫穷基础上的，而是能够真正表达人类理想的制度。这个想法几乎立刻就在父亲的头脑中牢牢地生了根，并且开始不可遏制地生长。作为他所得出的结论之一，他后来曾经用“比较缓和”的“慢性病”来描述战后资本主义经济危机的新特征，他说：像1929~1933年那种形式的危机，“在今天以及今后似乎不会重现了”。他的这番见解发表于中国“左”倾思潮猖獗的20世纪70年代中期。即使在那种情况下，他也没有停止过对于这个问题的思考。

1962年秋天，父亲奉调回国。他为外交部图书馆采购了整箱整箱的书籍。此外，他还带回一部英国产的高级轿车和一台大屏幕电视，他打算把它们作为研究样本交给国内有关部门，他认为这将有助于中国自己研制同类产品。当然，他也为我们每个孩子准备了礼物——一人一个铁制的书架。

为方便运输和节省经费，他和母亲订了船票。他们将穿过苏伊士运河回国。风平浪静时，他常和母亲在甲板上凭栏观看辽阔大海的壮美景象。他们在途中还顺便游览了亚丁湾，享受了他们一生中难得拥有的短暂的轻松时光。

大约半个月后，我们终于在北京见到了分别八年的父母。

经历政治运动：暂离外交一线

报房胡同的一套有五个房间的房子成了我们的新家。已经长高长大了的我们全都从学校的集体宿舍搬了回来，大家住在一起热闹而亲密。

只有大姐没有搬进去，她已经结束了留学生涯，并且有了自己的家。她的第一个孩子已经快两岁了，是个女孩。从见到这个小家伙的那一刻起，父亲就成了一位格外慈祥的姥爷。

初为人母的大姐舐犊情深，她在繁重的工作和孩子之间疲于奔命。父亲既担心大姐因为孩子分散了精力而影响工作，又担心外孙女得不到精心的照料，于是，他建议由母亲照看孩子。小家伙被接到了报房胡同，家里更热闹了，母亲也更忙碌了。

颇有些出乎我们意料的是，从小很少照看我们生活的父亲主动承担起了哄外孙女睡觉的职责。他每晚都会给她讲睡前故事，但是他不喜欢照本宣科，而是即兴编创。即使是经典故事，他也会根据自己的喜好改编一番，比如猪八戒吃西瓜，等到他讲出来的时候，就变成了猪八戒吃冰激凌。这个故事小家伙爱听得不得了，也不知道被要求重讲过多少回，而且除了父亲，别人是讲不来的。

对我们这些孩子而言，重新回到父母身边生活的快乐是不言而喻的。但对重新回到国内工作的父亲而言，他的感受则要复杂得多。和八年前他离开时相比，国内的情形已经有了很大的不同。一个最大的变化是，在经历了大大小小的政治运动之后，人们又被重新归了类。令父亲颇感意外和难以接受的是，他的不少老朋友、老相识都变成了“反党反社会主义”分子。其中有些人是在1957年的反右运动中因言获罪。父亲最小的胞弟同时也是我们的叔父宦邦显就成了右派分子中的一员。作为对他的惩罚，他离开了他所供职的文汇报社，被送到农村去接受劳动改造。而另一些人在那之后则被贴上了其他标签，比如父亲的顶头上司、外交部副部长张闻天就成了“彭德怀反党集团”的“副统帅”和“右倾机会主义分子”，因为他在1959年夏天召开的庐山会议上直言不讳地批评了“大跃进”和人民公社化运动。外交部里也有不少人受到了株连，那些与张闻天过从密切的人几乎无一例外地成了“张闻天反党集团”的成员。除了政治上令人感到压抑之外，国内还在遭受严重的经济困难。人们每天都要为如何填饱自己的肚子发愁。到处都能看到因为饥饿而浮肿的面孔，成千上万的人甚至因为无以果腹而死去。

父亲显然需要适应新环境，或者说，他至少要让自己的头脑先冷却一下，因为他脑子里的那些令他兴奋不已的想法和国内的严酷现实之间显得格格不入。在不得不谨言慎行的情况下，几乎没有人还敢于质疑马克思主义经典作家的论述。当然，在连肚子都填不饱时，人们也不会对泰晤士河里重新出现的鱼群感兴趣。不过冯雪峰是个例外，即使背负“右派”的罪名也不能束缚他活跃的思想，他在自己的小书房里兴致勃勃地听父亲讲述他的发现。他还让他的儿子也加入了他们的谈话，其情景令后者始终难以忘怀。

不能不说父亲是幸运的，在伦敦的八年使他得以避免深陷政治斗争的漩涡。不过他本人从来也没有打算躲避什么，每当回国休假时，他总忘不了去探望他的那些“右派”朋友们，尽管大多数人对他们都唯恐避之不及。他曾经忧心忡忡地对他们说：“把气氛搞得这样紧张，不会把人窒息死吗？”

当然，他也不打算对国内的问题避而不谈。1959年初，他专门向国内发回了一份与外交毫无关系的报告，其内容是对国内正如火如荼进行着的“大炼钢铁运动”提出不同意见。“对国家的经济和工业发展来说，五百万吨符合质量要求的钢，要比一千万吨的次钢顶用得多。钢铁工业应该重视的是品种和质量，而不光是数量。”这是父亲在报告中阐述的主要观点。他还大量引用了英国、比利时和卢森堡等国家的有关数据来证明这一点。

父亲起草这份报告时，中国正在制订 1959 年的钢产量计划。为了早日实现毛泽东提出的在钢产量上赶超英国的目标，计划部门认为 1959 年的钢产量应该在 1958 年 1070 万吨的基础上再“翻两番”。1958 年 6 月 22 日，毛泽东看到有关报告时兴奋无比，他在上面批示道：超过英国，不是十五年，也不是七年，只要两年到三年，两年是可能的。为了完成这个不切实际的计划，就连中南海里也筑起了小高炉。晚上睡不着觉的毛泽东会走到小高炉前，兴味盎然地观看警卫战士们通宵夜战，而这只小高炉不过是遍布全国各地的上百万座小高炉中的一座。据统计，1958 年底，全国城乡一共有九千多万人同时在使用这种小高炉炼钢，当然，炼出来的大都是废钢。

父亲的报告不免令人大吃一惊，他竟然敢给热火朝天的“大炼钢铁”运动泼冷水。报告一直被送到了毛泽东手中。但令人惊讶的是，毛泽东不仅没有被激怒，反而对父亲大加赞扬。对这个颇有些出人意料的结果的合理解释是，报告送达的时机很恰当，因为当时毛泽东本人的看法已经开始松动，他意识到人们在土高炉中实在炼不出好钢，因而正在考虑大幅度削减 1959 年的钢产量计划。

当然，父亲不会总是那么走运。他回到外交部后的新职务是部长助理兼研究室主任，当这个任命被公布时，他听到了一种在私下流传的耐人寻味的说法：宦乡的位置已经到头了。这种传言似乎预示了父亲的处境不会太妙。

父亲对即将开始的研究工作充满了热情和期待。但他很快就发现，他并没有多少时间同时也不大可能从事他所想象的研究，在很多情况下，他被要求扮演的是“笔杆子”的角色，那意味着他必须按照事先定下的“调子”而不是他自己的研究结果撰写各种文章。

最典型的一件事发生在1963年下半年——父亲被指定带领一个小组撰写一篇题为《两种根本对立的和平共处政策》的评论。这篇评论将对苏共领导人一个时期以来发表的“和平共处”言论进行全面批判，它是当时正在展开的中苏论战中中方以“公开信”的形式发表的九篇著名评论文章——它们在后来被统称为“九评”——中的第六评。当然，它应该是一发“炮弹”，因而文章的调门很高，就像人们从当年12月份公开发表的文章中所看到的那样：苏共领导人的“和平共处”观点已经彻底背离了列宁、斯大林当初确立的和平共处政策的原则，它已经堕落为“适应美帝国主义的需要”的产物，其灵魂或者说其实质是“美苏合作”，换一句话说就是“美苏共同主宰世界”。文章还将中国对外政策的总目标表述为：“以社会主义阵营和国际无产阶级为核心，团结一切可以团结的力量，建立反对美帝国主义及其走狗的广泛的统一战线”。显而易见，这种表述与苏联领导人的言论形成了鲜明对比。事实上，这就是被事先定下的“调子”。

但父亲反对这样“定调”。他认为将“美苏合作”视为苏联“和平共处”总路线的灵魂并不符合事实，而未来也不会出现什么“美苏共同主宰世界”的局面，事实是苏联已经走上了一条同美国争夺全球霸权的道路。当然，他更不赞同关于中国对外政策总目标的表述，他认为那种以意识形态划线的标准以及在推动世界革命的思想主导下形成的看法，是国内日益严重的“左”倾思潮在对外政策上的反映。于是，父亲把“调子”放到了一边，而是按照他认为正确的观点写了一篇评论。结果可想而知，文章没有通过，它被打回了写作组，上面要求父亲按照“调子”重写。如果父亲这时选择妥协的话，他还来得及被认为是一支好用的“笔杆子”。但父亲的选择是拒绝执行这个来头很大的指示，结果他马上就被“弃用”了。人们后来看到的“六评”完全是出自他人之手。15 年后，当中国开始反思“左”倾思潮造成的严重危害时，父亲成了第一个公开批评“九评”的人。他说：“九评”提出了一些“左”得不能再“左”的观点，这显然助长了国内“左”倾思想的发展，他认为人们从“九评”中可以找到“左”倾思想在后来发展的端倪或轨迹，比如在“文化大革命”中成为很多人一大罪名的“走资派”这一提法的由来和发展，比如中国是如何从批判苏联的“奖金挂帅”和南斯拉夫的“市场经济”走向“政治挂帅”、忽视经济规律、忽视发展生产力的，当然也包括中国是如何从支持赫鲁晓夫批判斯大林搞个人迷信，最终又转到提倡个人迷信的。

就在中苏论战开始的同时，一场被称作“社会主义教育运动”或“四清”运动的新的政治运动也在全国范围内拉开了帷幕。数百万干部开赴工厂和农村，与那里的工人、农民一起，对基层干部进行清查，帮助那些在经济上不干净或有其他问题的干部“洗手洗澡”。

就在父亲拒绝修改“六评”后不久，他成了开赴农村参加这场“洗手洗澡”运动的数以百万计的干部中的一员。他的新头衔是外交部唐山“四清”工作团分团长。他和外交部的七八十名干部扛着铺盖卷，住进了河北省昌黎县的农民家里。在此后一年多的时间里，他的工作与外交毫无关系，他每天要做的是“清账目、清仓库、清工分、清财物”。工作队队员们白天和农民一起劳动，晚上开调查会、查账、写材料，常常要忙到后半夜。下乡还不到一个月，父亲的体重就掉了快十斤。

在父亲蹲点的地方，村干部们的“贪污数据”很长时间一直是零。父亲坚持对调查结果进行反复核实求证。有人建议他开会批斗有问题的干部，但被他拒绝了。村子里的“四清”没有浓烈的火药味，但不论是农民还是干部，对清查的结果都很服气。

1965 年下半年，父亲结束蹲点回到外交部。此刻，江青在上海秘密炮制的那篇被称作“文化大革命”导火索的著名文章《评新编历史剧〈海瑞罢官〉》很快就要出笼，全国的形势已经是“山雨欲来风满楼”了。但很少有人能预料到中国究竟要发生什么，当然也包括父亲在内。蹲点期间，他天天坚持学习法语，他那时完全无法想象，在此后近八年的时间里，根本没有人需要他的外语。

1966 年 5 月，史无前例的“文化大革命”爆发了。一切都乱了套，任何工作都不再重要，重要的只有一件事——揪出那些“走资本主义道路的当权派”。外交部党委迫于形势，从部党委成员和司、处级干部中选出了 35 个人，作为“牛鬼蛇神”交给群众批斗。

这份名单中没有父亲，但他却被勒令批斗研究室里“张闻天线上的人”。父亲顶着不批，他说：这些人在 1959 年挨批后，大部分时间都在基层，不在部里，没什么好批的。批斗会后来果真没开，不是因为父亲的抵制，而是因为造反派自己的兴趣发生了转移，继续痛打那些“死老虎”显然已经吊不起他们的胃口，他们要打的是大个头儿的“活老虎”。

外交部部长陈毅就是一个这样的“活老虎”，造反派们要夺他的权。他们要求外交部的所有干部都必须在“打倒陈毅”的问题上表态。父亲在他的“表态稿”上直言不讳地写道：“陈毅同志有缺点、有错误，可以批评，但不能打倒。如果陈毅同志被打倒，那么国际上会对我们国家的外交政策产生极大的困惑，会对国家造成很大影响。”

这也正是周恩来深感忧虑的。他严厉制止了“打倒陈毅”的闹剧，他对试图揪斗陈毅的造反派说：“你们要揪斗陈毅同志，我就站在人民大会堂门口，让你们从我身上踏过去。”为防止不测，他索性派解放军战士将陈毅严密保护了起来。他说：外交部的工作不能乱。

但在喧嚣的造反狂潮中，即使是周恩来的声音和力量也十分微弱，外交部还是乱了。陈毅打不倒，就打倒其他人，于是，被点名批斗的干部越来越多，很快，父亲就从被迫批判别人的人变成了被别人批判的人。

父亲的“罪名”听上去荒诞无比。有人怀疑他是潜藏的“特务”，疑点是他在驻英代办处期间每天都要外出散步，而实际上他极有可能是以散步为名与其他的特务接头或交换情报。怀疑者还提供了其他的“证据”——他的房间里每天晚上都会传出打字的声音，听上去和发电报没什么两样。于是，造反派让父亲老实交代“问题”，比如他在伦敦的八年里一直是在和谁接头，当然，他还被勒令交出电报密码。对所有的嫌疑人，造反派都少不了要来一番历史审查，结果，他们认为父亲的过往经历中也充满了可疑之处，他被怀疑为军统特务和少将特派员，并且还与“以冯雪峰为首的上饶集中营叛徒集团”大有关联。对于种种被想象出来的子虚乌有的“罪名”，父亲根本不屑理会，当造反派逼迫他交代“问题”时，他从始至终只以一句话作答：“我最清楚自己做了什么。”但他却为国家的命运而深感担忧。晚上回到家里，他看着母亲声音颤抖地说：“好好一个国家，又要弄乱了，好好一个国家……这究竟是为什么？”他的语气里充满了愤懑、茫然和失落。

我们家里也变了样，作为一种“革命化”的行动，造反派们让我们把朝南面的三间房子腾出来，给另一家“革命群众”居住，而我们一大家人，则被挤到了没有阳光的两间朝北的房子里。看着父母深锁的眉头，我们的生活也好像失去了阳光。

但是相比之下，远在上海的叔父的境况还要糟得多。“文革”一开始，他就被划入了“阶级敌人”之列，并且遭到了关押。无休止的批斗、任意的羞辱和没有人身自由的日子让他对未来感到绝望。他打算以结束自己生命的方式结束眼前的痛苦。但他认为他必须先和父亲谈谈。于是，他冒着生命危险逃出了关押点，然后坐上火车跑到了北京。我们很清楚地记得，他到我们家时是深夜。父亲和他谈了很久。当然，他完全不赞同叔父的想法。“你既然没有错，为什么要放弃？如果你放弃了，不就等于承认你有错了吗？你必须坚持下去，即使为了你的家人你也要坚持下去，而且我相信，这种情况不会太长久的。”他这样说服叔父。叔父最终接受了父亲的劝解，他抱着坚持下去的信念返回上海，去继续面对他的不知何时才能结束的苦难。

外交部还在乱下去，夺了权的造反派把“宣传毛泽东思想”作为中国对外活动的主要任务，中国外交开始变得让人无法理解。在不到一年的时间里，中国同已建交或半建交的四十多个国家中的近三十个发生了外交纠纷，同某些国家的外交关系甚至恶化到了降级或断交的地步。

没有什么比发生在1967年夏天的“火烧英国代办处”事件更能说明问题了。香港新蒲岗一家人造塑胶花工厂的劳资纠纷是这起后果严重的外交事件的导火索。由于出动警察镇压了香港左派人士发起的声援该厂工人斗争的抗议游行，港英当局成了北京造反派的“靶子”。已经被极左分子夺了权的外交部公开发表了一份调门很高的抗议声明，声明说：港英当局的行为“是英国政府勾结美帝反对中国的阴谋的一部分”，其目的是“妄图以高压手段抵制我国无产阶级文化大革命的伟大影响”。声明要求英国政府和港英当局立即无条件接受中国政府的要求，包括满足塑胶花厂工人向资方提出的全部条件、停止镇压抗议行动、释放全体被捕人员、惩办凶手、赔偿损失以及保证不再发生类似事件等等。声明发表后，事态迅速升级。香港左派人士组织了更大规模的抗议行动，香港街头贴满了醒目的反英标语。港英当局的态度也愈发强硬，在镇压抗议游行的过程中，警察开枪打死了一名工人，并且逮捕了数十名抗议者。为了防止局面失控，港英当局随即发布了措辞严厉的紧急法令，英国政府还以参加军事演习为名，命令一艘名为“堡垒”号的航空母舰开往香港。北京的声援者被激怒了，《人民日报》发表了一篇令人震惊的社论，社论号召香港爱国者“组织起来，准备伟大祖国一旦发出号召，粉碎英帝国主义的反动统治”。为了彰显决心和力量，近十万群众聚集在北京的工人体育场，举行了一场声势浩大的声讨大会。8 月 22 日晚上，一个名为“反帝反修联络站”的造反派组织决定在英国代办处的门前再召开一次“声讨大会”，但后来“声讨”变成了一场火烧英国代办处办公楼、汽车、油库和殴打英国外交人员的混乱失控的过激行动。这起由造反派们一手制造的外交愚行在国际社会引起轩然大波，中国因为严重践踏国际公约而备受国际舆论的指责。

已经差不多“靠边站”的父亲莫名其妙地成了这起事件的“责任人”。的确有人该为此承担责任，但无论如何也不该是父亲，事实上，他是当时为数不多的坚决反对采取过激行动的人。在外交部召开的一个商讨会上，造反派的代表们主张向港英当局发出最后通牒，要求对方在 24 小时内释放全部在押人员，否则就将采取更为激烈的行动，比如驱赶港英当局的人员等等。父亲当即表示反对，他说：这样做除了把气氛搞得更僵以外不会带来任何转机。造反派们对父亲的意见嗤之以鼻，它被看成是典型的投降主义言论。然而当恶果造成后，他们显然需要替罪羊，于是，未能阻止该事件的发生便成了父亲的新罪名，他甚至还为此挨了批斗。

在经历了一阵夺权狂飙之后，一大批曾经活跃在国际外交舞台上的外交官们都从人们的视线中陆续消失了，他们的境况令人匪夷所思，其中的很多人都变成了负责打扫院子和分发报刊的勤杂工，或者是内部餐厅的服务员。到了 1969 年，这些大大小小的被打倒的干部有了一个新去处——“五七”干校。

已经被打倒的父亲成了外交部第一批进入“五七”干校的人。母亲默默地收拾好了行装，她决定和父亲一起到干校去“长期锻炼”。我们所有的孩子也要各奔东西，到“广阔天地”里去“接受贫下中农的再教育”。很快，北京的家里就门窗紧锁，空无一人。没有人知道，我们一家人要过多久才能再度团聚。

在最初一段时间里，我们并不了解父母在干校的真实处境。在写给我们的信中，他们从不提及那些会让我们担忧的事情。一年后，我们终于找到几天时间到干校探望了他们。尽管他们脸上挂着让我们放宽心的表情，但我们在那几天里看到的情景却无法不让我们内心酸楚。

父亲眼中闪动的依然是我们熟悉得不能再熟悉的慈爱目光，然而当我们握住他伸出来的双手时，我们的感觉却是完全陌生的。他那宽厚的手掌不再温软，而是变得坚硬粗糙，手指和手背上还布满了一道又一道细长的伤口，它们像是被极薄的刀刃划出来的一样，有些伤口还在向外渗血。“我在编竹篮呢！”父亲连忙解释道。他满心想要学好这门手艺，但他总是摆弄不好那些竹篾，虽然弄得满手都是划伤，他还是编得比别人慢，比别人差，为此，他常常要挨训。“师傅说我笨。”他带着孩子般羞赧的表情说。我们在干校那几天，刚好赶上收割水稻。父亲也要下大田，他拿着自己磨好的镰刀，弯下他那高大的身躯拼命地割，但还是被别人远远地甩在了后面。六十多岁的父亲显然已经竭尽了全力，但他实在无法把自己变成一把干农活的好手。

母亲重新当起了护士，她每天都在乡卫生院给老乡们打针。为了减轻病人的疼痛感，她一有空就在橡皮瓶盖上练习进针的手法。她还握举重物，以便让自己的手在拿着注射器时不发抖。她很快就把自己变成了一个受欢迎的护士，但干校的艰苦生活，特别是政治上的压抑感，却在迅速地摧残着她的健康。她的肾炎复发了，而在我们离开上高后不久，她又犯了严重的心脏病。尽管情况十分危急，但为了不离开父亲，母亲坚决拒绝回北京治疗，我们只好把她送到了当地的医院。独自留在干校的父亲成了母亲一刻也放不下的牵挂，身体还没有完全康复，她就执拗地回到了父亲身边。但是没过多久，她的心脏病再次复发。她看上去虚弱不堪。这一次，不由母亲分说，我们把她送回了北京。

父亲还要在干校继续接受改造。一年后，我们第二次去上高探望他。我们永远也忘不了我们和父亲是在怎样的情境下相见的：他当时打着赤膊，只穿着一条短裤，正和前中国驻中非大使一起，在干校的厨房里洗菜、切菜、做饭。夏日的高温和炉火的炙烤，让父亲浑身上下大汗淋漓。他的肩膀上搭了一条湿漉漉的毛巾，也分不清上面哪些是汗水，哪些是他为了给身体降温而浸的凉水。

在父亲居住的简陋的宿舍里，“坦白从宽，抗拒从严”的标语依旧十分醒目，它意味着父亲“被打倒”的处境没有丝毫改变。当然，父亲并不会被这样的人生境遇打倒，就在那条标语下面的书桌上，我们看到了厚厚的一摞日语书籍。自学日语，成了父亲度过改造之外有限的空余时间的主要方式。父亲的日语基础是1934年在日本的早稻田大学听课时打下的，但事实上他的日语水平相当有限，因为他只在那里学习了半年时间，而在此后的三十多年里，他几乎从未碰过这门语言。不过当他离开干校时，他不仅能阅读深奥的日文书籍，还可以用日语侃侃而谈。

除了学习日语之外，父亲在干校从未间断地做着的另一件事是收听英国广播公司和“美国之音”的广播，那是他在那段漫长的日子里了解外部世界的唯一途径。就像在《前线日报》编辑部的小屋里那样，他总是把听到的消息记录下来，然后再对它们做深入的、连续性的分析。即使是在“被改造”的日子里，父亲依然保持了对国际局势的深刻洞悉。

父亲度过干校岁月的独特方式，展露了他面对逆境时的豁达心态以及他内心深处对未来抱有的希冀。我们离开上高时，他一直把我们送到了县长途汽车站。“叫妈妈放宽心，”他看着我们平静但相当肯定地说，“历史和时间是最公正的，我们的国家不会总这样。”我们默默地听着，百感交集。泪水不可遏制地涌出眼眶，但我们却丝毫也不想去擦干它。

是的，父亲说得没错，我们的国家不会总是这样的。在经历了长达五年的磨砺后，父亲终于结束了他的干校生涯。

从干校回北京时，父亲特地绕道上海看望了叔父。叔父那时已经顾不上为自己担忧了，他正为他的思想格外活跃的小儿子宦国仓提心吊胆。宦国仓那时刚刚结束插队生涯赋闲在家，他正埋头于研读各种书籍，并对中国当时的现状进行批判性思考。叔父生怕小儿子重蹈自己“祸从口出”的覆辙，他把宦国仓写的大量笔记拿给父亲看，希望父亲能劝诫儿子停止他的危险的思想活动。尽管父亲非常理解叔父的心情并且关心自己侄子的安危，但他还是不打算给一个年轻人的富有勇气的思考泼冷水。“年轻人自己研究问题应该受到鼓励。”他这样表明了自己的态度。当然，他也严肃地提醒宦国仓：“你在外面讲话要注意。”

不过，回到北京并不意味着父亲可以立即开始工作。在那段难挨的日子里，大姐刚出生不久的儿子带给父亲不少慰藉和欢乐。他几乎每天下午都要步行半个多小时，到大姐家里和小外孙待上一会儿。大姐下班后，照看孩子的阿姨总会对她念叨一句：“今天姥爷又来了！”大姐的邻居也忍不住对她大发感慨：“你爸爸对孩子可真好！”不过大姐一直想象不出父亲与几个月大的小外孙是如何相处的，直到有一天，比平时早下班的大姐看到了令她既感动又好笑的一幕：父亲双手捧着小鸡鸡被蚊子咬了一个大包的孩子在走廊里来回踱步，他试图使这个因为奇痒难耐而大哭不止的小家伙破涕为笑。

如果不是周恩来后来提名由父亲担任中国派驻欧洲共同体的使团团长的话，他还会被无限期地晾在一边儿。“宦乡呢？为什么不能派宦乡去？”周恩来对就使团团长人选问题前去征求他意见的人这样说。那是 1975 年的 8 月，这位了解父亲的共和国总理正准备接受第四次癌症手术治疗并且不久于人世了。的确，如果从熟悉欧共体以及理解自身使命的角度讲，似乎没有谁比父亲更适合担任这个角色了，他在 15 年前就明确主张中国应该加强与欧洲经济共同体的联系并且积极支持西欧的联合，而那时几乎没人理解他提出这个主张的必要性及其意义所在。

这个提名恰逢其时，代替周恩来主持中央工作的邓小平很快就批准了对父亲的任命，这不仅意味着父亲即将重返国际舞台，同时也意味着他在政治上得到了平反，至少是间接的或非正式的平反。让像父亲这样的长期“靠边站”的干部们重返工作岗位，是邓小平系统纠正“文化大革命”错误的努力的一部分。然而，这位极富勇气的领导人的努力却招致了一场针对他的大规模政治运动——“反击右倾翻案风”。1975 年底，他又一次被“打倒”，他试图扭转“文化大革命”错误的努力也被全盘否定。很显然，父亲被重新委以重任有违外交部一些人的意愿，但他们已经不可能更改一个被公开的任命了，于是，他们开始搜集父亲的新“罪证”，以便在将来的某个时候再次“打倒”他。

磨难仍未结束，不论是对整个国家而言，还是对即将远行的父亲而言。

再赴欧洲：三任一身

就在父亲准备动身期间，他的老朋友冯雪峰去世了。父亲决定留下来参加他的追悼会，更确切地说，是和人们一起争取为他举行一个追悼会。

“叛徒、反党、反社会主义”……这些都是中国文化界的这位领军人物直到离世时仍然背负的“罪名”。作为“组织”的敌人，他在孤独和清贫中度过了自己的晚年时光。只有胡愈之、胡耀邦等极少几位挚友和他保持着密切联系，当然还有父亲。在他与癌症抗争的那些日子里，父亲经常去探望他，并且陪伴他度过了弥留之际。

“要让尽可能多的人知道雪峰走了！”父亲在冯雪峰去世后立即对他的儿子说，“你要马上报告毛主席，报告党中央，也要报告小平和耀邦。”这是发起一次大规模的追悼会的前提，他不能看着这位刚正不阿、铮铮铁骨的朋友无声无息地含冤而去。

在争取举行追悼会的那段令人备感压抑的日子里，对那些受人尊敬和爱戴但却饱受冤屈的人的悼念，同时也是对以“四人帮”为代表的不得人心的极左势力的反抗和正义力量的聚集。没有哪个时候比走在 1976 年 4 月初的天安门广场上更能感受到这种反抗和力量的存在了。自从周恩来在当年的1月8日去世后，这种反抗和力量变得越来越势不可挡，这个著名的广场正在酝酿一场真正的伟大的风暴。父亲外出散步的时间比以往任何时候都长，他在人民英雄纪念碑前流连忘返，把自己久久地淹没在无尽的人流以及人们留在广场上的寄托哀思的纸花、悼词和诗歌中。父亲不是个感情外露的人，但在那些天里，他的眼睛里总是闪动着泪花。他后来对我们说："在我的一生中，经历了两次中国人民自发的大凝聚，一次是抗日战争，一次是天安门事件。民心是不可侮的。"

对周恩来的悼念活动在几天后就被定性为"反革命事件"。媒体上开始连篇累牍地刊登有关这起事件的充满不实之词的报道。报道以嘲讽的口吻描述了一个在天安门广场上"煽风点火"的人，而且他还留着"小平头"，这分明是在加罪于邓小平。已经被"四人帮"掌控的政治局随即做出决定：撤销邓小平党内外一切职务。这位正在"反击右倾翻案风"运动中被大肆批判的领导人又一次被重重地"打翻在地"。

父亲把自己关进了书房，书房里再也没有像往常那样传出他所喜爱的古典音乐的声音，而那些音乐是他平时写作时必不可少的陪伴。每当母亲担忧地走到他身旁时，他总是轻轻地、久久地握住她的手，沉默着一言不发。一周后，也就是1976年5月，父亲带着对祖国命运的深切担忧离开了北京。

冯雪峰的追悼会一直被拖到7月份才获准举行。父亲专程赶回北京向他的老朋友告别。当然，他还见到了更多健在的老朋友：茅盾、叶圣陶、胡愈之、楚图南……事实上，追悼会成了"文化大革命"开始以来首都文化界的一次最大规模的公开集会。尽管致悼词是被禁止的，但沉默中蕴含着更大的力量。人们相互间紧紧地握手，并且用目光进行着意味深长的交流。人们向冯雪峰的遗骨致敬，他的骨灰盒上清晰地刻着这样一行字：“诗人、作家，毕生信奉共产主义。”人们还在上面留下了这样的铭文：“你呼啸着艰辛地战斗过来了，在历史的膝前你永恒地安息吧！”这是对他所背负的那些“罪名”以及极左势力打击迫害民族优秀分子的卑劣行径的蔑视和还击。

布鲁塞尔将父亲带入了一个新的世界。在最初那段日子里，他很难把自己看到的经历了战后经济增长“黄金时代”的欧洲和他 14 年前的记忆衔接起来。他意识到，在他双脚深陷在干校稻田的泥水里时仍然密切关注着的这块大陆已经发生了深刻的变化，而这种变化，正是他在 14 年前离开这里时感受到的源自科技、生产工艺和生产组织管理的进步以及各种富有成效的社会改革的活力带来的。他迫不及待地想要了解这种变化，并且为自己仍然深陷磨难中的祖国尽力。一切都已经被耽搁得太久了！不论是作为一个研究者还是作为一个坚定的爱国者，父亲一刻也坐不住了。

在布鲁塞尔，正有一大摊子的事等着他去做，他不仅是中国派驻欧共体的使团团长，同时还兼任驻比利时王国和卢森堡大公国的大使。但他抵达使馆后接到的来自外交部的第一个指示竟然是组织全体工作人员“认真学习”张春桥的一个最新讲话。父亲翻了翻那个讲话，然后轻蔑地把它丢到了一边。他对那些还不熟悉他的使馆工作人员说：“张春桥从 1958 年开始就尽说错话！什么废除商品经济！他的讲话我们不学！”他紧接着又说：“姚文元是御用文人，他的文章我们也不学！”

父亲显然令他的新同事们大吃一惊。许多人在很久之后仍然对他们当时的震惊程度记忆犹新，因为没人能想象当“四人帮”爬上权力顶峰时会听到如此大胆的言论。难道父亲不担心有人向国内“打小报告”？难道他那么快就忘了自己在过去的七八年里是如何挨整的？

调研仍然是父亲的核心工作之一。他仿佛一下子回到了十几年前的伦敦，他的一天总是从阅读当地可以看到的各种各样的报刊开始。摊开在他书桌上的报刊既有英文的，也有法文的、日文的、俄文的，甚至还有意大利文和西班牙文的。和地处北纬52度的伦敦比起来，位于欧洲大陆中心的布鲁塞尔显然是个更理想的调研基地，它不仅是欧洲经济与文化的交汇点，更是欧共体和北约总部以及200多个国际行政中心和超过1000个官方团体的所在地。对于一个被称为“欧洲首都”的城市而言，成为信息集散地是再正常不过的了，而这正是父亲梦寐以求的。已经67岁的他不知疲倦地搜集各种信息，“要当好国家的耳目”，他把这视为自己的首要职责。

父亲的工作日程表上排满了各种各样的访问，这是他调研的重要方式之一。他不停地拜会各界人士，其中既包括欧共体和比利时、卢森堡的各级官员，也包括大学校长、银行家、企业家、社会活动家、农场主和普通工人。与他们交谈，他获得了大量从报刊上了解不到的信息。

当然，父亲的活动范围并不限于比利时和卢森堡，作为中国驻欧共体的使团团长，他还逐一考察了所有的成员国。他对一切都充满了兴趣，不论是国家政策还是士兵背包的重量，他甚至仔细计算过国际资本在各国间的流量。在他此后完成的一系列研究报告里，他从经济、政治、社会政策、对外关系等各个方面全面描述了他所了解到的欧洲战后的发展历程及现状。

这种访问同时也是让外界了解中国的方式。对于不少和父亲打交道的人来说，他代表了一个和他们印象中不一样的中国，既不是某些人认为的还停留在半个多世纪前的封闭、落后、贫困的中国，也不是另一些人在当时看到的被涂上了激进的革命色彩的中国，而是一个有着源远流长的伟大文明和高度智慧的人民的国度。人们很难不注意到这一点。很快就成为中国大使馆座上宾的比利时首相廷德曼斯曾经这样说，父亲代表了一个对人们有着永恒吸引力的伟大国家。他认为这与父亲本人所展现出来的某些特质有关。他开放、敏锐，对了解西方世界怀有强烈的兴趣，他对许多问题都有深入的研究并且见解独到，而且谈吐不凡，待人谦和有礼。父亲因此备受尊敬和欢迎，他的朋友很快就遍布朝野。继任大使康矛召对父亲在比利时各界及欧共体的影响也颇有感触，他曾经这样评价说："我的前任是一位非常高大的大使。"

使馆内部的氛围也和以往大不相同，"运动"不再压倒一切，人们开始逐渐回到正常的外交工作轨道上来。尽管大家还免不了要应付一下上面布置的诸如学习"文化革命永放光芒"之类的文章这种事情，但更多的时间则被用于开展业务工作。

父亲提议建立一个全馆务虚会制度。务虚会每隔两三周召开一次，以鼓励和方便大家交流彼此对国际局势、重大外交问题或事件的看法，比如如何判断欧洲的政治经济形势、如何分析欧共体成员国的时局或者如何评价西方最高经济会议，总之它很像父亲在驻英代办处时定期召集的内部研讨会。

党委会的时间也不再为学习"四人帮"的讲话稿和"大批判"所占据，党委成员们开始研究资本主义经济危机的新特点以及西方国家的对外贸易甚至是国际黄金市场的发展趋势，而在更多的时候，则是对某些开创性的工作构想——比如利用国外短期贷款扩大中国的对外贸易等——做出可行性分析。

使馆的调研部门更是一下子忙得不可开交。仅仅是在 6 月份，研究人员们就要完成四份报告。由于人手过于紧张，父亲不停地打报告要求国内派人充实调研部门。

当然，父亲是所有人中最忙碌的一个。当时在使馆研究室工作的谢振骝回忆说：“使馆的外交人员本来应该帮助大使看东西、收集情况的，但在我们比利时使馆不是这样，大使都是亲自弄，他比我们看的、收集的还多。有一次，我们搞一个东西搞不出来，他就说：‘你们休息，我来！’结果一个早晨就写出来了，还征求我们大家的意见。”负责办公室和党委工作的李清平也回忆说：“宦大使给人的印象是总在不停地工作。他上午在办公室里一坐就坐到 12 点，差不多每天都是别人吃完午饭了他才去吃，而且他对吃什么也毫不介意，他总是说：‘我的要求不高，只要饭熟，有点辣椒就行。’”

年轻人无疑又多了一位诲人不倦的师长。曾任中国驻法国大使的孔泉当时是使馆文化处的一名年轻外交官，他对与父亲相处的那段经历至今记忆犹新：“宦老是我到使馆后接触的第一任领导，他时时处处关心年轻人，你做出的哪怕很微小的努力他都看在眼里。我当时也搞研究工作，有一次，我写了一份介绍比利时新政府内阁成员的报告，在报告里贴上了每个内阁成员的照片，宦老看到后拍着我的肩膀说：你干得不错！我那时刚刚参加工作，得到大使的肯定是很大的鼓励。大家都说跟宦老一起工作很长见识，这点我深有感触。1977 年我陪同他访问比利时的鲁汶大学，他向一位搞回旋加速器的教授提了一些问题，对方非常吃惊，他没想到一个中国大使对这么前沿的科学有那么深刻的了解。当时生化工程也没有几个人知道，但是宦老很感兴趣。得益于他的督促，我也查了很多有关资料，去了解这些新事物以及它们对形势的影响。当然，宦老还经常鼓励我们动手写报告。为了让我们学会如何看问题，如何写文章，他把我们的稿子拿过去，一个字不改，只是重新组合一下，马上就成为一篇好文章。他教我们的不是怎么去吃饭，而是怎么去种粮食，这种学习让我受益终身。”

后来担任中国驻瑞士大使的周子忠对此也颇有同感。他当时是中国驻比利时使馆和欧共体使团的一名随员。这位农家出身的年轻人因为勤勉肯干深得父亲的器重。尽管他连外交官都不是，但父亲却破例让他旁听使馆领导层对重大问题的讨论。他很快就成了研究室的骨干，并且写出了不少漂亮的报告。“我是宦老手把手带出来的，”周子忠谈及这段经历时这样说，“宦老是我的老师，但我不敢说是他的学生。”在他看来，即使是做父亲的学生，他也还有不小的差距。

不过父亲改变的不仅是使馆内部的工作氛围，他也改变了人们度过周末的方式。作为一位在布鲁塞尔各界广受欢迎的大使，他经常接到各种周末聚会的邀请。“宦大使总会拉着我们一起去，”谢振骝回忆说，“我记得我参加过家庭音乐会和郊外野餐会。那时我们闭塞得很，对国外的什么情况都不了解，我们的司机因为很少出门，连交通规则都不懂，参加这样的活动让我们大开眼界。”

毫无疑问，这些看似轻松的社交活动为原本很少与外界打交道的外交官们打开了一扇新的大门。但父亲显然希望能把门开得更大，他鼓励人们学会利用当地的公共信息系统了解和收集各种信息。“你们办借书证了吗？”他这样问大家，他指的是布鲁塞尔公共图书馆的借书证。他听到的答案是“没有”。“为什么不办呢？其实国内需要的很多资料图书馆里都有。”于是，外交官们开始纷纷走进图书馆。事实的确如此，自从大家跑图书馆以后，国内来访的不少团组提出的资料需求都得到了满足。而在那之后，当人们需要查找各种经济数据时，他们还学会了利用比利时国家银行的信息查询系统。

“宦大使排除了‘左’的思想的干扰，带出了一批人。他的眼界非常开阔，为后来的工作打下了很好的基础，直到现在，比利时使馆都是我们对欧洲进行调研的中心。”谢振骝这样评价了父亲在那些年间的贡献。

父亲到任五个月后，“四人帮”垮台了，这意味着无数中国人在内心深处强烈企盼的历史转折就要到来了。人们以举行盛大集会和游行的方式庆贺这一大快人心的胜利。远在布鲁塞尔的父亲难抑内心的兴奋，而他的庆贺方式则是立即起草一份报告——中国的对内对外政策必须尽快做出调整！他迫不及待地想要为新的中央决策层提供建议和政策调整的依据。

但这显然涉及对一些更为重大的基本问题的认识，比如如何判断国际局势和时代的发展方向，对这个问题的回答决定着制定或调整政策的逻辑与内涵。“世界的主要矛盾是战争与革命”，这便是“文革”时期中国对国际形势的基本判断。“国家要独立，民族要解放，人民要革命”，毛泽东曾经这样描述了时代的发展方向。在那一时期中国领导人的公开讲话或政府声明中，美国和苏联，特别是苏联，被认为是“最危险的战争策源地”，同时也是世界革命的主要敌人。中国必须随时准备“打仗，打大仗，打核战争”，这是当时广为流行的宣传口号。在中国看来，只要美苏不改变“当代最大的国际剥削者和压迫者”的行径，战争就不可避免，而且很可能迫在眉睫。这种看法，在“文革”结束后相当长的一段时间里仍有很大影响。

然而父亲了解到的情况并不支持这种判断，至少是在20世纪70年代中期以后，种种迹象表明，时代正朝着不同的方向发展。在资本主义国家内部，由第三次科学技术革命所带来的生产力的大发展，以及由执政的社会民主党所采取的一系列以“消费社会”“福利国家”为标志的“中左政策”所推动的社会改良，已经极大地改变了资本主义世界的面貌，20年的持续发展造就了一个“崭新的、物质相当丰富、生活相当富裕”的西方。在这样的社会环境里，无产阶级革命的条件不是日臻成熟而是相反。而在资本主义国家和第三世界国家之间，由于前者转而采取了以向后者转移一部分劳动密集型及资源消耗型产业的方式获取利益，而不是像以往那样对其施行残暴的掠夺，双方之间的矛盾正在趋于缓和，这意味着爆发革命的条件同样在被削弱。至于美苏之间的争斗则正受到越来越多的外部制约，由生产和资本的国际化而导致的不同国家之间依存度的上升、由欧洲自身发展和联合而推动的世界多极化格局的出现，特别是第三世界国家争取和平环境以发展民族经济的努力，正在构成遏制霸权的强大合力。因此，和平的力量在不断增长，而革命和战争的可能性则大大降低。这就是父亲在经过了几个月的缜密调查后形成的基本判断。

人们必须首先在这样的问题上形成共识。于是，父亲在他的第一份报告中系统阐释了他对欧美等国经济发展现状及趋势的看法，他认为这是分析这些国家在今后一个时期的政治走向的基本依据。他在报告中说：在过去的 20 年间，欧美等国的经济危机并未像我们以往预计的那样进一步加剧，相反，由于科技的进步、国家干预和调节手段的运用，生产力得到了较快发展，出现了经济持续增长和消费繁荣的局面。从目前的情况看，尽管继续维持这一局面的条件正在逐步丧失，代之而起的将是一个“比较长的停滞乃至下降时期”，但是，这些国家的经济显然还有一定的活力和发展空间，“正如在过去 20 年繁荣期间出现多次周期性衰退和危机一样，今后的较长期停滞中也会出现多次周期性的复苏和小小的乃至一定程度的上升”，这就是当前资本主义世界出现的新现象，而中国所要做的，就是审时度势，将国家的现实利益放在已经发生了深刻变化的新的国际环境中进行重新考量，并进而调整自身的战略和策略。

父亲并没有把这份涉及国家总体战略调整的重要报告交给外交部，他对正处于“四人帮”倒台后的动荡中的外交部机关能否把这份报告交给中央毫无把握，他决定在 11 月份回国述职时找中央有关领导直抒己见。

然而父亲的愿望落空了。在他回国述职的一个多月时间里，他提出的与中央领导面谈的请求如同石沉大海。也许对当时的中央而言，稳定局势是压倒一切的，而坐下来讨论调整国家战略还为时尚早。这对父亲来说多少是个打击。母亲感受到了这一点，她从布鲁塞尔给我们写信说：“他显得老了，觉也睡不好……”

当然，父亲一刻也不会停止他的努力。如果说，他看到了世界发生的深刻变化的话，他更看到了中国与西方发达国家之间的差距——这种差距在过去的十几年间一直被令人痛心地拉大。中国不能再继续偏离世界的主潮流而坐失发展良机了！内心的焦灼促使父亲开始了更加系统的调查和思考，他要做的，就是在时机真正到来时，为中央做出新的决策提供更为充分的依据和更加完整的建议。

即将于 1977 年 8 月份召开的中共十一大或许就是这样的时机。在人们的期望中，它应该是一个清算以往的“左”倾错误，并且为中国的未来规划蓝图的会议。父亲立即开始起草一份新的报告。在那份后来被他冠以《拉杂上呈》这样一个极其独特的标题的报告里，他提出了一系列与传统认识大相径庭的观点。和平——而不是革命和战争——是主导当前和未来国际局势发展的主要因素，他第一次明确做出了这样的判断。他在报告中阐释道，这是由世界范围内各种基本矛盾的状况及其演化趋势所决定的。他说：目前既看不到欧美等西方国家内部有立即爆发革命的形势，也看不到第三世界国家会掀起大规模争取独立解放运动的可能性，而美苏之间同样不具备立即爆发战争的条件，因此，未来可能出现一个较长的和平时期。父亲列举了大量事实以证实国际关系所经历的这一前所未有并且意义深远的变化。正因为如此，他主张中国尽快调整自身战略，以适应这一变化，并在构建新的世界秩序的过程中争取国家的最大利益。他建议道，中国应该进一步加强与西方国家的经贸往来，并且大胆尝试引进西方的先进技术和资金，以加快自身的现代化建设步伐。“中国应该立即把自己的工作重心转移到经济建设上来。”“现在认真搞它（指经济建设）50 年吧！”父亲在报告中还大量引述了一些西方人士的看法以进一步阐明自己的观点。

即使这不是最早一份提出和阐述上述一系列涉及国家总体战略调整的重要观点的报告，在 20 世纪 70 年代中后期，它的价值也是不言而喻的。父亲不仅敏锐而准确地捕捉到了时代发展变化的新趋势，并且将中国以及中国的利益放到这一变化了的世界体系中进行重新分析，进而揭示了蕴含在其中的有利于推进中国现代化建设的重要契机和途径。即使是从最保守的角度评价，它也为人们思考中国的问题提供了一个新的和极其重要的参照系。但问题是，这份报告的观点完全不符合中央当时的“既定方针”。很显然，提出上述观点不仅需要眼光，还需要胆魄。

父亲是在 7 月 26 日提交这份报告的，那是他第二次回北京述职的第四天，距离中共十一大召开还有半个多月。他同时还提交了另一份报告，其内容是建议中央尽快制定中国利用外资的相关政策。

父亲并不确定自己的这次努力会有什么结果，他开始了又一次焦灼的等待。但有件事也在等待着他——撰写“毛主席逝世一周年纪念文章”。他刚一回到北京——那时他还没有来得及提交《拉杂上呈》——就很突然地接到了要他去写作小组报到的通知，事实上，他已经被内定为这个写作小组的负责人。

写作小组的十几名成员分别来自外交部、中联部、新华社、《人民日报》和中国社会科学院。全面阐述毛泽东晚年形成的“三个世界”理论的正确性及其对马克思主义理论的历史贡献，是这个小组要完成的文章的主旨。文章将重申列宁关于“当前是帝国主义和无产阶级革命时代”的基本判断，并指出超级大国，尤其是苏联社会帝国主义是当今“最危险的战争策源地”。对父亲来说，参加这个写作小组的确是勉为其难，他刚刚写完了《拉杂上呈》，怎么可能又去写一篇和自己的观点打架的文章？

但这不是一篇通常意义上的纪念文章，它同时还是对阿尔巴尼亚劳动党攻击中国的最新言论的回击。就在半个月之前，该党党报《人民之声报》发表长篇编辑部文章，首次公开指责“三个世界”理论是“宣扬和推行种族主义，要统治全世界，奴役全人类”的“反革命沙文主义理论”，而中国提出这一理论的背后动机则是“要当第三世界的领袖，坐不结盟的第一把交椅”。这篇文章将中阿两党自 1972 年尼克松访华以来在理论、路线和方针政策上的分歧及内部争执公之于众。这个曾经一直是中国共产党的“情同手足”的兄弟党之所以有此一举，在很大程度上是因为他们对几年来的中美接触感到忍无可忍，他们已经不指望中国共产党还会从与帝国主义“勾搭”和“变修”的道路上回头了。

很显然，中国必须做出回应，而以在毛泽东主席逝世一周年之际发表纪念文章的方式批驳阿劳动党的指责似乎是最恰当不过的选择了，因为这既可以捍卫自己的理论，同时又可以避免采用直接论战的方式导致矛盾激化。父亲因此陷入了两难境地。幸好情况很快有了变化——主持国务院政研室工作的胡乔木在看过第一份初稿后决定亲自出马，这位曾经起草过一系列重要历史文献并且被邓小平称为“党内第一枝笔杆”的极富经验的主笔立即草拟了一份新的提纲。写作小组的内部分工也进行了调整，其中一部分人担任初稿执笔人，而另外一些人则负责查找资料或研究问题，至于父亲，他只要当好这个小组各项工作的组织者就可以了。

文章写到一半时，中共十一大结束了。事实证明这次会议并不是父亲期待的“时机”。人们暂时还看不到中央打算对“文化大革命”及其之前的“左”倾错误进行彻底清算的迹象。在华国锋代表中央向大会所做的政治报告中，受到清算的只是“四人帮”集团迫害老干部、篡党夺权以及策动反革命武装叛乱的阴谋。尽管报告重申了党在新时期的根本任务是在本世纪内把中国建设成为社会主义的现代化强国，但它同时也突出强调了要继续“以阶级斗争为纲”。报告提醒人们，不要以为“文化大革命”已经成为历史，以“四人帮”垮台为标志而“胜利结束”的只是“第一次”这样的革命，但决不是阶级斗争和无产阶级专政下的继续革命，因此，今后仍然要以两个阶级、两条路线的斗争为纲。这份报告的内容足以说明，十一大仍然是一次属于“过去”的大会，它不仅没有能够从党的指导思想、理论体系和实践方面完成正本清源、拨乱反正的任务，反而成了正本清源、拨乱反正的障碍。

在十一大结束后半个月完稿的纪念文章中也不可能出现什么新提法。尽管这一点几乎是可以预料的——特别是在十一大结束之后，但父亲还是提出了不同的意见。他认为捍卫党的理论并不排斥采用一些更加符合已经变化了的国际局势的表述，或者是适当调整一下文章内容的侧重点，他建议减少一些关于革命和战争的论述，而增加一些有关国际合作的内容。但他的这个建议没有被采纳。

9月中旬，父亲准备返回布鲁塞尔。他提交的那两份和十一大的主基调南辕北辙的报告都没有回音。然而当“笔杆子”的事似乎还没有完，就在父亲计划动身的前几天，仍然担任外交部副部长的王海容要求他留下来主持起草华国锋主席的国庆讲话，父亲不由分说地拒绝了。

中国依旧徘徊在“左”的阴影下，或者说，中国依旧徘徊在历史的十字路口。这反而激发了父亲更大的勇气和热情，他开始同时起草两份新的报告——关于推动中国经济发展的报告书和关于外事工作的若干意见。在父亲回到布鲁塞尔后的几个月里，与这两份报告有关的问题成为使馆调研的重要课题以及党委会上的经常性议题，而这两份分别论述经济和外交问题的报告后来则被拓展成为有关中国未来发展的一揽子建议。

建议是以使团和使馆的年终总结的形式提交的。这是个大胆的打破常规的做法。“这次总结不要像往常那样写，那个老套对国家有什么用？”父亲在使馆的工作会议上这样说。

以经济建设为中心并对国家战略做出相应调整，是这份包含了一系列突破性建议的报告的核心内容。我们的口号要改变——报告在一开始就这样写道。报告认为：由于国际间的基本矛盾有所缓解，裁军问题有所进展，因此中国应该放弃此前一贯坚持的对美苏缓和的批判，转而采取关心、支持和促进的态度，中国应该树立自己的新形象，那就是高举和平的旗帜并且实行全面的对外开放。在谈到对外开放的策略时，报告建议道：中国应该首先加强与西欧发达国家的关系，包括主动促成与这些国家高级领导人的互访以及加强与这些国家的社会民主党的联系，这不仅可以使中国扩大在外交上的回旋余地，而且还可以获得推进自身现代化建设所急需的生产工艺和技术装备——在美日仍然对中国实行技术封锁的情况下，这一点显得尤为重要。当然，欧洲为数可观的游资也是中国急需的重要资源之一。“应该尽可能地吸引这笔资金”，报告这样写道。为此，报告建议国内尽快制定引进外资的相应政策并努力改善投资环境。除了加强与西欧国家的关系之外，报告认为中国还应该寻求与国际社会建立更加广泛的联系，这种联系不应该被局限于政府层面，“中国要加强立体外交”，报告提出了这一全新主张。报告建议国内立即恢复和重建在“文化大革命”中遭到严重破坏的外事系统，以满足全面对外开放的需要。报告还特别谈到了华人、华侨问题，报告认为：分布在世界各地的五千多万华人、华侨是中国现代化建设的重要力量。报告建议国内积极开展华人、华侨工作，鼓励他们以各种方式支持祖国的现代化建设。

除此之外，年终总结中还包含了一条与国际问题毫无关联的建议——为“四五”运动平反。提出这样的建议符合父亲的一贯风格，他从不会因为自己身处国外就对国内的问题缄口不言。有人对此表示质疑，父亲的回答是：“不平反，不足以平民愤。”然而更多的人为父亲感到担心。“不要紧，我这么大年纪了还怕什么？我干事不戴乌纱帽，我的乌纱帽从来都是放在桌子上的。”父亲这样说。他的这番话至今还令人们感慨不已。

“外交部并请转报中央”，在将报告交给信使带回国内之前，父亲在它的抬头处写上了这样一行字。“这样部里就非转中央不可了，因为里面涉及的都是大问题。”他在当天的日记中这样写道。似乎没有什么能够阻止父亲的努力，除非他再一次“靠边站”。

幸好在 1977 年 12 月的中国，“靠边站”这种极左的做法本身即将受到清算。让人感到碰巧的是，就在父亲提交报告的同时，他和冯雪峰共同的老朋友胡耀邦被任命为中共中央组织部部长。这位在“文革”期间饱受折磨的老资历的领导人刚一到任，便拉开了为在“文革”及此前历次政治运动中被“打倒”和“靠边站”的不计其数的干部平反的序幕。他说：给这些干部平反，是党的组织部门责无旁贷的首要任务。几个月后，他又发起了一场对后来的中国产生了深刻影响的思想解放运动——实践是检验真理标准的大讨论。给受迫害的干部们平反和展开真理标准大讨论，成为“文革”结束后中国开始全面拨乱反正的重要标志。

这意味着父亲期待的时机终于到来了。一件让他充满希望的事情是，他提交的《拉杂上呈》和年终总结被允许内部传阅。不论是报告中的观点，还是父亲的勇气，都令它们的读者深感震撼。这两份报告显然撼动了看似牢固的传统观点，事实上，不少人在当时就成了父亲那些观点的支持者。

但报告中提出的“和平是主导当前和未来国际局势发展的主要因素”这一最重要的判断并没有被当时的中央决策层接受。当然，这一观点也并非全无赞同者，比如刚刚当选为中央政治局委员的胡耀邦就对父亲的看法颇为肯定。1979 年 1 月，他在中国第五次驻外使节会议上否定了“苏联是最危险的战争策源地”的提法。“维护世界和平这面旗帜我们必须高高举起”，一年多以后，他又在中共中央书记处召开的一次专门讨论外事工作的会议上进一步表明了自己的观点。

然而胡耀邦的看法显然还不是当时大多数人，特别是党的主要领导人的看法。能够证明这一点的是，1982 年 9 月份召开的中共十二大的政治报告仍然沿用了那个人们耳熟能详的老说法，即“世界大战的危险由于超级大国的争夺而越来越严重”。当然，胡耀邦等人的看法在其中也有所体现——报告同时指出：“世界和平是有可能维护的。”

这个仅有 11 个字的令人耳目一新的简短表述成为一条重要的分界线。伴随着改革开放进程的不断推进，越来越多的人开始站到这个新的判断一边。“和平与发展是当代世界的主题”，在五年后召开的中共十三大上，人们终于听到了这个一直被沿用至今的表述。

这当然是令父亲倍感欣慰的一件事，尽管这离他第一次提出类似的看法已经过去了十年。没有人还会对中国将“以经济建设为中心”心存疑虑，不然的话，有谁会相信一个总是断言世界大战不可避免并且迫在眉睫的国家能够放心大胆地埋头搞建设？

在20世纪70年代中后期，大概很少有哪位驻外大使会像父亲那样，在自己的报告中频繁地谈及经济问题。在布鲁塞尔的那些日子里，他一直在为中国多年来不能埋头搞建设而寝食难安。他的强烈的焦虑和急迫之情不仅体现在那些报告中，也体现在他的工作日程表上。凡是了解这一点的人，都不会对他格外频繁地会见商界人士和不知疲倦地考察企业感到惊奇。在父亲看来，这种拜会和考察中蕴含着无数的机会。事实上，为国内主管经济的部门或企业牵线搭桥，是除了调研之外父亲最热衷于从事的工作。作为这种努力的结果之一，父亲成功地促成中卢双方达成了钢铁协议，根据这项协议，中方可以从卢方获得日本拒绝提供的先进技术。不仅如此，父亲还推动中国银行在卢森堡开设分行，而进入一座流动着为数巨大的德国马克和瑞士法郎的城市，中国银行显然有机会拓展大量的新业务。

但这显然不够，比推动这种双边合作更为重要的是推动中国和整个欧共体及其各成员国之间的多边经济合作。没有什么比赶快签署一份贸易协定更有利于推动这种合作的开展了，而促成这份协议的达成，正是父亲从1976年5月到1978年3月投入精力最多的工作之一。

在布鲁塞尔，中国官员碰到的每一位欧共体官员似乎都对签署这样一份协议充满了期待。1976年6月1日，当父亲第一次正式拜会欧共体委员会主席弗朗索瓦·格扎维埃·奥托利时，这位对达成贸易协定已经等得有些着急的法国人迫不及待地说：希望新大使到任后能克服困难，推动贸易协定早日签署。这已经是父亲抵达这座城市后欧共体的官员们第三次表达同样的愿望了。

签署贸易协定的问题第一次被提上日程是在 1974 年 11 月，当时欧共体和台湾的纺织品贸易协定刚刚到期，欧共体委员会副主席克里斯托弗·索姆斯立即通过中国驻比利时大使李连璧向中方表示，欧共体已经做好了随时启动与中国进行贸易协定谈判的准备。他甚至说，欧共体打算以它同国营贸易国家的贸易协定大纲作为与中方对话的基础。1975 年 5 月初，这位第一个向中方放出试探信号的英国人作为欧共体的第一位官方代表访问了中国。在签署了该组织与中国建立正式外交关系的历史性文件之后，他向外界宣布：欧共体将不与台湾保持任何官方关系或缔结任何协定，从此之后，欧共体只承认中华人民共和国并与之发展关系。他还对推动双方之间贸易关系的发展表示了强烈期待，他在结束访问后向欧洲议会报告访问情况时说：从长远来看，对华贸易给共同体提供了相当大的可能性。用不着担心索姆斯的这一看法会在欧洲议会引起质疑，因为早在 1973 年，该议会就曾经正式向欧共体委员会建议说：应当“采取一切适当的主动，以加强欧共体同中华人民共和国的经济和贸易关系”。的确，加强这种关系不仅可以帮助欧洲尽早走出第四次中东战争以来的经济困境，同时也有助于增强和展示欧洲自身的力量。

当然，从中国的角度看，签署这样一份协定同样具有战略意义。中国领导人自 20 世纪 70 年代中期以来多次公开表示，中国乐于看到一个强大而团结的欧洲，这既是反对霸权主义威胁、维护世界和平的需要，也是中国满足自身对于先进技术和设备的渴求的需要。

但在发展贸易关系的愿望和一份具体的贸易协定之间还有很多事要做，而在接下去的 1976 年，中国根本无法启动一场有关签署贸易协定的复杂谈判。一直在努力推动此事的周恩来在年初去世了，而此后当权的“四人帮”从来就是签署这样一份协议的反对者。按照他们的极左的逻辑，这根本就是“敌我不分”。他们在中央这样表态说：这些欧洲国家都是帝国主义国家，中国最好少跟它们打交道。“欧洲联合是个反动的口号”，他们甚至搬出了列宁曾经说过的这句话来为他们的立场辩护。1976 年 10 月份，当“四人帮”终于被拉下权力“宝座”时，保持政局稳定又成为中国压倒一切的事情，而谈判显然还排不到日程表上。

不过，这些都没有成为让父亲放慢步伐的理由。早在欧共体刚刚诞生时就主张中国应该加强与该组织联系的父亲深知签署这样一份协议的意义，尽管他到任时“四人帮”正飞扬跋扈，但他还是在 1976 年 6 月初就敦促国内尽快启动有关谈判。当然，父亲不会被动地坐等国内批复，6 月 6 日，他主持的使馆党委会做出决定：恢复对共同体贸易问题的探索性会谈。他一边就启动谈判的问题与欧共体官员保持沟通，一边组织人手开始研究和草拟谈判方案。

但在接下去的几个月里，人们显然不可能指望得到国内的批复。当新的一年到来时，欧共体的官员们对启动谈判已经表现得急不可待了，催促中国尽快确定谈判时间表几乎成了他们同中国官员谈论的唯一话题。

新年一过，父亲就在一份专门汇报贸易协定谈判准备情况的报告中向国内描述了欧共体官员们的焦急情绪。和这份报告一起提交的，还有使馆草拟的探索性谈判方案。

1977 年的春节刚过，使馆就接到了国内的来电：启动谈判的建议和谈判方案本身都被批准了。来电还说：中方打算在当年夏季邀请欧共体的官员到北京讨论协定的文本，如果一切顺利的话，外经贸部部长李强将于第四季度到布鲁塞尔签署协定。

这是个被期待已久的好消息，没人还想耽误时间，双方的探索性谈判几乎立刻就开始了。在欧共体的官员们前往北京之前，中方的首席谈判代表将由使馆的商务参赞担任，换一句话说就是，使馆将在前期的谈判中扮演主要角色。

谈判能否顺利进行，取决于双方愿意为消除彼此之间的分歧和利益冲突付出多大努力或代价。这种分歧或冲突不一定仅仅存在于谈判桌前，还可能存在于现实的贸易当中。事实上，几个月以来，欧共体一直在试图限制中国的纺织品出口，原因是它们自己生产的大量衬衫滞销了。而一旦中国的纺织品出口真的受到限制的话，就意味着中国将失去从欧洲市场获得的主要外汇收入。但欧共体的官员们在中方的屡次抗议面前毫不松动，这种典型的贸易保护主义的做法无疑构成了影响刚刚开始的贸易谈判进展的现实障碍。

这显然惹恼了中国使馆的部分官员。“不用去管他们的态度，中国想出口多少就出口多少，这是中国的主权，谁也限制不了！”他们在使馆的会议上气愤地这样说。父亲也不赞成欧共体的做法，但他同样不赞成片面强调中国主权的看法。他说：主权是双方都有的，如果只强调中方有出口的主权，对方自然会强调他们有限制进口的主权，把局面搞僵了还怎么做生意?

他决定亲自出面解决纠纷。他对欧共体的官员不温不火地说：“中国已经从比利时和卢森堡进口了钢材、轧钢机和工业用钻石，在同欧共体的贸易中，中方一直是处于入超的一方，但双方的贸易要综合平衡才能持久进行。”父亲的这番话令对方无可辩驳。紧接着，父亲便语气平静地警告对方最好打消限制中国纺织品进口的念头：“如果欧共体对中国的某个单项商品单方面限制进口，势必影响中国从西欧购买商品的能力，这只能迫使中国转向其他国家购买产品。”这样的警告很管用，欧共体方面在权衡利弊之后果真放弃了原来的打算。

尽管是签署一份贸易协定的强烈愿望把双方拉到了谈判桌前，但这并不意味着彼此之间的看法已经很接近或者可以迅速接近。事实上，在中方看来，欧共体拿出的最初方案中包含着一些让人根本无法接受的内容。其中最令人不满的是，在有关进出口商品的限制性规定中存在着对中方的明显的歧视，因为欧共体对其他国家的同类规定只有 45 个字，但对中方的规定却多达 200 个字。而让这种歧视变得更加严重的是，中国没有被列入享有和苏联及其他东欧国家同等待遇的国家大名单。不过与此同时，欧共体却坚持让中国享有他们给予第三世界国家的普遍优惠，而这则是中方要求对方从协议中删除或做出大幅度修改的另一项内容，因为这些优惠从贸易角度讲对中国的意义十分有限，而从政治角度讲——它们在本质上是欧共体对第三世界国家的一种施予——则有损中国的国家尊严。这些分歧看上去似乎不难消除，但欧共体方面顽固地坚持己见，谈判因此过早地陷入了胶着状态。

4 月中旬，中方向欧共体发出了参加计划于夏季在北京举行的协定文本谈判的正式邀请。邀请同时还表示，中方认为的最恰当的谈判时间是 7 月份。欧共体方面随即回复说：他们的谈判代表希望能在 7 月 3 日抵达北京。这意味着谈判必须加快进行，因为双方要赶在 7 月份到来之前整理好各自的立场，并尽可能达成一致。然而，这个时间表并没有让谈判变得顺利。或许在欧共体看来，前期谈判还远不是做出妥协的时候，结果，在布鲁塞尔的分歧几乎被原封不动地带到了北京。

谈判开始时，父亲刚好在国内述职。他最早是从英国广播公司的新闻广播里得知谈判结束的消息的，当时他正在那个临时写作小组参与撰写毛泽东主席逝世一周年纪念文章。9 月中旬，当他返回布鲁塞尔时，欧洲舆论正在积极评价北京谈判的意义。欧共体方面很快便宣布：为期一年多的探索性谈判已经结束，接下去将要进行的是正式谈判。

驻布鲁塞尔的中国使馆官员们再度成为谈判的主角。他们的使命是在北京派出的谈判代表团到达之前尽可能消除双方之间遗留的分歧。但在经历过北京谈判之后，遗留的分歧不仅没有减少，反而还有所增加，因为曾经被带到北京去的分歧又被带回了布鲁塞尔，而且欧共体方面在北京期间还提出了一个新要价，即中国向欧共体出口的商品价格“不许扰乱接受国国内市场”，而一旦出现“扰乱”情况，欧共体方面有权“不经协商即采取保护措施”。显而易见，这个在北京才冒出来的新问题成了双方之间更大的分歧所在。

在布鲁塞尔的谈判因此变得更加艰难。新的一年到来了，人们似乎仍然看不到达成一致的希望，而谈判代表们已经在“价格”和“保护”问题上僵持了两个月。寸步不让的交锋正在将谈判桌前的气氛变得日益紧张。“如果国内不来方案，很难谈下去了。”1978 年 1 月初，中方的首席谈判代表李树德这样对父亲说，他刚刚同欧共体的谈判代表凯文争执得不欢而散。

父亲显然不欣赏凯文的谈判风格，他认为后者在北京才提出新要价的做法不够光明磊落。更重要的是，这个要价已经偏离了谈判的方向，它正在将贸易协定变成一份对欧共体明显有利而对中国限制过多的不公平的协议。他对一位从伦敦前往布鲁塞尔探访他的英国友人这样表达了自己的感受：欧共体的代表在谈判中的表现令人失望，因为他们总把保护自己、损害别人放在考虑的前位，而不是把发展贸易放在前位。

看来很有必要让欧共体的官员们也了解一下中国人的感受，特别是那些表现傲慢的欧共体官员。欧共体委员会对外关系司的总司长戴曼就为自己的傲慢言辞付出了代价，当他在一次酒会上向父亲抱怨说，北京即将派往布鲁塞尔的谈判代表团团长级别过低时，父亲毫不留情地“教训”了他一顿。

“我们之间在贸易协定问题上还有相当大的距离。”戴曼以这样一种令人不愉快的方式开始了交谈。紧接着，他便以颇为不满的口气表示，他对中方仅仅安排外贸部的一位名叫孙锁昌的副局长担任谈判代表团团长感到吃惊。“中国外贸部有八个副部长，为什么不能派一位来谈判？”他这样问父亲。

“孙锁昌刚刚被任命为局长，他的身份与你完全相当。”父亲语带讥讽地回应道。

“但是我在英国担任过常务次官！”戴曼说，他显然认为父亲低估了他的身份。

“可你现在是共同体的一名总司长级的官员，与孙局长相当。”父亲不客气地指出了这一事实。

“既然如此，除了主持招待宴会以外，我将不能出席每次会议。”戴曼指了指身旁的凯文，补充道，“她将代替我出席谈判。”

戴曼显然犯了个大错，父亲马上义正辞严地警告对方：“之所以安排孙局长参加谈判，是因为我们知道你是共同体代表团的团长。如果你打算改变谈判官员的级别的话，我也要报告我的政府，对谈判代表的级别做出相应的改变。”

戴曼开始后退：“但是我不能保证每天都出席谈判。”

“那就请你告诉我你哪天不来。”父亲目光严厉地盯视着他。

“我还要同美国和日本谈判，没有那么多时间。”戴曼临时搬出了这样的托词。

父亲立刻回应道：“中国不比美国和日本更不重要，共同体同中国的贸易协定谈判也不比你们同美国和日本的谈判更不重要。”

戴曼试图换个角度为自己辩解：“你在英国工作多年，你应该懂得英国人是重实效的。”

“我现在是在和共同体打交道，我需要的是共同体的重实效。”父亲毫不相让地说。

戴曼似乎已经忘记了自己刚刚犯过的错误，他把美国和日本又搬了出来，父亲当即打断他说：“美国和日本又回到我们的谈话中来了，我刚才已经说过了，我不愿意听。”

有人注意到戴曼的两只手开始控制不住地发抖。沉默片刻之后，这位傲慢的英国人终于想到要缓和一下气氛了：“我的意思是宴会和谈判我都会出席，但不排除在某一天的会议中被叫出去，临时缺席一两个小时。”

戴曼没有马上得到原谅，父亲依旧语气严厉地对他说：“我需要知道你的代表团的全体人员名单，我也需要知道你是否确实参加谈判，以便报告我的政府。”

酒会不欢而散。凯文在半小时后打电话来替她的上司道歉：“刚才的谈话有误会。欧共体方面的谈判代表团团长已定，仍由戴曼担任，他将出席一切谈判，并且主持所有的宴会。当然，他可能必要时会在会议当中离开两三个小时，请谅解。”

就在谈判举步维艰时，父亲突然接到了外交部的调令。调令是以电报的形式发出的，调令说：父亲已经被确定为担任外交部部长助理的人选。电报要求他立即做出辞行安排，并在 1 月底以前回国履职。这就是说，父亲必须在三周内完成工作交接，并且在担任使团团长和驻外大使一年半时结束任期。

这是一件令人感到意外和不解的事。或许父亲在此前听到过的一则传言能够解释这份调令的由来，传言说：部里非常需要一个能写文章的“笔杆子”，而这个人则非父亲莫属。

父亲立即回电坦陈了自己的想法：“月底前离职，时间过于急促。许多活动早已安排至 2 月中。特别是对西欧共同体的贸易协定谈判，目前正进入最关键的时候，本月底或至延 2 月中可以结束并草签，理当善始善终，不宜功退垂成。因此离职返国期拟定在2月中旬至月底之间。”父亲还委婉但明确地表示他不能接受新的任命：“庸才暮年，德资俱缺，部长助理责重事烦，不能胜任，恳请抑销任命。”在父亲看来，当个“笔杆子”显然不是他为国家效力的最好方式，而最好的方式则是“当国家的耳目”。他在电报中言辞恳切地说：“目前国际风云日紧，极宜密切注视，驻外使馆观察发展、研析局势，条件有利。如其认为适当，甚愿在国外工作几年，切望能为国家起一点耳目作用。”

半个月后，父亲收到了部里的回电。电文极短：“关于宦大使工作问题，请仍照1月3日部电指示精神执行。回国日期同意延至2月20日左右。”

父亲没有立即复电，他已经无暇考虑这个问题了，他必须和他的同事们一起，争取在2月20日之前结束眼下棘手的谈判。

谈判也许会出现转机，因为就在两天前，使馆收到了国内发来的有关贸易协定谈判的最新对案。作为打破僵局的努力之一，中方表示可以接受欧共体方面的多处文字修改。关于双方之间分歧最大的“价格”和“保护”问题，对案也给出了应对最糟糕情况的中方底线，即可以将欧共体方面一直坚持的“不经协商即采取保护措施”，改为“遇例外的特别紧急情况，双方也应尽可能地在采取措施之前协商”。但父亲认为，中方绝不能退到这个底线，因为尽管这种说法强调了协商的必要性，但事实上却等于默认了对方有权采取保护措施。

作为对中方诚意的回应，欧共体方面的态度果真有所松动，他们表示可以和中方讨论“事先协商”问题。这似乎是个不错的迹象，特别是对刚刚从北京飞到布鲁塞尔的中方谈判代表团的成员们而言。

但有关“事先协商”的讨论很快就卡壳了，因为双方对“协商”的含义有不同的解释。中方认为协商即意味着正式的谈判，因此，只有在经过谈判后才谈得到采取措施。而欧共体方面则认为，他们只要通知中方某一商品造成了危机，即可被视为协商的开始。“价格”问题也悬而未决，因为双方都找不到彼此可以接受的恰当措辞。不过中方已经准备好了自己的底牌，那就是如果双方在“价格”问题上始终无法达成一致的话，中方将采用此前已经签署的德国—中国贸易协定中的表述，这也就是说，如果中国和欧共体之间的贸易协定不能在“价格”问题上向前迈一步的话，那么它至少也不能在中德协定已经取得的成果上后退。

欧共体的代表们把谈判的最后阶段变成了考验中方耐心的抠字眼的过程，他们甚至创下了在一天时间里仅就两项没什么争议的条款达成协议的纪录。但当双方终于对 26 项条款都没什么争议时，凯文突然故伎重施，又向中方提出了一个新要价，即要求中方在能源方面对欧共体采取“无歧视供应”。这个新的要求和凯文的做法本身，再次将谈判拖入了胶着和令人恼火的状态。

2 月 3 日，计划中的谈判的最后一天，真正的障碍只剩下了两个。一个自然是能源“无歧视供应”，对此中方根本不予考虑，除非欧共体愿意以取消巴黎统筹委员会对中方高技术产品出口的诸多限制作为交换条件，换一句话说就是，如果欧共体同意在贸易协定中写入一项新内容，即欧共体将在高精产品方面对中国采取“无歧视供应”的话，那么中方一定不会拒绝凯文的新要价。“保护”条款也没有从障碍的名单中清除，这是个令双方大伤脑筋的老问题。中方显然不打算退守到底线，而是坚持要在协议中写上“双方不得在协商之前采取措施”这一至关重要的限制条件。但欧共体方面认为这句话中的“不得”一词让人无法接受，他们要求找到一个相对和缓的说法来取代这个硬邦邦的词汇。在最后一轮谈判开始前五小时，中方代表团内部达成了一致，即中方将用“注意不采取”这个新字眼替换原来的生硬说法。

就在中方代表团商讨如何消除最后障碍的同时，欧共体的谈判代表们也在同九个成员国的代表讨论同样的问题。出乎中方意料的是，欧共体的代表们在谈判桌前的锱铢必较不仅没有得到九国代表的赞赏，反而被指责为“对中国挑剔过严”。结果在最后一轮谈判中出现了令人意想不到的场面，就好像人们准备已久的一场艰难的对决突然间被取消了，欧共体的代表们一上来就主动收回了新要价。至于“保护”条款，他们的最终意见简直可以用令人惊讶来形容——他们告诉中方代表：九国代表仍然无法接受在协议中出现“不得在协商前采取保护措施”的说法，他们坚持要以“注意不采取”来换掉其中的“不得”。中方立即表示同意，于是，一场持续了 20 个月的艰难谈判，在最后时刻以一种颇具戏剧性的轻松方式宣告结束。剩下的工作就是加紧核对被翻译成不同文字的协定文本，并且准备草签仪式了。当晚 7 点，欧共体举行记者招待会，将达成协议的消息正式公之于世。

使馆党委和谈判代表团在第二天对谈判及协议做出了全面评估。令父亲感到欣慰的是，经过大家的艰苦努力，最后达成的是一个比在 1 月下旬拿到的国内对案对中方更有利、同时在一般意义上讲也更充分地体现了公平精神的协议。

父亲终于有时间就自己接下来的工作安排问题发一封复电了。他要当好“耳目”而不是“笔杆子”的想法没有丝毫改变，如果说有什么改变的话，那就是他已经准备好了离开外交部。他在电文中说：“宦乡德才本都不备，承蒙党的关怀，滥竽外交部二十九年，贡献不多，错误不少。现年老体衰，精力不济，繁重职责，实难胜任。为免贻误大事，再请免去部长助理任命。部内司级干部中，许多德才俱优的中年同志，建议从中选拔培养，较之照顾七十老朽，当更有利于党的事业。至于本人工作，仍请另作安排，只要是力所能及，无不全力以赴。如其安排为难，则请报告中央，调往学术战线工作。言出不当，当请见谅。”

父亲计划于3月9日离开布鲁塞尔。辞行活动从2月上旬就开始了。比利时外长破天荒地为一位大使的离任举行了招待会。父亲在招待会上还从他那里得到一个最新消息：比利时国王已经接受了中方邀请他访华的建议，而且他希望能在当年的10月份成行。这是父亲以大使身份为推动中国与西欧国家高层互访所做出的努力的重要成果之一。父亲对国际问题的了解显然给国王留下了深刻的印象，一周后，当父亲向国王辞行时，后者把一个礼节性的活动变成了一次兴致勃勃的有关国际局势的长谈。当然，国王还同父亲愉快地讨论了他期待中的中国之行。

为比利时国王的访华做好前期安排，这是父亲在离任前要完成的一项重要工作，为此他一连向国内发回了两份报告。此外，他还要为中国外经贸部部长李强的布鲁塞尔之行与欧共体方面进行商讨，这次访问被安排在3月底或4月初，正式签署中国和欧共体之间刚刚达成的贸易协定将是访问的核心内容。差不多在同一时间，一批有影响的欧洲国立大学的校长们也将启程访华，他们的这次访问是父亲一手促成的，因此父亲一直在为他们抵达中国后的各项活动安排与国内的有关部门沟通接洽。

在把所有的事情都处理妥帖之后，父亲终于可以放心启程了。但有人希望父亲晚走一天，以便他能在3月9日中午和父亲见上一面，此人就是北约欧洲盟军最高司令亚历山大·黑格将军，他显然没想到父亲的任期这么快就结束了。黑格的请求是通过毛里塔尼亚驻比利时大使转达的。这位名叫阿布达拉哈的大使很愿意搭这个桥，并且他还很愿意提供自己官邸的客厅。

不用说，黑格的特殊身份以及他的非同寻常的请求本身很容易让人产生各种联想。这位素以对苏联强硬著称的将军是乘坐着他的公务车，并且身着美国陆军四星上将的军服出现在毛里塔尼亚大使官邸的。“我对宦大使仰慕已久，今日得见，非常高兴！”这是他见到父亲时说的第一句话，他的语气听上去友好而热情。

这显然是黑格本人希望进行的——而不是美国政府授意的——一次会晤。苏联在全球的疯狂扩张让这位将军感到心烦意乱，而国务卿塞勒斯·万斯的表现则让他极度失望，因为万斯始终幻想着通过限制战略武器谈判来稳住对方。在黑格看来，这正是万斯对发展中美关系表现得漫不经心的原因所在。“华盛顿有些人没有从全球战略的角度看问题，我曾经告诉过万斯，他的北京之行是失败的。”黑格这样发泄着他对华盛顿和万斯的不满。他显然不打算袖手旁观：“我同卡特总统及美国军政两界的人都很熟，如果中国愿意的话，有事可以通过我向他们转达。”他主动表示他愿意为推进中美关系助上一臂之力。他还希望中国同北约也建立联系，因为双方都面临着来自苏联的共同压力。他兴奋地向父亲透露说：“北约军费增加幅度超过 3% 的可能性是很大的，西德会增加更多，荷兰、挪威、丹麦都有可能达到。”看得出，他对这一点感到非常满意。“中美之间应该更多地密切协商，并在适当的时机举行高级会谈，这非常必要。”黑格在谈话中反复强调了加强多种形式的中美接触的重要性。

父亲向国内通报了谈话的情况。“这反映出在苏联压力增大的情况下，美国在战略上更加需要中国。”他这样分析道。他说：黑格此举表明美国迫切希望同中国建立多方面的联系，以备应对苏联威胁之用，而和美国政府相比，美国军人在发展中美关系方面显然表现得更为积极。

父亲在第二天告别了布鲁塞尔，这意味着他的大使使命结束了。事实上，这也是他长达 29 年的职业外交生涯的结束，但遗憾的是，它是以一种令人心情复杂的方式结束的。

/ 黑白记忆 · 一家人的异地生活 /

这是母亲和我们七个孩子在一起拍摄的第一张照片。那是1949年，我们即将从上海搬到北平的那个夏天。站在母亲身后的是大姐官国英，第二排从左至右是官国华、官国瑞，前排从左至右是大弟官国栋、小妹官国琳、官国瑾，母亲抱着的是小弟官国梁。我们非常喜欢这张照片，因为它为我们留下了母亲一生中最美丽的样子。当然，在我们每一个孩子的心里，母亲永远都是这么美丽。

1954年春天，父亲（右一）在瑞士参加日内瓦会议。这是他第一次以新中国外交官的身份踏上国际外交舞台。正是这次经历，决定了他在后来八年间的角色。照片最左边的是著名外交家章文晋，他当时是代表团的翻译组组长。

父亲去英国上任时，最小的弟弟还没到上学的年龄。因为无人照顾，他跟随父母一起去了伦敦。这是他们在伦敦的寓所里拍摄的照片。

小弟弟一到上学的年龄就被送回了北京。我们每年都会拍摄一张这样的照片，寄给远在伦敦的父母。

这张照片里的我们都长高了不少。但是其中少了大姐，因为她那时已经去东德留学了。

1957年，父母回国休假时带我们游览颐和园。那些年间，我们在北京没有自己的住房。每当父母回国休假时，外交部都会临时租用旅馆的房间让我们一家人团聚。于是，旅馆就成了我们临时的家。每当这种时候，我们都感到格外开心。

大姐在东德卡尔·马克思大学留学期间，父亲曾经到学校去探望过她。

20 世纪 50 年代中期，父亲（左二）和驻英代办处的同事们。在“帝国主义的心脏”开辟外交阵地的新中国第一代外交官们，看上去自信而潇洒。

和驻英代办处的同事们一起出游的父亲（前排左三）看上去神采奕奕。

我们只知道这张照片拍摄于父亲驻英期间，但却没有它拍摄于何时何地的具体记录。在父母共同生活的漫长岁月中，极少有这样的闲暇惬意的时刻。

1965年，父亲（前排左四）和外交部唐山“四清”工作团昌黎分团部分成员的合影。前排左二为昌黎分团工作组组长苏希禄，他是父亲在外交部建部时结识的老朋友。二排左一为新中国外交元老凌青的夫人张联，她当时是工作组的副组长，后曾任中国驻斯里兰卡和马尔代夫共和国大使。二排左四是1959年和张闻天一起受到错误打击的外交部办公厅原副主任何方，也是一位著名的国际问题专家，他后来和父亲一起创办了中国社会科学院日本研究所以及国务院国际问题研究中心。

1966年时的全家人。前排从左至右依次是官国华、母亲、父亲、官国英，后排从左至右依次是官国琳、官国瑞、官国梁、官国栋、官国瑾。照片中间的小女孩是大姐的女儿，她把父母变成了姥爷和姥姥。这是难得的团聚时刻。“文化大革命”爆发后，我们一家人再一次各奔东西。

这是父亲从干校回到北京后和母亲的合影。那是 1975 年的冬天，中国仍然在经受“文革”的磨难。

父亲和母亲在布鲁塞尔官邸，只要没有外事活动，他们的衣着总是这样简朴。

1977 年，父亲（左四）在布鲁塞尔会见各界友人。他身后的年轻人，是曾任中国驻法大使的孔泉（左三），他当时刚刚到中国驻比利时使馆文化处工作。

第四季　书生意气（1978~1989）

思想解放的先锋：打破理论禁区

回到北京后，父母依然住在报房胡同的老房子里。“文革”初期搬进来的那户人家搬了出去，于是，我们家又恢复了原样。

然而父亲的工作却悬而未定。外交部不接受父亲对新任命的拒绝，每隔几天，就会有人以“组织谈话”或“私人沟通”的方式，要求或劝说父亲改变主意，当然，这些谈话都没有奏效。部里也不会轻易妥协，部办公厅索性派人把需要部长助理审阅的文件送到了家里，这既可以被理解为是对父亲的拒绝的漠视，也可以被理解为是另一种“要求”或“劝说”方式。父亲的选择是将文件退回办公厅。他还在被退回的文件上附了一张字条，上面写道：“我的工作岗位还没有确定，今后除了中央指定要我看的文件外，请不要再给我送审阅文件……”不过父亲从不会拒绝任何真正重要的工作，当国际司副司长冀朝铸请父亲修改中国在联合国特别裁军会议上的发言稿时，他毫不迟疑地答应了，但他提醒冀朝铸说：我不是以外交部党组成员的名义而是以个人名义答应你的。

父亲的拒绝被某些人解释为将个人考虑凌驾于组织决定之上的错误行为。当这样的议论传到父亲耳朵里时，他只是一笑置之。那段时间里，父亲很少出门，他甚至很少走出自己书房的门，他正心无旁骛地将自己深埋于从欧洲带回来的一系列研究当代资本主义以及东欧社会主义的大部头著作里，他在日记中写满了读书笔记，也包括他的日渐成熟的研究计划。

“耿飚副总理并请转邓（小平）、李（先念）副主席，”1978年4月1日，父亲开始起草给几位中央领导人的长信，“我年已老迈，血压甚高……不能担任部长助理兼研究室主任的职务，恳请免去我的任命，并将我调离外交部或调往社会科学院，以便专心从事关于当代帝国主义的研究工作。”父亲在信中这样表达了自己的心愿。他还在信后附上了详细的研究计划。在阐述这项研究的重要性时，父亲说：研究当代资本主义呈现出的一系列与列宁在《帝国主义论》中所描述的不同的新特点，是揭示资本主义将向何处去以及确定中国或者说社会主义国家今后的任务、战略和策略的基础和前提。在父亲看来，能为这项研究尽到自己的“微薄之力”，是他在今后一段时间里能为国家所做的最有价值的工作。

就在这封信发出几天之后，父亲接到了一年前刚刚担任中国社会科学院院长的胡乔木的邀请，他希望父亲能向社科院的党组成员及各研究室负责人做一次西欧最新经济形势的报告。尽管这是一次内部报告，但报告的内容却不胫而走。5月下旬，中共中央党校的内部刊物《理论动态》以《西欧经济走出了黄金时代》为题，刊发了报告的主要内容。这份刊物因为在十几天前刚刚刊发了《实践是检验真理的唯一标准》这篇被视为思想解放运动号角的著名文章而成了人们关注的焦点，它也因此成了这场运动的风向标。

文章的标题就是父亲的主要观点。他说：战后资本主义发展的好日子，即经济高增长的“黄金时代”已经结束了，它正开始面临通货膨胀日益严重、失业率增加、科学技术发展出现停滞、国际国内市场缩小、福利政策难以为继以及社会危机加剧等一系列问题，这些问题有可能将资本主义带入一个低增长甚至是停滞或倒退的阶段。但他这样说绝不是在迎合当时的流行观点，即资本主义正在走向死亡或崩溃，他只是在告诉人们他所观察到的事实以及他依据这些事实做出的判断。出于同样的原因，他同时还告诉了人们另外的事实，那就是战后长达 20 年的高速发展已经极大地改变了资本主义国家的面貌，而这个事实是当时的绝大多数中国人无从知晓的。比这一事实更令人吃惊的是他文章中的这样一段话："资本主义还有一定的活力，还能够设想一些办法来延长自己的寿命，有时甚至还能得到一定的发展，说资本主义即将崩溃，这是不符合实际情况的。"

这样一篇言辞大胆的文章被刊登在《理论动态》上，就如同一块巨石被投入了水中。文章既引起了轰动，更引起了人们的猜测：资本主义不再被描写得一无是处，这是否意味着中国将重新评价这种制度？如果真是这样的话，那岂不意味着更多的东西？

这篇文章让父亲在一夜之间成了焦点人物。一个令他始料不及的结果是，他开始接到来自全国各地的大量邀请，人们显然都想亲耳听听他的报告。接受这些邀请的风险不言而喻，因为当时还远不是可以到处谈论应该如何客观看待资本主义的时候，即使在那之后的几年也不是。但父亲的选择是接受邀请。在他看来，没有什么是比让被"四人帮"愚弄已久的国人了解外部世界的真相并且看到中国与发达国家之间的巨大差距更为紧迫和重要的事情了。于是，他开始频繁地出现在公共讲坛上，他从以前的一个内部报告人变成了一个公开报告人。

"从第二次世界大战到现在经过了 33 年，这 33 年中，资本主义世界的经济变化很大，很快。"他对如饥似渴的听众说，我是 1963 年从英国回来的，1976 年再到西欧去，相隔十多年，这次回到西欧一看，发展普及各个方面。父亲把当代资本主义所呈现出来的新特征概括为经济增长速度快、经济结构现代化、生产手段现代化、科学技术水平高和经营管理现代化。他向人们详细描述了他在欧洲的所见所闻，从现代化企业里的生产流水线，到只需要几十个人就能经营的大型农场，从设备先进的大学实验室，到现代科技的尖端技术，从大型超市里令当时的中国人还无法想象的购物方式，到社会民主党实行的“中左政策”。“我们国家建设 30 年了，按照‘四人帮’的说法，已经是很先进的国家了，事实却并非如此，我们在世界上是很贫困、很落后的国家。”父亲用大量事实拆穿了“四人帮”愚弄人们的谎言。他在讲台上努力唤醒人们的紧迫感：“我们‘文化大革命’落后的 10 年和人家进步的 10 年相比，相差 30 年。如果再这样下去，再过 20 年，到本世纪末，我们将再落后几十年。”

报告会的规模很大，报告厅里常常挤满了两三千人。人们在屏息倾听中感受着报告带给他们的强烈冲击。“目前人们有的心有余悸，有的心有余痛，有的心有余恨，有的心有余毒，你的报告能解决许多问题。”某场报告会的主办人在报告会结束后发自内心地对父亲这样说。

但父亲同时也成了被另一些人枪打的“出头鸟”。有人指责他对西欧工人生活改善的描述是在“美化资本主义”。也有人给他扣上了“公然挑战马列主义”的大帽子，因为他竟然断言资本主义还有生命力。甚至还有人提醒父亲注意自己的“历史问题”，这种说法让人嗅到了浓浓的火药味，其言外之意是在说父亲要小心自己的“阶级立场”。在仍然强调“以阶级斗争为纲”和“坚持无产阶级专政下继续革命”的情形下，听到这样的说法毫不奇怪。

有人建议父亲暂时避开这个风口浪尖，但他的想法刚好相反，因为在他看来，那些指责恰恰说明了他有必要继续站在讲台上。他用在反对者听来更加“离经叛道”的言辞公开回应道：“我们要运用马克思主义的立场、观点和方法，但是我们不能把马克思主义当作一点侵犯不得的教条或圣经。我们一方面要联系实际，把实践的东西上升为理论的东西，另一方面要研究各种经济理论和各种学派，包括资产阶级的经济理论，吸收其中有用的东西来丰富马克思主义。”

只谈国际问题也有可能少惹些“麻烦”，然而父亲偏偏开始更多地思考和谈论中国本身的问题。支持他这样做的唯一理由，就是依然徘徊在历史十字路口的中国需要有人思考这样的问题并且大声发出真实而理性的声音。“封建主义、教条主义、官僚主义、苏联模式，再加上我们落后的经济水平，害苦了我们的民族，同样也害苦了中国共产党。不破除这几个主义的束缚，民族就没有希望！”他在讲台上向羁绊中国前进步伐的历史沉疴、僵化观念及陈腐体制猛烈开火。

“中国必须从三大思想枷锁中解放出来！”在阐述解放思想和四个现代化建设的关系时，父亲这样对他的听众说，“第一个是要从小农经济的思想里解放出来，这种思想因循守旧、墨守成规，与现代化大生产要求科学技术的不断革新格格不入。”他举了个热水瓶的例子：“日本的热水瓶只要用手一按，开水就自动流出来。我们的热水瓶现在还是要把盖子拧开，倒的时候还倒得满地满桌子都是。有位日本朋友讲：‘你们的热水瓶只有进古董店了！’”他向全场的听众发问道：“30 年不改进，怎么能和人家竞赛呢？”

“封建主义是中国必须挣脱的第二大精神枷锁。”父亲在报告中言辞犀利地指出，“我们的国家经历了长时期的封建社会，封建社会的影响大得不得了！在中国，‘复辟资本主义’根本说不通，既然没有存在资本主义生产方式，没有存在过资本主义制度，何来资本主义复辟？在中国，真正危险的是封建主义复辟！”父亲把封建主义的最大特点概括为“以个人意志来代替科学、代替群众的意见”。他在讲台上大声质问道：“公然要求人民群众特别是共产党员成为驯服工具，这不是封建主义又是什么？”他说：“用权位来代替真理，无论怎么打着社会主义的旗号，也还是封建主义。”父亲告诉人们，用长官意志来管理经济是不行的。他在列举了人们司空见惯的大大小小的“瞎指挥”的例子之后说：我们不能再像过去那样瞎折腾了，中国要实现四个现代化，就必须破除官僚主义、长官意志，真正按照经济规律办事。

在父亲看来，斯大林模式是中国必须挣脱的第三大枷锁。他对这种模式的批评同样令人印象深刻。他把这种模式的主要问题概括为以牺牲农民利益为代价的工业化、畸形的经济结构、中央集权的组织形式和管理形式、将计划与市场互相排斥对立以及把世界统一市场人为分割为两个平行市场。毫无疑问，在父亲对斯大林模式的批评中包含着一些独具价值的建设性观点，可以说，他是在中国实行改革开放政策后最早提出要重视市场的调节作用以及主张中国积极融入世界统一市场的学者之一。事实上，他的这些观点，特别是关于中国应该积极融入世界统一市场的观点，在更早的时候，确切地说是在他两年前提交《拉杂上呈》时就已经形成了。他在公开报告中多次对他的听众说：过去我们总说有两个市场，一个是社会主义市场，一个是资本主义市场，但从实际情况看，世界上只有一个统一的市场，虽然这个市场目前是资本主义占优势，但是任何国家都不可能与之隔离，所以中国必须参与进去，必须到那里去竞争，并且逐渐扩大自己的份额。

教条主义也是危害中国进步创新的大敌——父亲总是不忘在

他的报告中提醒人们注意这一点。父亲认为，教条主义在本质上是封建主义的产物，正因为如此，它在中国有着极其深厚的传统和土壤。他在报告中说：从历史上看，除了一些科学成就外，中华民族在学术上的最大成就可以说就是训诂学。“中国过去大量的著作主要是把前人的东西拿来训诂，不敢越雷池一步，不敢有新的见解，不敢提出新的问题，不敢提出新的对待问题的办法，中国历史上就有这样的传统。”“这原来是封建时代中国文人的擅长，但它在现代又复活了，训诂学实在是一条绞杀民族生机的长长的绳索！”他是最早把批判的矛头指向“两个凡是”口号的人之一，他说：所谓的“两个凡是”就是把毛泽东思想当教条的现代训诂学的典型，“把毛主席的学说同孔孟的学说一样一句一句地训诂，给它考证、给它注解，不能提出新的看法、新的意见，不能根据毛泽东思想的立场、观点和方法，结合当前的形势、当前的实际情况提出自己新的见解，解决当前的新问题，就是‘皓首穷经’，头发都搞白了，也只是注释一个东西。”他这样嘲笑那些整天高喊着“两个凡是”的口号靠“训诂”过日子的人：他们的所做所为“就连词义学上的那点意义都失去了”。他在讲台上大声疾呼：我们看问题要从实际出发，而不能从空洞的教条出发，我们要做的是深入了解客观实际，而不是唯书和唯上。

父亲自己就是这样一个不折不扣的践行者。他的学识、眼光、勇气和责任感，使他在思想和理论上走得比他的同时代的绝大多数人都远得多。他不仅是一个旧体制的批判者，更是一个新体制的建设者。他在中共十一届三中全会召开前就提出应该重新认识社会主义和资本主义。他关于这个问题的诸多见解，是他在那些年间所作出的对于中国后来的伟大探索颇具意义的理论贡献之一。

“多年来我们并不了解什么是真正的社会主义，”父亲在一篇题为《中国的社会主义现代化》的报告中这样说：我们理解的社会主义在很大程度上是林彪、“四人帮”所说的假社会主义，“他们已经把社会主义歪曲得不成样子了，什么‘宁要社会主义的晚点，不要资本主义的正点’”，“这个假社会主义被他们宣传十多年了，很多年轻人把他们所提倡的假社会主义当成了真社会主义。”父亲举例说：有人居然把我们发米票、糖票、肉票也看成是社会主义的优越性。“这是什么优越性啊？只有在军事共产主义的时候才用票证来分配东西，这实际上是一种落后的分配制度。”“所以我们解放思想，第一件事，就是要从‘四人帮’所说的假社会主义思想束缚下解放出来。”

仅仅将是否实现了公有制作为判断社会主义的标准，这也是对社会主义的一种极为片面的理解。父亲指出：这是我们所犯的主要的理论错误之一，正因为我们过去只强调所有制，所以多年来才一直在用解决生产关系的办法实行所谓的社会主义革命。父亲说：真正的社会主义除了公有制以外，还应该具备另外两个重要特征，那就是“能够使生产力发展到极大的程度”和“使人民生活和文化水平大大提高”。父亲批驳了流行多年的一些极其荒谬的观念：“说穷才能革命，穷愿意革命这是对的，但革命不是为了保持穷啊！而且越来越穷下去，不是为了这个。革命的目的是要把人变富，把生活变好啊！你把革命本身当作目标，而革命的真正目的不要了，这怎么行！”他以不容置疑的语气说：“如果不能提高人民的生活水平，就不是社会主义。”

以为社会主义很快就能建成，这是人们在关于这种制度的认识上的另一大误区。父亲认为，这是导致中国在经济建设上出现一系列急躁、冒进错误的思想根源之一。他说：要建成真正的社会主义绝不是一朝一夕的事情，它是一个漫长的历史过程。他把这个过程分成了三个阶段：“一个阶段就是像中国、俄国这样落后的、封建的国家，向建设社会主义过渡；第二个阶段就是建成了低级的社会主义社会，也就是马克思、列宁说的低级的社会主义阶段；最后就是高级的社会主义阶段，那就是共产主义。”父亲认为，中国目前还处在最初级的过渡阶段，正因为如此，社会主义在今后一个相当长的历史时期里必须不断地完善自己。

作为这种完善的途径之一，父亲大胆地提出：社会主义有必要向资本主义学习一些东西。他说：“西方国家在这几十年当中有很多值得我们学习的经验。”他向听众举例说：“在调动人的积极性方面，资本主义国家就有许多办法，不管它的阶级性如何，它们的做法是值得参考的。”他反对那种将资本主义和社会主义人为割裂开来的观点，他说：“用资本主义来排斥社会主义的一切或用社会主义否定资本主义的一切，都是教条主义的。”“资本主义和社会主义两种制度之间不是只有对立关系，而是互相交错，可以互相借鉴的。”

毫无疑问，父亲闯入了一个最大的“禁区”。一直到 20 世纪 80 年代中后期，姓“社”姓“资”的问题都仍然是改革派和保守派争论的焦点，更何况是在 70 年代末！在极左势力和保守势力看来，父亲的这些言论简直太出格了！父亲也因此受到了更猛烈的批判，有人认为父亲的观点带着明显的西方“趋同论”的味道，还有人索性把父亲说成是中国“趋同论”的鼻祖。

但这既没有阻止父亲的思考，也没有阻止他站在讲台上继续发出自己的声音。“我们对资本主义需要重新认识，”他说，“我们不能将经典理论的结论绝对化。如今的资本主义是一个处于不断变革中的资本主义，虽然它已经千疮百孔，但毕竟还在不断变革和自我调节，而且它每变革一次，就出现一次新的面貌，就可以生存下去，甚至还有所发展。”父亲丝毫也不怀疑经典著作关于资本主义的生产关系一定会束缚生产力的发展以及帝国主义是腐朽的、垂死的论断的正确性，但是他说，那是就总体趋势而言的，这并不排除在某一个时期、某一特定情况下，或者在某一阶段、某一些人造成的条件下，资本主义的生产关系仍然可能暂时地、局部地、不稳定地适应甚至是促进生产力的发展。他认为战后资本主义长达 20 年的高速发展就是一个例证。他说：我们从这个过程中看到了一些推动生产力发展的进步因素，而这些因素恰恰是从我们以往认为已经腐朽和垂死的制度体内产生的。父亲把这些因素概括为科技的进步、生产关系的调节和经营管理的现代化。他以大量的事实证明了科技的进步是如何推动新领域的诞生和刺激新经济的发展的，他也让人们了解到了西方国家是如何通过实施社会福利政策、提高工人工资、普及教育以及吸收工人参与企业管理等具体措施来调整生产关系的，当然也包括这些国家是如何通过实现经营管理的现代化来提高劳动生产率、企业经营效益以及节约经济资源的。“所以资本主义还有生命力，资本主义垂而不死的阶段还要继续一段较长的时日。”父亲这样认为，他甚至预言说：在未来的一百年内，资本主义和社会主义这两种制度都有可能在地球上共存下去。

在父亲看来，像中国这样一个在封建的、落后的基础上建设社会主义的国家，尤其需要向资本主义学习一些东西，因为马克思所说的真正的社会主义是建立在发达的资本主义基础上的。他说：资本主义是社会发展的一个历史阶段，这个阶段我们没有经历过。虽然我们选择了不走这条道路，但是它所具有的一些特征我们也应该有，比如说生产力的大发展和民主生活的大发扬，但是这些东西我们都没有，所以我们在过渡时期应该补上发展生产力和民主这一课。

即使是在今天，我们仍能感受到父亲这些观点的温度、力量和锋芒。他的笔和讲台，就是他打破精神桎梏和向陈腐观念发起冲击的武器和战场。他的报告会风靡大学校园、学术机构、党政机关、党校，甚至是军事院校，他的听众多得难以数计，而他的绝大部分观点都被实践和时间证明是正确的。他最初只是作为一个国际问题专家走到人们面前，但时代显然让他扮演了一个更重要的角色。应该说，在那场发端于 20 世纪 70 年代末并且延续了数年之久的思想解放运动中，父亲从始至终都是一个真正的战士和推动者。他的勇气和贡献使他无愧于这样的评价。

中国社会科学院副院长：创建国际学科片

父亲给中央领导人的长信，最终结束了他和外交部在工作问题上的僵持。1978 年 5 月下旬，他被任命为中国社会科学院副院长，同时兼任国际问题写作小组副组长——根据中央的要求，这个刚刚被批准成立的小组的使命是找到苏联“变修”的原因，包括撰写一本“社会帝国主义论”。尽管这和父亲的想法之间有很大的距离，但这未尝不可以被视为一个研究更广泛的国际问题的起点。

胡乔木热情地欢迎父亲的到来，他表示他将全力支持父亲的研究计划，他说：你可以少管些行政工作，这样你就可以有更多的时间去搞研究了。

但研究本身显然还提不上日程，因为写作小组既没有办公室也没有研究人员。事实上，一年前才从中国科学院哲学部独立出来的中国社会科学院也面临着类似的情况，它差不多是在白手起家，因为在过去的很多年间，特别是“文革”期间，社会科学一直被贴着“资本主义伪科学”的标签。当时的流行观点是，中国根本就不需要什么社会科学，中国只要有马列主义和毛泽东思想就足够了，作为终极真理，它们已经解决了所有的问题。

父亲只能从找房子和物色研究人员开始他的新工作。这是一个困难重重的过程。但和找房子相比，研究人员的情况显然要棘手得多，因为被父亲选中的大部分人还没有得到平反，在摘掉诸如“右派”或“资产阶级反动学术权威”之类的帽子之前，他们根本不可能开始新的工作。

叔父宦邦显也在焦灼地等待着平反时刻的到来，但是身患癌症的他已经没有多少时间了。他把父亲叫到了上海。躺在医院病床上的叔父看上去十分虚弱。他对父亲说，他最大的愿望就是能清清白白地离开人世。从不动用关系为自己和家人办任何私事的父亲破天荒地为叔父“走了一次后门”。在他的一些老朋友的鼎力推动下，叔父终于得偿心愿，“提前”获得了平反，他也因此成为全上海第一个被平反的人。

11 月，国际问题写作小组终于在临时借来的钓鱼台国宾馆 11 号楼成立了。然而研究仍然难以展开，因为连最起码的研究条件都不具备，研究人员们必须从搜集最基础的资料做起。

这也正是当时整个国家国际问题研究状况的写照。父亲后来曾经多次谈起过当时中国国际问题研究的“差劲”状况，他说：从解放一直到 60 年代这十年中，我们对国际问题的研究基本上没做什么。毛泽东主席在 1964 年曾经下决心要把全国的国际问题研究开展起来，根据他的批示，我们刚刚建立了一批研究所，但马上就来了个“文化大革命”，又把研究工作中断了。他以日本研究为例说：“我们这么大一个国家，关于日本的著作，即使把通俗读物也计算在内，建国以来都没有超过 400 种。这是很可怜的事情！”“但相比之下，日本对中国的研究还是很注意的。”父亲这样评价道，他甚至做过一个相关的统计，在过去的一二十年间，仅仅是日本人发表的研究中国近代史的论著就多达一千多种。

这种状况令父亲心急如焚。一个长期闭关锁国、对世界变化和各国情况都缺乏深刻了解的国家，如何能在风云变幻的国际环境和各种力量的复杂博弈中把握战略上的主动权？又如何谈得上汲取其他国家的有益经验并且主动利用各种国际资源和有利条件以加快实现国家自身的发展目标？父亲又一次坐不住了，他要为改变这种状况尽自己的所能，即使这意味着他不得不暂时搁置自己梦寐以求的研究计划。

他打算筹建中国社会科学院国际学科片，或者说，他打算筹建一个国家级的国际问题研究中心，这个中心应该拥有涵盖世界各个地区和主要国家的研究所，有老中青三代研究人员，有丰富的资料积累，有先进的研究方法和扎实的研究成果……他被这个庞大的计划激励和推动着。“这是我在社科院的最大愿望。”他对身边的同事说。他似乎忘记了自己的年龄，在社会科学院工作的那些年间，他一直在为实现这个构想而倾尽全力。

社会科学院此前并非没有类似的规划，在院党组于 1978 年初绘制的发展蓝图中，将要筹建的国际问题研究所一共有 13 个，只是这个计划一直没有被付诸实施。直到父亲决定启动这项工程的时候，社会科学院只拥有世界经济研究所、世界历史研究所、世界宗教研究所三个与国际研究有关的所，它们都是社会科学院成立时和哲学所一起从科学院划拨过来的，这就是父亲着手这项工作时的全部基础。情况显然比成立写作组时困难得多，因为没有的不仅是研究人员和办公室，还包括编制和经费，也就是说，这个增设研究所的计划首先要得到中央和国务院的批准。

父亲决定对原有的规划进行大幅度调整，因为在整个国家和各行各业都处于百废待兴的局面时，增设研究所必须量力而行。在此后的大半年时间里，父亲就此问题展开了深入调研，也包括逐一物色即将成立的各个研究所的领军人物和主要的研究人员。

1979年下半年，父亲向社科院党组提交了一份新方案，原有规划中的13个研究所被精简为世界经济与政治研究所、苏联东欧研究所、美国研究所、日本研究所、西欧研究所以及亚洲太平洋地区研究所等六个研究所。

在减少了七个研究所的情况下仍然设置了两个国别研究所，特别是日本研究所，这一点相当引人关注，而这恰恰体现了父亲对未来国际格局的一种前瞻性判断，那就是21世纪将是亚洲和太平洋的世纪。“21世纪的亚洲及太平洋地区，将会成为全世界最大的发展力量。”他这样阐述了他的判断依据，他说：该地区是不发达国家将自己变成发展中国家的最有希望的地区，因为这些国家具备资源丰富、拥有较强的政治组织以及素质较高的人民等诸多有利条件，正是这一点，决定了该地区在20世纪的最后20年以及随之到来的21世纪，将会成为主导世界未来格局的重要地区。正因为如此，美国以及作为该地区在发达程度上仅次于美国的日本，无疑是中国必须深入研究的国家。

新方案在院党组会议上获得通过后，父亲开始着手起草上报国务院的有关报告。他在报告中力陈了加强国际问题研究的紧迫性和重要性，他说：中国目前还没有一个对国际问题进行比较系统和全面研究的机构，这同中国的国家地位极不相称，这既不适应现代化建设的需要，也无法为中国发展对外关系和进行国际斗争出谋划策。如果我们不及早行动，不仅改变不了目前的落后局面，而且还将进一步拉大与中国生存、发展的现实需要以及和其他国家之间的差距。“总之，设置机构的问题已属刻不容缓，必须在现有基础上积极创造条件，而不能等待一切条件完全具备后才去解决。”有关机构设置的具体方案在报告中也得到了进一步充实和完善。父亲建议在增设六个研究所的基础上成立中国社会科学院国际问题研究中心，并在该中心内部同时设置一个国际问题学科委员会，以统一领导各个研究所的工作。

报告在 1980 年 8 月份被提交到国务院，其中的具体规划在三个多月后就获得了批准。11 月底，国家编制委员会向中国社会科学院正式发出了关于成立六个研究所所需增加编制问题的通知，这意味着筹建国际学科片的工作已经从规划阶段进入了具体实施阶段。

就在等待国家编制委员会通知的那段日子里，父亲很意外地得知，中共中央对外联络部（简称中联部）有意将该部下辖的苏联研究所、西亚非洲研究所、东南亚研究所和拉丁美洲研究所整建制地划归中国社会科学院。这当然是个好消息，父亲立即开始就划拨的具体事宜与中联部展开频繁磋商。12 月，中联部和中国社会科学院联名向中央报送了有关划拨三个研究所的报告，报告说：为了加强对国际问题研究工作的统一领导和集中管理，同时便于对外进行学术交流，拟将中联部所属的三个研究所“自 1981 年 1 月 1 日起，全建制划归中国社会科学院”。这个由两部门联合提出的既可以节省国家编制和经费，同时又有利于加强国际问题研究的动议几乎立刻就得到了中央的批准，国际学科片的建设进程因此大大加快。

但问题接踵而至。由于中央财政连续两年出现较大赤字，并由此导致了因货币发行量过大而引发的物价上涨，中央及国务院在 1981 年 2 月下旬决定大幅度压缩当年的投资规模和各项事业、行政经费的支出比例。整个中国社会科学院都要过紧日子了，增设国际问题研究所的计划是否还要继续推进？在院党组讨论如何执行国务院的财政紧缩方针时，一部分党组成员主张将正在筹建中的美国研究所、日本研究所和西欧研究所统统“压缩”掉。也有人主张将建立这三个研究所的工作移交给地方大学。

父亲坚决反对这样的动议。“我们不能把中央的紧缩方针简单地理解为要压缩一切。”父亲在党组会上以及在他此后写给党组成员们的长信中这样说。他认为应该把紧缩方针理解为一种积极的调整，就如同中央在阐释这一方针时所说的那样，“在该退的地方坚决退够，在该进的地方坚决前进”，而国际问题研究显然属于后者，因为“中国对国际问题研究得不是太多，而实在是太少了”。他也不赞成将研究所移交给地方大学的做法，他认为那只会削弱研究本身。

党组成员们最终接受了父亲的意见，国际学科片的建设得以继续推进。三个月后，也就是 1981 年 6 月 4 日，包括八百多名工作人员在内的中国社会科学院国际学科片宣告成立。

父亲在第一次全体人员大会上作了长篇报告。要做好国家决策的“助手、参谋和智囊”，他这样表达了他对这支刚刚建立起来的研究团队的期许。在此后的日子里，他不停地与各个研究所的研究人员沟通座谈，共同拟订研究计划。他坚决反对两种所谓的“研究”，一种是注释和阐释经典著作，而另一种则是为既定的方针政策寻找理论依据或提供解释。他说：这样的“研究”只会窒息社会科学的发展，并且导致唯意志论和形而上学的泛滥，就像中国在过去的几十年中所经历的那样。“我们所承担的任务是探索和揭示中国社会主义现代化的发展规律，”他这样阐释了社会科学研究人员所承担的使命，“我们要做的是正确运用马列主义、毛泽东思想的立场、观点和方法，并且结合国内外正反两方面的经验，从中国的具体实际出发，解放思想，实事求是地进行深入广泛的研究，从而创造性地回答时代向我们提出的各项重大问题。”

父亲也不主张研究人员们把大部分精力消耗在远离现实的纯学术问题上，他总是设法鼓励大家更多地关注和研究紧迫而重要的现实问题。“比如像国际经济新秩序，世界各种政治力量、军事力量、经济力量的对比状况，帝国主义和社会帝国主义内部矛盾的发展，民族主义的发展，还包括像能源这样一些专门性的问题，这都是需要我们深入研究的。”他常常像这样给大家出题目。他说：“我们所以要了解、要研究世界的情况，最根本的一条就是要知道别人的哪些经验、教训可以为我借鉴，人家有什么长处可以吸收进来，为我们的现代化服务。”

即使是对历史研究，父亲也持有同样的主张。他曾经和研究日本史的学者探讨过这个的问题。父亲十分赞同研究日本问题要从研究历史入手，但他认为研究日本近代以来的历史，特别是第二次世界大战以后的历史和中日关系史，要远比研究鉴真东渡或日本遣唐史紧迫得多。当有人问到历史研究如何为现实服务时，父亲以一连串的问题做出了回答：“为什么明治维新的时候西学能够在日本起那么大的作用，而在中国的洋务运动中就烟消云散了？日本在接受了中国文化和西学之后，可以把它们变成自己文化的一部分而为己所用，日本民族的这个特点是怎么形成的？日本自有史以来没有经过什么大的革命，它都是自上而下的改革，这个原因在哪里？日本的封建制度和中国的封建制度到底有什么不同？为什么我们的封建制度到今天还在起作用，甚至在某种程度上比过去更加泛滥？而日本的封建制度在和资本主义结合之后就形成了强大的军国主义国家？60年代以前日本的经济水平和中国差不多，但现在日本却比我们领先了二三十年，是什么阻碍了我们前进？难道就是一个‘文化大革命’吗？就是一个‘四人帮’吗？我们大家要负什么责任？”在谈到中日关系史与现实的联系时，父亲说：“找出中日关系发展前途的可能性，用我们的力量来引导历史发展的趋势，促进它向对中国人民和日本人民有利的合作关系发展，这就是我们研究中日关系史的目的。”

年轻人随时都能走进父亲的办公室或者是在路上拦住他，跟他讨论他们的研究计划，甚至仅仅是刚刚冒出头的想法。他总是极有耐心地倾听，似乎他有用不完的时间。不论在什么情况下，对方从他眼中看到的都是饶有兴致的充满鼓励的目光。他还把不少时间花在了为年轻人修改文章上，他经常对那些刚刚走出学校大门不久的年轻人说："你们放手写，只要能自圆其说、有理有据就可以发表。有什么问题，我替你们担着！"

父亲对推动地方的国际问题研究也倾注了巨大的热情。他与全国各地的国际问题研究机构都保持着密切联系。他风尘仆仆地从一个城市跑到另一个城市，与当地的研究人员面对面地交流。在父亲的积极推动下，各种国际问题学会也纷纷成立，它们成了汇聚全国各地实际工作部门、研究机构和大学的研究力量的重要纽带。

系统研究当代帝国主义的计划总也排不进父亲的紧张的日程表，尽管这是他个人最大的学术梦想。但是他实现了另一个梦想，他创建了国际学科片，这是第一个体系相对完备的国家级的国际问题研究机构。曾经为中国国际问题研究的落后局面忧心如焚的父亲终于可以满怀信心地憧憬未来了，他说："希望能在未来十年之内，在每一个学科里面都培养出一批具有较高知识水平和专业水平的学者，如果这个目标实现了的话，他们在十年以后就能够发挥作用了。"人们在十年后的确看到了令人鼓舞的情景：中国所拥有的国际问题研究机构和专业研究者的数量已经不亚于世界上的任何一个大国。只有在这样丰厚的土壤上，才有可能收获与中国作为一个世界大国的身份和作用相匹配的研究成果。

开展学术外交：在国际讲坛上发出“中国声音”

英国议会外事委员会副主席麦克法夸尔是英国的“中国通”，1978年5月份访问北京时，他希望了解一下中国第五届全国人民代表大会以来的政策变化以及社会状况，他因此成了父亲以中国社会科学院副院长的身份接待的第一位外国客人。但他显然还关心其他的问题：“你们是否愿意和国外的同行建立联系？”“你们是否有意和国外的研究机构互派研究人员？”“你们最关心的研究领域是什么？国际战略、世界经济、经营管理，还是东西方关系？”“你们能否派一个代表团访问英国皇家科学院？”他不停地这样追问，他表示他很想为中国社会科学院与国外同行至少是英国同行之间的交流做些什么。

麦克法夸尔暂时还得不到答案。在社会科学领域，与西方国家之间的交流在过去的几十年间一直是禁区。封堵而不是开放，是中国在这个问题上所持的基本态度。即使是在中国实行开放政策之后，在某些人看来，这项政策也主要是针对经济领域的，至于西方的社会科学，则极有可能是打开大门之后会随之飞进来的“苍蝇蚊子”。当然，这并不是说中国的学者和外国同行之间没有任何互访活动，比如刚刚成立的中国社会科学院在过去的一年间就已经派出和接待了七十多名学者，但那只是为了执行中国和某个国家之间签署的双边文化交流协定。在通常情况下，人们很难期待这种交流会演变成双方之间的独立、稳定而持久的学术合作。

不过也有可能让它成为某种突破口，就像父亲在1978年11月率领中国经济学家代表团访问南斯拉夫时所做的那样。这次访问同样是履行中国—南斯拉夫文化合作协定的方式之一，但和以往不同的是，父亲借此机会与对方的哲学及社会科学研究部门签署了一份1979年的双边学术交流协议，这项协议不仅将一次访问变成了一个时期的学术交流的起点，更重要的是，它是在双方的学术机构之间——而不是像以往那样在国家的政府部门之间——签署的。这个代表团随后又访问了罗马尼亚，并且收获了一份同样的协议。

更大的突破出现在1979年。那一年的4月中旬，一个包括钱锺书、费孝通、赵复三等享誉中外的学界巨擘在内的代表团高调访问了美国。这是第一个以中国社会科学院的名义组成的代表团。父亲是这个引人注目的代表团的团长。在为期一个月的时间里，代表团的成员们同包括华盛顿、纽约、芝加哥、波士顿、洛杉矶、旧金山在内的十所城市的著名大学及研究机构进行了广泛接触。这次访问相当轰动，它被视为与外界隔绝了多年的中国社会科学界的代表人物在美国的一次重要"亮相"。

当然，同样具有轰动效应的还有这个代表团此行的主要目的——与美方探讨在社会科学领域展开交流与合作的途径。对于这种前所未有的合作，美方不仅兴趣浓厚，甚至希望立即付诸行动。不少机构都想马上与中方达成短期或长期的交流协议。这次访问的邀请方——美中学术交流委员会还提出了诸如双方设立混合委员会以及互派常驻代表等一系列具体建议。在美国国家安全委员会中负责亚洲事务的官员奥克森伯格——他同时也是美国总统国家安全事务助理布热津斯基的中国事务专家——特地找时间和父亲共进了早餐。作为官方代表，他这样表达了美方的愿望：社会科学方面的交流是增进美中两国了解的重要渠道，希望今后两国关系和学术交流都能得到发展。

布鲁金斯学会希望与中方学者共同研究苏联问题，他们的这个想法和父亲不谋而合。事实上，这正是父亲已经在着手进行的一项工作，因为中国社会科学院的苏联问题研究人员——也包括正在筹建中的国际问题写作小组的研究人员——一直在为缺乏搜集有关苏联研究资料的途径以及不了解国际上有关苏联研究的最新动态而发愁，但如果他们能经常和他们的美国同行——他们多年来一直在绞尽脑汁地帮助政府应对来自苏联的日益增长的战略威胁——交流一下的话，他们的问题并不难解决。事实上，父亲的手里早就有一份美国的苏联问题研究机构和研究者的名单了，而且他已经通过自己在外交学会的朋友，以私人名义向美国的一些苏联问题专家发出了双方学者就苏联问题研究展开交流与合作的建议，当然，这本身也是打开对外学术交流大门的最好契机。

就在父亲向美方学者发出建议的同时，美国哥伦比亚大学的国际动态研究所也正通过他们的途径向中方发出同样的建议。这个规模不大并且由不少波兰裔学者组成的研究所从 1961 年起就开始专注于苏联问题研究了，16 年后，它因为一直担任其所长同时也是灵魂人物的布热津斯基成为卡特政府的国家安全事务助理而名声大震，并且一举跻身美国最重要的智囊机构之列。在中方看来，这显然是个值得重视和支持的建议，不仅是因为国际动态研究所在美国政府制定对苏政策方面所具有的举足轻重的作用，同时也因为它和布热津斯基之间的独特联系，后者在中美建交过程中所发挥的关键作用使他被中国人视为可以信任的朋友。于是，由中国社会科学院和哥伦比亚大学国际动态研究所共同举办一次有关苏联问题研讨会的计划很快就形成了。1979 年 11 月，作为东道主的国际动态研究所在哥伦比亚大学接待了由父亲率领的包括二十多名中国苏联问题专家在内的赴美学术交流团。事实上，大家早就该像这样坐到一起讨论双方共同关心的问题了。

在收获颇丰的研讨会结束之后，中国的苏联问题专家们又逐一拜访了那些活跃在哈佛、普林斯顿等久负盛名的大学以及兰德公司、布鲁金斯学会等著名智库中的同行，这也成为他们和后者之间建立起卓有成效的交流与合作的起点。毫无疑问，这次访问是一个重要的开端，它标志着中国的社会科学领域开始了真正意义上的对外交流。

当然，这次访问的重要性显然不止于此。和半年前的那次访问相比，这次访问的外交色彩和价值都更为突出，事实上，它可以被视为一次以学术交流方式展开的外交行动。这次访问不仅打开了两国学者之间的沟通渠道，同时也在两国的决策体系之间架设了一座新的桥梁，因为没有人怀疑美国的那些著名研究机构与政府之间的极其密切的联系，当然也包括其对政府决策所具有的特殊影响力——它们通常被形容为美国决策体系的“心脏”。正是从这时起，父亲开始了频繁地和美国的那些著名智库打交道的经历，这为他提供了一个将学术活动与外交融为一体的舞台。今天，人们将这种介于官方外交和纯粹的民间交往之间的、通过知识与权力紧密接触的方式发挥作用的活动称为“第二轨外交”。

访问让父亲获得了大量的第一手信息。回到北京后，他在写给邓小平的一封信中谈到了他的诸多观感。美国的对苏政策有可能趋于强硬，这是父亲在广泛接触了美国朝野人士之后得到的第一个印象。他在信中说：从目前情况看，苏联的咄咄逼人的扩张行径和卡特政府急于在即将到来的大选中改变自己以往对苏软弱动摇的糟糕形象，将是促使美国采取更加强硬的对苏政策的主要因素。“但这并不能带来实质性的改变。”父亲这样认为，因为至少在目前阶段，卡特政府还不打算改变其原有战略，即通过美国的现有实力迫使苏联遵守比赛规则，或者说，卡特政府对苏联的要求不过是后者不再继续谋求进一步扩充自己的势力范围。这一点也在很大程度上决定了美国对华政策的走向。尽管父亲在信中使用了“更积极”一词来描述未来可能出现的美国对华政策的前景，但他紧接着便分析道：这种有可能出现的变化是由一系列迫不得已的因素决定的，除去苏联的不断扩张之外，还包括亚太局势的日趋紧张以及亚太地区相对于欧洲而言战略地位不断上升等等，因此，这种变化并不意味着美国对华政策总体思路的改变，换一句话说就是，美国政府仍然没有走出“打中国牌”的老套路。

兰德公司对与中国合作的兴趣丝毫也不亚于哥伦比亚大学国际动态研究所，它希望与中方学者探讨一些更直接地涉及中美双方核心利益并且更接近于具体的政策制定层面的问题，比如应该如何加强中美之间的安全合作。兰德公司社会科学研究项目的负责人理查德·所罗门在 1980 年 9 月份访问了北京，并与父亲详细讨论了双方共同举办一个相关的研讨会的计划。

“我们对与苏联的美国研究所的合作感到失望。”所罗门还向父亲透露了这样的信息。他说兰德公司正准备疏远同后者的关系，因为它不是推动而是阻挠美苏学术交流的发展。但中国显然正在从这种刚刚建立起来的合作关系中获益，事实上，所罗门此行就给中国的研究者们带来了一些新消息。“80 年代开始了，美国不得不重新考虑对付苏联的办法。”所罗门在父亲为他主持的一个报告会上这样说。他还谈到了一些有关的细节，比如美国“正在计划发展新武器，以保持对苏武器的平衡，打破苏联想争取对美军事优势的图谋，稳定盟国对美国的信任”。然而美国同一时期的对华政策却不像对苏政策那么明朗，所罗门使用了“仍在辩论中”的说法来描述当时的状况。不过他同时也表示，在各种不同的对华政策主张中，所谓的“阶梯政策”——即中美双方合作到什么程度取决于苏联挑衅到什么程度——正在成为首选。“这是个逐渐升级的政策，它既可以使中国不断加强自己的力量，同时又不至于太刺激苏联。”所罗门这样解释了这种政策正被越来越多的人认同的原因。尽管这些新消息并不会导致美苏关系或中美关系发生出人意料的变化，但它们无疑是有价值的，它们可以被视为新的证据，证明中方此前对于美国对苏政策及对华政策走向的判断，也包括父亲在写给邓小平的信中所做出的判断依然有效。人们随时都需要新的证据，这正是双方建立起富有成效的沟通与合作渠道的意义所在。

布鲁金斯学会在与中国合作方面同样不甘人后，事实上，它在年初就和中国社会科学院达成了共同举办一个亚洲问题研讨会的协议。研讨会将于 1981 年 1 月在有“美国摇篮”之称的著名小镇威廉斯堡举行，双方的学者将讨论包括东亚政治经济形势、东亚区域安全、日本问题、朝鲜问题、印支问题、东盟问题以及苏联的扩张等在内的八个议题。父亲从 1979 年的 2 月份起就为筹备这次会议忙开了，他不仅要代表中方致开幕辞，还要主持八个议题中四个议题的讨论。

从学术交流的角度讲，这是一次成果累累的会议。当然，此行的外交意义更是不可小觑。这与研讨会举行的时间大有关系。不过当双方在一年前筹划这次会议时，没人能想到中美关系会在 1981 年 1 月份面临建交以来的最大危机。台湾问题是引发这场危机的根源，而且它成为破坏中美关系的大麻烦已经有一段时间了。还在 1979 年 1 月份，也就是中美刚刚正式建交的时候，这个在建交谈判中一直未能达成一致的问题就引人注目地浮出了水面，其起因是在卡特总统授权国务院起草的《台湾授权法案》中包含着一些相对于中美建交协议而言有所倒退的内容，比如它赋予台湾的某些“待遇”实际上已经将后者与“国家”相提并论了。而在接下去的长达两个月的国会讨论中，部分议员更是试图将《台湾授权法案》变成另一个版本的“美台共同防御条约”。他们的确达到了部分目的，他们不仅把诸如美国将继续承担对于台湾的“和平”与“安全”责任以及继续向台湾提供防御性武器等内容写入其中，而且还规定美国以往同台湾以“国家”名义签署的大部分协议都继续有效。3 月底，被更名为《与台湾关系法》的修正案在美国国会表决中以压倒多数获得通过。在中方的强烈抗议和美国国会的巨大压力之间，卡特选择了向后者妥协，4 月份，他正式签署了这份严重违背中美建交协议的文件。毫无疑问，此事在刚刚建立起来的还很脆弱的中美关系上留下了一道难以愈合的创痕。

然而台湾问题带来的麻烦才刚刚开始，在接下去的整整一年中，打算与卡特角逐新一任总统职位的共和党竞选人里根紧紧抓住台湾问题不放，他把这当成了攻击对手和赢得选票的杀手锏之一。在他的竞选演说中，卡特被描述为一个无情地抛弃了台湾这个“长期盟友”并且“玷污了美国名声”的人。里根不仅在各种场合大谈他与台湾友人之间的牢固感情，他甚至还表示如果他当选总统的话，将恢复美国与“中华民国”的“官方”关系。他的这些严重损害中国人民感情和中方核心利益的言论不仅招致了中方的强烈抗议，甚至也引发了美国国内舆论的批评，以至于副总统竞选人布什不得不亲自跑到北京向中方做出解释——他试图使中方相信，里根如果执掌白宫的话，绝不会真的在中美关系问题上开倒车。

但里根的行为却提供了相反的证据，他刚一赢得选举，就迫不及待地想要证明他对台湾的感情，他不仅让自己竞选班子中的亚洲政策顾问立刻“访问”了台湾，而且他的就职典礼委员会还向国民党中央秘书长蒋彦士发出了参加就职仪式的正式邀请。如果说中方对一位竞选人的过分言论还可以勉强容忍的话，那么对一位当选总统的上述行为就决不能姑息了。1981 年 1 月 11 日，邓小平在北京的家中发表了一个强硬讲话，他说：必须迫使美国放弃提升美台关系的打算，即使这会使中美关系倒退到 1973 年甚至是 1972 年尼克松访华以前的水平也在所不惜。

美方很快就知道事态有多么严重了——如果他们不在 1 月 20 日举行的就职典礼到来之前撤回发给蒋彦士的邀请的话，中国驻美大使就将拒绝出席这个仪式。没有什么时候是比此刻更需要和中方保持密切沟通的了，而在邓小平发表强硬讲话的当天从威廉斯堡抵达华盛顿的父亲显然成了一个重要的沟通人。美国国务院主管中国事务的东亚暨太平洋事务局在 1 月 12 日上午把父亲请到了国务院，与他就中美关系及双方共同关心的国际问题非正式交换了意见。助理国务卿理查德·霍尔布鲁克主持了当天的会谈，他这样表达了美方的迫切愿望："希望今后遇到问题时多做私下的、坦率的交谈，而不要公开争论，就像中国在过去两年中所做的那样。"霍尔布鲁克尤其希望中方能对里根政府多一点耐心，至少在半年内不要对其所作所为做出过于强烈的反应。

"在同过去的政府打交道时，中国已经表现出了极大的耐心，在很多问题上我们本来是应该公开争论的，然而我们没有这样做，但是我想，任何人的忍耐都是有限度的。"父亲这样提醒霍尔布鲁克。他尤其不打算让美方误以为中国在台湾问题上也有可能做出妥协，他说："我们在台湾问题上的分歧是根本性的。这些问题并未解决，今后还会存在，弄得不好还会发展成为危机。"父亲对里根提出了批评："看来，新政府的政策可能会引起比现政府的政策更多的争论。"霍尔布鲁克插话说："我希望不会。""我们也希望不会，不过，问题的最后解决还在于你们。"父亲立即回应道。他请霍尔布鲁克做个传话人："我希望你将我的意见告诉你的继任者。"

美国国防部官员麦克·吉菲在第二天邀请父亲与他共进午餐，并且非正式地讨论了中美关系和东亚形势。但父亲认为双方的沟通范围不应该仅仅局限于双边关系中的具体问题或者地区问题，大家还应该讨论一些更具根本性的问题。他把话题引向了导致中美关系出现危机的背后原因的探讨：究竟是什么在妨碍两国关系健康稳定地发展？父亲没有去谈论种种表面上的或者直接的原因，他试图在意识或精神层面寻找答案，他把问题的根源归结为美国人的四个“无法摆脱”的观念，即意识形态的对立、历史问题、低估中国的力量和决心以及传统的“均势理论”。

“中美关系没必要受双方意识形态差异的困扰。”父亲在谈到第一个观念时这样表达了自己的看法，“有人说中国是共产主义，美国是资本主义，共产主义一定要埋葬资本主义，或者资本主义必须消灭共产主义，这两者是势不两立的，但事实上，目前，甚至在可以预见的将来都不会出现这种‘我消灭你或者你消灭我’的现实可能性，也包括运用军事力量推翻制度的情形在内。这两种制度在世界上将长期共存下去，所以这个问题应该留给历史去解决。”父亲建议两国把精力集中于发展中美关系这个现实问题上，他说：经验已经告诉我们，把意识形态的不同强调得过了头，把它同处理国家关系混为一谈，是没有好处只有坏处的。“既然如此，我们为什么要让意识形态的差异影响现实的中美关系呢？”

中美之间曾经在朝鲜兵戎相见，在越南也险些打起来，这就是父亲所说的困扰现实中美关系的历史因素。他说：这些因素让一部分美国人在内心深处认定了中国是潜在的敌人，或者中国只是暂时的合作者而最终是必须剪除的敌人。“这种困扰如果成为影响美国对华政策的因素之一，那就糟透了！”父亲指出：和中美两国在朝鲜及越南问题上的冲突相比，更为主流同时也久远得多的是中美两国人民之间相互赞赏、交流、同情及支持的历史，从当年中国人民为开发美国新大陆而洒下血汗，到美国人民支援中国的抗日战争。正是这样的历史，在两国人民中间培育起了悠久而深厚的感情，即使在彼此相互隔绝的年代，也包括在两国关系最坏的时候，蕴藏在人民之中的这种深厚情谊也依然保持了它的生命力。他向在座的人发问道：为什么有些人总是盯着朝鲜战争和越南战争不放，而对这样的历史视而不见呢？

认为中国既弱又穷，无论在政治上还是在军事上都不足以起到在战略上遏制苏联扩张的作用，或者中国无论在军事上还是经济上都有求于美国，这也是一部分美国人头脑中根深蒂固的看法。但是，“对中国力量的任何低估都是片面的，并且必然要导致在战略上犯错误。”父亲这样警告美方。他说：“中国虽穷，却不懦弱。它是个大国，有丰富的人力、物力资源。它经受过的多次严酷历史考验表明，任何强大的敌人都奈何它不得，相反会被它拖垮。”针对那种中国有求于美国的说法，父亲指出：“国际社会发展到今天，各国之间的关系日益密切，如果一定要讲依赖的话，那就是互相依赖。至于说谁有求于谁多些，如果仔细地分析一下中美两国的需要的话，人们不难发现，中国有求于美国的并不比美国有求于中国的更多！”

不要迷信传统的“均势理论”并用它来处理今天的中美关系，这是父亲给美国人的又一个忠告。他说，按照这种理论，美国就要在中国周围布置下各种障碍，然后用它们来围堵中国，限制中国的发展。这是一种赤裸裸的“强权政治”理论，它既不明智，也不现实，甚至还是危险的。“请恕我直言，美国政府的这种观念集中表现在台湾问题上。”父亲把话锋转到了中美关系当时正面临的危机上，“你们想扶植台湾，加强台湾，作为今后牵制和控制中国的一种因素。民主党掌权时，你们卖军火给台湾，给台湾驻美机关以‘外交’特权。现在共和党当权，很想走得更‘远’一些。这种情况很不好，将来很可能发展成为我们两个民族之间的悲剧。”父亲批驳了某些美国人的这样一种看法，即如果美国对苏联更加强硬一点的话，中国就会吞下美国扶植台湾这个苦果。“这种想法太轻率了！”父亲语气严正地指出，“台湾问题对中国人民来说是有着高度敏感性的。历史的经验告诉人们，对于中国人民从饱经忧患的百年民族兴衰史中孕育起来的这种强烈的民族感情，是不可以做丝毫错误估计的。尤其是中美关系恢复不久，它更经不起这种感情上的折腾。一方有行动，另一方也不会没有反行动。坚持把霸占台湾作为牵制和限制中国力量的做法，是会引起恶性循环和事态的不断升级的。”

父亲最后表示，他是作为一个“前外交官、现任学者和第三流的哲学家”说这番话的。“我希望你们把我的这种个人看法向你们的后任讲一讲。”他这样结束了自己的即席发言。

父亲的这番在小范围内发表的见解独到以及在谈及台湾问题时言辞犀利的讲话引起了美国有关人士的高度关注。一向对独树一帜并且有分量的观点感兴趣的《外交季刊》——它被称为美国重大对外及国际事务权威观点的发源地——还希望让更多的人了解父亲的想法。总编辑维勒·布兰德亲自给父亲写了约稿信，当然，他得到了一个满意的答复。

某些已经内定将要在里根的新班子中负责中国事务的官员也想和父亲当面谈谈。即将代替迈克尔·奥克森伯格担任美国国家安全委员会中国事务助理的理利以私人谈话的方式和父亲进行了沟通。“就职典礼危机”以及里根政府在未来可能采取的对华政策是他们谈话的重点。理利试图使中方相信，里根本人对邀请蒋彦士出席就职典礼一事并不知情，因为请柬是由两名议员私自发出的，所以它只能被视为一个非正式邀请。此外，理利也不认为里根在竞选中的言论能够代表他上台后的实际政策，“那不过是为了争取各种利益集团的选票，有很多话本身就是自相矛盾的”。理利说。任何一位总统在上任后都会根据实际情况制定切实可行的政策，在这一点上里根也不会例外，但理利表示里根可能需要更多的时间，因为除了他本人在外交上是个外行之外，他的班子中也缺乏真正了解中国问题的专家。因此，理利希望中国政府能够“体谅美国政治上的这种特有情况，至少在半年内不要公开斥责里根政府，有问题最好通过各种途径，私下地或者正式但不大肆宣传地向美方提出交涉”。

但在关于里根对邀请台湾代表出席就职典礼一事是否知情的问题上，已经和父亲建立起友谊的所罗门却提供了不同的答案。他也在华盛顿和父亲进行了长谈，不过他已经不再是兰德公司社会科学研究项目的负责人，而是已经内定的里根班子中的东亚及太平洋事务助理。这就是人们所说的“旋转门”，即美国智库的学者们随时有可能进入政府部门担当重任，当然反过来也一样，政府官员们在离任后也常常会成为智库的要角。令人赞赏的是，所罗门的新身份并没有妨碍他表现出一个朋友应有的坦诚，尽管他在谈到台湾代表受邀参加总统就职典礼一事时有些语焉不详，但他没有否认里根知晓此事，他认为这至少是得到里根默许的。事实上，这也正是他既没有肯定同时也无法否认这是一次“官方性质的邀请”的原因所在。所罗门对中方就此事做出的强烈反应表示理解，他认为不如此就“难以制止今后更多问题的发生”，但他建议中方在批评美方时“千万不要对里根本人进行人身攻击”，或者说“对里根个人要留有余地”，以免刺激他走向极端。他认为今后一个时期的中美关系可能会出现一个“冷却期”，而在这个“冷却期”内，特别是在碰到问题时，双方的有识之士要尽量帮助各自的政府避免这样一种情况的发生，即由“反应—反反应”的步步升级，到最终导致局面失控，从而“使双方共同的敌人渔翁得利”。所罗门还向父亲透露说：“里根班子中的中国问题专家并非铁板一块。”他希望中方的行动能够加强其中那些坚持中美双方必须密切合作的人士的地位。

父亲回到北京时，中方仍然没有得到美方关于如何处理邀请台湾代表参加就职典礼一事的最终答复。在他随即提交给中央的报告中，他建议中方务必将此前的强硬立场坚持到最后一刻，即坚决拒绝和蒋彦士出现在同一个场合。他说：在过去的两年中，我们对美方迁就过多，以至于给他们造成了某种错觉，或者说让他们对中方的容忍度产生了某种不切实际的预期，因此，“今后该斗争就要斗争，绝不可再表现太软”。不过他赞同所罗门的看法，即在批评美方时要把握好分寸，特别是不要对里根本人进行人身攻击。此外，他还建议中央通盘研究及制定针对美国、苏联、欧洲、日本等国家和地区的整体外交战略及政策、方针，并对可能发生的情况做出预见，同时根据不同的预见拟定相应的对案，以免出现问题时临时应对，急而有误。

《外交季刊》在 8 月份收到了父亲为其撰写的文章——《关于中美关系》。和父亲几个月前在美国国防部的讲话相比，这篇文章的内容显然更有建设性。文章向人们发出了这样的呼吁：在已经迈入 80 年代的大门时，不能仅仅用过去十年的传统思路来思考未来十年的中美关系了。在父亲看来，“像中美这样两个国家之间的关系，还应当有它本身的价值和它自己的逻辑”。他说：我们不能总是以苏联做什么或不做什么作为考虑自身问题的出发点或目标，我们不否认应对来自这个国家的威胁仍然是今后中美关系的极其重要的战略基础，但是中美两国显然还应该更多地考虑如何发展我们自身的经济、贸易、科技和文化关系，因为这不仅能给我们各自的国家带来巨大的好处，同时也能在客观上增进世界的和平与繁荣。

这的确是个能让中美关系别开生面的新想法。事实上，苏联问题在中美两国的对外政策以及双边关系议程中占据首要位置的时间已经太久了，以至于优先考虑有关因素变成了某种思维定式。一位曾经在美国国家安全委员会工作过的资深官员这样描述了当时的情形："我知道那时候主要的国家政策辩论往往以这样一个基本问题开始：'这对于与苏联的关系将会有什么影响？'等到这个问题被回答了，我们才可以开始考察政策本身。"父亲在文章中提醒人们，不要让优先考虑苏联问题或与此有关的传统思维变成阻碍中美关系发展的天花板，因为这种认识只会鼓励人们把对方当牌打，或者最多从"打牌论"升级为"阶梯论"。他建议双方重新评估彼此关系的性质和价值，他还就此表明了自己的看法，他说：中美之间应该建立的是一种能够在国际事务中基于共同的战略利益而采取协调一致的行动以及在双边关系问题上能够在平等、互利的原则下友好往来的关系，这种关系既可以确保双方在政治上进行协商与合作，但又不必互相承担盟国间的那种自动承担的义务，这将有利于两国最大限度地挖掘双边关系的潜力。父亲认为，如果双方能在这一点上达成共识的话，那么中美关系的发展就能摆脱受制于苏联的被动状态，那将是一种不同的景象，因为在扩大和加强中美两国的合作方面，人们显然有很多事情可做。

父亲的文章发表在 1981 年 10 月号的《外交季刊》上。不过当读者们看到这篇文章时，中美之间显然不具备讨论这样的建设性问题的气氛，因为就在父亲的文章刊出前一个月，中方从可靠渠道获悉，美方极有可能在当年底或第二年初向台湾出售一批在性能上超过此前向其出售的 F-5E 战斗机的新机种。显而易见，事态的发展正在超出中方的容忍底线。看来，对满脑子想着如何回报自己的台湾"友人"的里根保持足够的耐心，并不是帮助他意识到自己一直在伤害中国人的感情并且阻止美方在售台武器问题上越走越远的正确方式，于是，中方提出在谈判桌前彻底解决问题。但美方拒绝接受中方关于就售台武器问题展开谈判的提议，而且他们的态度相当蛮横。既然如此，那就没有什么还能阻止两国关系滑入“冷却期”了。

不过所罗门说得没错，里根班子里的中国问题专家的确不是铁板一块，至少他本人就提供了一个这样的例证：他在 1981 年 12 月份公开发表文章，对父亲的主张表示了赞同，他说：“在最近的将来，美中外交政策协调的基础是针对苏联军事政治压力的官方磋商。但这对巩固关系来说，只是一种消极和反应性的做法。美中当权者应当考虑把关系置于更积极可靠的基础上。”“中美合作比相互对立要好得多。如果中美关系遭到破坏，对双方都将大为不利。”所罗门还在文章中指出：现在才仅仅是个开始，“中美合作的真正好处要看将来”。

当然，如果台湾问题继续升级的话，其他的一切暂时都谈不上，也包括“针对苏联军事政治压力的官方磋商”。比如眼下，如果美方不打算坐下来同中方好好讨论如何解决售台武器问题的话，就别想继续从中美关系中捞到战略上的好处了。当里根终于意识到这一点的时候，美方不得不将中方提议的谈判纳入了自己的工作日程表。在经过了长达八个月的激烈争执和艰难磋商之后，中美双方以签署《八一七公报》的方式，表明了两国在处理对台军售问题上达成的一致，即美国无意执行“两个中国”或“一中一台”政策，不谋求向台湾长期出售武器，而且其出售的武器在性能和数量上将不超过中美建交后近几年供应的水平，而在更久远的将来，美国则将逐步减少对台军售，直到这一问题得以最终解决。

因为台湾问题而引起的不快并不会随着这份公报的签署一扫而光，但在售台武器这一最敏感的问题上达成暂时的妥协，还是使中美之间的紧张气氛得以缓解。于是，在父亲的文章发表一年之后，中美两国都开始了更多地谋求发展直接服务于自身利益的新关系的努力。人们在 20 世纪 80 年代中期就看到了这种努力所带来的显著成果——中美关系进入了被公认的建交以来最好和最平稳的时期，或者说，这种努力很快就让两国在经济、文化、科技及军事领域找到了越来越多的共同利益。随着时日的推移，双方的合作又逐渐拓展到了医药、环保、打击犯罪以及反恐等更为广泛的领域。尽管中美之间在 80 年代末以及此后又经历了一系列极其严峻的时刻，但是双方从来都没有放弃过这种努力。这无疑为两国和两国人民带来了巨大的好处，而且这种努力还为双边关系安装了缓冲器或释放了稳定剂——当双方在另外一些问题上发生激烈冲突或对抗时，它起到了防止两国关系出现断裂或一下子滑入谷底的作用。

只有当双边关系真正平稳时，人们才能更有耐心和更加心平气和地思考彼此关系中的那些更深刻和更长远的问题，而 1985 年显然就是一个这样的年份。那一年的 3 月，父亲在北京会见了总部设在美国俄亥俄州代顿市的查尔斯·凯特林基金会代表团的成员，后者带来了一个很棒的设想：与中国的某个机构展开长期对话。在这个十分擅长与公众打交道的机构看来，只用政府政策和国际格局的变化来解释中美关系反复出现紧张局面的现象是远远不够的，人们还应该看到根植于两大社会之中的原因，即两国公众对对方国家的看法，在这些看法和两国的国内政治及对外政策之间存在着密切的互动关系，因此，要使两国关系真正具有建设性，就必须在听取公众意见的同时教育公众，以缩小两国公众间的认知差距。

这种努力无疑会带来观念层面的改变，尽管这将是一个漫长的过程。这和父亲的想法相当吻合，事实上，这正是他四年前在美国国防部发表讲话时呼吁和倡导人们去做的事情。父亲成了这个建议的积极支持者以及双方立即着手启动的“对话”项目的中方发起人之一。凯特林基金会很快就知道了谁是它们在中国的对话伙伴——中国社会科学院美国研究所。这两个机构把它们将要一起展开的项目命名为“中美长期对话”。双方这样描述了该项目的初衷：鉴于两国关系的重要性以及彼此国情相差甚远和摩擦不断的现状，双方认为有必要进行多层面的交流和了解。双方将通过对问题进行客观、耐心、多层面的及持续的探讨，以求更多地理解对方的思路和困难，并找到可以帮助各自的政府解决有关问题的建议。就像这个项目的名称所表明的那样，这将是一项长期的工作，并且它不可能产生立竿见影的效果，但是双方都有足够的耐心，愿意假以时日，为彼此所追求的无形的、积极的影响而努力。从那时起，这个项目一直延续了几十年。在那些年间，双方围绕两国公众如何看待对方的问题展开了极具广度和深度的问卷调查，其结果不仅客观反映了彼此对对方的复杂印象和看法，也找出了某些误解以及隐藏在其背后的依据。一些长期关注该项目的专家这样评价了它在过去那些年间所起到的主要作用：“如果说‘长期对话’的初衷是增进双方了解，并把对方观点转达给本国政府的话，这一任务算得上是圆满完成了。”这个评价刚好是对该项目的另一个名称的诠释——“补充外交”。

每年一次的“对话”是在美国和中国轮流举行的。首次“对话”开始于 1986 年 11 月。因为率领中国代表团出席同一时间在加拿大温哥华召开的太平洋经济合作会议（1992 年更名为太平洋经济合作理事会），父亲错过了在美国威斯康星州瑞辛城举行的那次“对话”，但他参加了第二年 10 月份在北京举行的第二次“对话”的全过程。这次“对话”对该项目在未来的发展具有特殊的意义，确切地说，它为这个刚刚诞生的项目确定了一个明晰的方向。凯特林基金会现任主席戴维·马修斯后来在回忆那次“对话”的情形时说：“‘对话’后来的议程是由中方与会者建议的，他们在 1987 年指出，在过去的十年中，中美一直在努力重建两国关系，但双方的动机是出于对苏联的考虑，所欠缺的是对中美关系本身价值的全面成熟的理解。美国人想从中国得到什么？得到了些什么？中国人想从美国得到什么？双方能否接受对方的期望？由于中美两国与苏联的关系都已改变，因此，现在是鼓励某些关于中美关系基础的新思维的时候了。”而“对话”项目所应该做的，就是“超越对事件的分析，寻求理解双方各自形成的态度和价值观——尤其是两国‘想象’或认知对方的方式，人们相信，这将会使两国找到以积极和互助的方式发展中美关系的新机遇”。

中方的建议既是对双方刚刚开始的努力的肯定，同时也是在当时的背景下对自身主张的强调和重申，因为来自苏联的某些变化正在对这种努力构成明显的威胁。在美国那些不喜欢中国因而认为中美关系的价值仅仅在于应对苏联威胁的人看来，苏共中央总书记戈尔巴乔夫从 1985 年起在苏联实行的改革有可能大大拉近这个国家与西方之间的距离，而这则意味着来自苏联的安全威胁将趋于下降，因此，美国没必要再像过去那样为了共同应对苏联的威胁而克制自己对中国的不满了，他们甚至认为，已经到了该对中国加强遏制的时候了。于是，反华议员开始在国会山的讲台上不厌其烦地批评中国的计划生育政策。他们还插手西藏问题，邀请达赖喇嘛到国会演说，大谈什么要把凡是有藏人居住的地方都从中国的版图上分裂出去。紧接着，他们又和一些媒体大肆渲染所谓中国向伊朗出售蚕式导弹的不实消息。这些人试图让美国公众相信，中国是一个肆意践踏人权、没有宗教自由并且一直在向美国的敌人出售致命武器的国家，这正是双边关系从 1987 年开始又变得麻烦不断的原因所在。

看来，双方需要的不仅是心平气和的“长期对话”，还需要就眼下的麻烦来一点“激烈对话”。这一年的12月，人们在华盛顿的伍德罗·威尔逊国际学者中心就听到了这样的“对话”——作为对一段时间以来美国部分议员不断给中美关系制造麻烦的言行的回击，父亲在该中心发表的一次题为《一年来的中美关系》的演讲中，以双方建交以来人们很少听到的激烈言辞批评了美方。他是作为美国新闻总署国际访问学者部邀请的客人在该中心发表演讲的。威尔逊中心一向以鼓励不同背景或不同国家的学者间的思想交锋著称，而这一次父亲显然没有令它失望。

“1987年是中美关系中荆棘丛生的一年。”父亲这样描述了这个即将过去的年份带给人们的印象。在由美方制造的接二连三的麻烦以及由此引发的争论中，中方没有采取公开论战的方式，而是保持了冷静和克制的态度。父亲告诉台下的美国听众：“这并不是因为中国害怕美国，或者是因为中国要向美国乞求什么东西，而是因为中国珍惜两国的现存关系，并且为了亚洲太平洋地区的和平与发展而不想使它恶化下去。”

不过中国不会永远保持沉默，至少在父亲看来，已经到了该直截了当地谈谈这些问题的时候了。他在演讲中明确指出，中美之间之所以麻烦不断，其根源就在于美国的霸权主义意识。他列举了在即将过去的一年中两国之间发生的主要争执，包括计划生育问题、西藏问题、向伊朗出售蚕式导弹问题以及美国国会和美国政府以西藏问题和蚕式导弹问题为由决定暂时停止审议对中国放宽技术转让的问题，当然也包括一直以来始终存在的台湾问题，父亲直言不讳地说：这些问题具有两类性质，一类是粗暴干涉中国内政，一类是蛮横地对别国进行政治讹诈。

在谈到西藏问题时，父亲不客气地质问道：美国国会作为一个正式承认中国主权领土完整的国家的官方立法机构和民意机构，竟然在滥用“人权”的幌子下支持达赖分裂中国的言论，这

“不能不令人要问究竟用心何在？”他还语带讥讽地说：远在哥伦布发现美洲之前，西藏就已经加入了中国的版图，其言外之意是，如果美国人认为西藏不属于中国的话，那么他们是否也该问问自己，要不要把美国交给印第安人？

针对美方散布的中国向伊朗出售所谓蚕式导弹的不实之辞，父亲义正辞严地予以了驳斥：“中国在两伊战争问题上严守中立，积极劝导交战双方和解的立场是众所周知的。中国从来没有直接卖武器给伊朗，近来还在采取严格措施，防止中国武器从国际军火市场流入伊朗。”而与此形成对比的是，美国政府自己倒向伊朗出售了大批武器。一个颇具反讽意味的事实是，伊朗正在用美国向其出售的“毒刺”导弹打击美国的飞机。父亲在列举了这一事实后质问道：美国为什么不先检讨一下自己的行为，反而“激烈地批评中国，并粗暴地对中国施加压力”呢？

“美国的政治家和舆论界中有一部分人确实有一种相当强烈的大国主义意识，”父亲继续阐述着自己的看法，他们“自以为垄断了天下的真理和实力，根本不考虑世界局势的变化和别国的利益，也不顾自己实力已经相当削弱的实际，还继续自命为具有可以继续称霸的实力地位，随意讹诈别人”。尤其是那些言辞傲慢的美国国会议员们，父亲认为他们总是搞错自己的角色，他说：“美国国会是美国的国会，不是主宰世界的国会，当然更不是中国的国会。无论是美国人民还是中国人民，都没有授权美国国会来管中国的事。美国是很重视法律的，美国国会干涉中国的内部事务，究竟有什么法律根据呢？”父亲语气严肃地正告美方：如果“一切只以美国利益为中心，而不理解或不愿意理解别国的合法利益，就必然会对中美关系产生消极影响”。这大概是美国人当面听到过的来自中国人的最不留情面的批评。

但父亲显然不仅仅是为了批评美国才站到这个讲台上来的，

如果说他必须站出来批评美国的话，那也是为了这样一个目的，即稳定和发展中美关系，而不是使这种关系倒退、停滞甚至遭到破坏。但是他说，要稳定和发展中美关系，“首先要从根本上解决处理两国关系的哲学问题”。这是他继 1981 年在美国国防部发表讲话以来再一次和美国人谈到哲学问题。

“要学会相互尊重。”这就是父亲所说的“哲学问题”的核心，因为这是处理一切国家关系的基础和前提。他说：“真正的友谊从来只能建立在平等对待和相互尊重对方利益的基础之上”，正因为如此，中国一向主张国家不分大小，一律平等。但父亲认为某些美国人显然不懂这个道理，这就是他们顽固地将中国视为有求于美国一方的原因所在。他对那些持有这种看法的人说：中国除了要求相互平等对待之外，从来都无求于其他任何国家。

父亲倡导建立在相互尊重基础上的相互了解。在他看来，中美之间的有些争议和问题是基于立场和利益的不同，但有些则是由于相互了解不够所致。他说：“利益不同，需要在相互谅解下加以协调；误解，应予消除；正确的批评，应予接受”，这才是中美两国在今后应该努力去做的事情。

相互尊重也包括尊重对方的社会制度。父亲再次强调，不要让意识形态的偏见影响国家关系的正常发展。他说：“一个国家选择什么样的社会制度和信仰，是这个国家人民自己的事情，外国不应干涉，否则世界就将不得安宁。”当然，这个原则不仅适用于如何对待对方国家的社会制度，也同样适用于“人权”问题。在谈到这一点时，父亲指出，不同的国家和人民对“人权”有不同的理解，正确的态度是求同存异，而不是将自己的观点强加于人。

父亲在演讲中真诚地向人们呼吁：要珍惜两国关系发展十几年来所取得的来之不易的成果，而不要去损害它、破坏它。他再次重申了这样的观点，即中美关系应该有其自身的基础和内在逻辑，不应过分受外部因素的支配。但父亲并不认为人们可以轻而易举地做到这一点，事实上，人们仍然面临着一个重要的选择："是让两国关系中的问题和争议听其自然地演变下去，还是大家都以增进相互关系为目的而本着善意来处理和解决它们并使之早日消除呢？"他以这样一个发问结束了自己的演讲。

父亲在演讲结束的当天和第二天分别接受了《华盛顿邮报》和"美国之音"记者的采访。媒体的报道显然放大了他的声音，这就如同在华盛顿投下了一枚炸弹，人们立即听到了来自美国政府官员的反对之声。当然，他们不可能对父亲的那些坦率而尖锐的言辞表示赞赏或者是对其置之不理。

美方的反应在中国引起了某些人的担忧：那些已经对中国相当不满的美国人，特别是那些不喜欢中国的国会议员们，还经得起这些逆耳之言的刺激吗？事实上，有人在事前就曾经建议父亲采用相对和缓的说法，但被他一口回绝了。他这样表明了自己的态度：除非取消这次演讲，否则我是不会修改一个字的。在父亲看来，有话直说而不是使用圆滑的外交辞令，这正是非官方外交存在的意义所在。

1988 年 1 月份，新华社的《瞭望》杂志全文刊登了演讲的内容。不难想象，这篇讲话在中国赢得了很多人的高声喝彩。但它绝不仅仅是基于民族立场和民族情感的一种表达，它同时也是对中国的外交理念以及支撑着这种理念的价值观的表达，它谈论的是国与国的相处之道，是人们追求并且希望看到它成为现实但又常常被现实破坏的理想。当然，它也是医治妨碍中美关系正常发展的痼疾的苦口良药，它是诤言，父亲的性格决定了他会扮演一个这样的直言不讳的批评者的角色。

和美国人遭到父亲严厉批评一样令人印象深刻的是，日本人也曾遭到过父亲的当头棒喝。那是在 1988 年 6 月份于香港举行的“亚洲—中国”研讨会上。当时的日本正处于战后经济增长的巅峰，全世界都对这个国家刮目相看，它不仅在经济总量上刚刚超越了苏联，成为世界上的第二大经济体，而且它正在第一大经济体美国攻城略地，大批的日本商人以高得令人咋舌的价格疯狂购买着大洋彼岸的不动产，从加州的高尔夫球场到纽约的洛克菲勒中心，全都被他们收入囊中。人们在那时听到的几乎都是关于日本经济崛起和这个国家如何赚钱的故事。但父亲不打算为日本的经济繁荣唱赞歌，他在自己所作的题为《日本的经济增长及其对亚太合作的影响》的演讲中向人们揭示了另外的事实，即亚太地区的其他国家为日本的经济繁荣付出了怎样的代价以及这种繁荣是如何助长了日本国内的经济民族利己主义和极端民族主义倾向的。

父亲在演讲一开始就明确表示，他丝毫也不否认日本的经济增长为亚太地区的发展提供了众多机会，但他同时也认为，在这些机会的背后显然还存在着一些妨碍该地区经济增长及合作的消极因素。他说：这些因素不仅从来没有消失过，而且从 80 年代中期以来还有所增强，其表现就是日本同该地区其他国家之间的经济摩擦与日俱增。

最严重同时也最频繁的摩擦发生在贸易领域。父亲认为，导致贸易摩擦加剧的根本原因在于日本长期以来所奉行的“以出口求生存”的发展战略，这种战略在使日本享有长期的、结构性的贸易盈余之余，也给本地区的其他成员带来了一系列不良后果，比如使后者的对日贸易处于连年逆差的状况，这使这些国家在不得不承受由此带来的巨大损害的同时，还要遭受由日本日益增多的贸易盈余所引起的美国肆意的贸易保护主义的威胁。不过最为严重的影响是，60 年代以来使该地区的贸易得以快速增长的模式，具体地说就是其他国家从日本获得零部件以及必需的资金和专业知识，在当地完成产品组装后将其销售到美国，最后再将部分利润返还日本的循环通道，正处于堵塞甚至完全停滞的危险之中，这无疑将加剧该地区经济的不稳定性。但是父亲说，他看不出日本打算为此承担什么责任，因为日本既不想也不可能成为美国的替代市场。

另一类值得人们警惕的摩擦与资金流向有关。父亲指出：由于日本一心一意追求更高的利润，始终沉溺于金钱游戏，因此造成了资金流向上的严重失衡，其突出表现就是“重美轻亚”和“重富轻贫”。父亲向人们披露了一组数据：从 80 年代初期以来，日本每年剩余资金的一半左右都流入了美国，这种不妥当的比例使日本对美国的投资占到了其海外投资的三分之二以上。显而易见，日本的所作所为加剧了富国对穷国在资金上的“抽血”效应，其结果只能是使原本就缺乏资金的穷国陷入资金更为短缺的困境。父亲在演讲中还对日本政府提出了批评，他认为后者并没有通过采取加大对穷国援助力度的方式来平衡日本的“抽血”行为所导致的不良后果，他说：日本官方发展援助的增长率，同日本的经济地位是不相称的。

日本和其他亚洲国家之间在技术转让方面存在的由来已久的摩擦，是妨碍该地区经济增长及合作的另一大消极因素。父亲在演讲中指出：多年以来，日本对发展中国家转让的技术项目大部分都是过时的或者很快就要淘汰的。他说：尽管日本一直试图以防止所谓产业“空心化”或遵守巴黎统筹委员会的有关规定为自己的行为寻找借口，但某些日本人的公开言论却道出了真相，即日本从没打算把先进或核心的技术转让给其他国家，因为日本要确保自己在技术上永远比发展中国家领先 10 年到 20 年。

父亲表示，他已经注意到日本正在采取一些临时性的措施缓和上述摩擦，但是他说：仅仅“抚平面部皱纹”是不够的，日本需要的是“彻底的外科手术或思想上的改弦易辙”，因为导致这些摩擦的根源深植于日本的基本政策思想及整个经济结构中，其核心就是“民族利己主义”，或者说是“以自我为中心的经济民族主义”，而日本近年来的经济繁荣显然助长了这种思潮。父亲进一步指出：日本并没有将自己和亚洲其他国家的关系视为平等互利的关系，而是抱着根深蒂固的、带有侮辱性的“恩赐观点”和优越感，将其视为“一方乞求而另一方施舍”的关系。父亲认为某些日本人一个时期以来发表的狂妄言论再清楚不过地表露了这种心态，这些人“放肆地谈论日本对于中国和东盟国家的经济发展是‘不可或缺’的”，有人甚至把亚洲国家称为“一堆垃圾”或“填不满的穷坑”，而把日本描述为在“光荣的孤立中”“高耸入云的摩天大楼”。父亲不客气地批评道：这些人倾向于无视这样一个基本事实，即“日本今天的‘经济奇迹’在相当大程度上是靠亚太发展中国家创造的”，而且“日本在这些年里从亚洲得到的远远超过日本对于这一广袤地区的贡献”。

父亲特别提醒人们注意，日本对其他亚洲国家的错误态度不仅体现在经济上，而且正在演变为某种值得警惕的政治倾向。父亲将其概括为“极端的民族主义思想倾向”。他在演讲中列举了大量事实，证明这种倾向正在令人不安地滋长着，比如日本的右翼极端分子正试图通过包括修改历史教科书在内的各种方式，为日本军国主义发动的侵略战争翻案，而与此同时，日本政府也宣布提高日本防卫费占国民生产总值的上限，并且扩大了日本的海上防卫半径，其目的就在于逐步突破日本防卫政策的禁区。不仅如此，日本的对外态度也日益表现出某种骄横，有些日本官员甚至企图以经济援助作为对其他国家施加政治压力的手段。

鉴于以上种种问题，父亲郑重地提醒日本，现在是“再次评估其历史经验，从中得出有益教训的时候了”。父亲希望日本能真诚地奉行以真正相互依存为基础的“国际协调”以及同其他亚洲国家共同繁荣为目的的政策，放弃民族利己主义和以自我为中心的经济民族主义，并且摒弃一切形式的“脱亚入西方”的想法，通过实际有效的方法进行产业和贸易结构的转型，即从目前的“摩擦型”转变为以平等互利为基础的“贡献型”。父亲指出：日本应该真正认识到，这种转变肯定不是一种慈善，也不是牺牲日本民族利益的事情，而是符合日本本身的长远利益和其他亚太国家的利益的。

香港媒体纷纷以“抨击日阀”“语惊四座”等字眼来形容父亲的演讲，但即使是日本人——包括当时在座的日本前外相大来佐武郎——也不得不承认，父亲的那些“语惊四座”的言辞正像他自己所说的，是“坦率的、诚挚的和出自内心深处的”，它们不仅是对日本的当头棒喝，更是对包括日本在内的整个亚洲地区的长远利益的表达和捍卫。

父亲的学术造诣及其影响为他赢得了广泛的国际声誉。他是摩洛哥皇家科学院的联络院士、英国格拉斯哥大学的荣誉法学博士以及英国伦敦经济和政治学院荣誉委员会的荣誉研究员。此外，他还拥有联合国发展规划委员会委员、各国议会联盟执行委员、亚太经济合作委员会中国委员会会长等诸多头衔。

父亲每年都会接到大量邀请。他总是喜欢一个人上路。去欧洲时，他经常需要在瑞士转机。“我曾经问过宦老，你这么大年纪了，怎么不多带一个人？结果宦老回答我说，多一个人就多一份开销。”前后三次接待过父亲的中国驻瑞士使馆代办刘耕园回忆说，“我请他来使馆住，他也说不，他说我住使馆，上上下下都忙，不方便。我说那你住哪儿？他问：机场附近有没有地方？我说有民航办事处。他说：那就去那儿！又节省，上飞机又方便。我就陪着他住民航办事处，吃饭吃的是榨菜、炸酱面、罐头和袋装冰激凌。像宦老那个级别的人，一个人在国外旅行，而且在生活上如此节俭，据我所知，没有先例。”

在各种各样的国际讲坛上，除了直言不讳，父亲的全球视野以及前瞻性、战略性和建设性思维同样令人印象深刻。

当大多数人还只盯着像日本那样的经济崛起的少数国家而对整个亚太地区的作用不怎么在意时，父亲就已经准确预见到了该地区将成为世界上最重要的战略区域之一。早在 20 世纪 80 年代初，他就开始在各种有关的国际场合反复告诉人们：“具有丰富多彩的古老文化传统而又恢复了青春活力的亚洲—太平洋的前途是不可限量的。”他希望人们，尤其是希望亚太国家自身能充分意识到这种前景并真正理解其含义，“从而信心百倍地去为建设一个新的亚洲和太平洋而奋斗”。他呼吁亚太国家通过持久而真诚的合作来消除包括霸权主义在内的各种威胁以及解决这一地区面临的各种问题，而不是像当时某些国家所做的那样乞灵于一种“廉价的解决办法”，即通过互相牵制或者是“赎买”等手段来达到各自的目的。他说：任何牵制或“赎买”，“不论是来自哪一个超级大国，还是来自本应是友好国家的一时失策，大概都不会使结果有什么不同”，而真诚的合作则有可能创造一个美好的未来，即“在亚洲—太平洋的广大地区，建立起一个无论在‘南北关系’还是‘南南关系’上都堪称楷模的新的国际经济秩序”。

不过，建立“南北关系”和“南南关系”都更加和谐的国际经济新秩序不仅是父亲对亚太地区未来前景的期望，也是他对整个世界未来格局的憧憬。正因为如此，他也是“南北对话”的积极倡导者。特别是在 20 世纪 80 年代前中期，当南北双方都在努力寻找摆脱开始于 1979 年下半年的新一轮全球性经济危机的出路时，呼吁“南北对话”成了父亲在国际讲台上和人们谈论的主要话题，他希望人们能尽早达成这样的共识，即人们只能从改善南北关系中找到摆脱危机的真正出路，因此，南北双方比以往任何时候都更加需要加强彼此之间的对话，而不是使相互之间的关系继续恶化下去。他提醒人们注意这次危机中出现的一个引人注意的新现象，即发达国家开始为发展中国家的经济衰退感到担忧，而不是像以往那样反担忧。父亲指出：这种现象说明了一个事实，那就是经过战后三十多年的发展，世界经济已经一体化了，这意味着任何国家——也包括经济实力最强大的国家——都不再可能仅凭一己之力来应对危机。因此，唯一可能同时也是唯一正确的选择，就是从世界经济的全局着眼，从缓和南北矛盾着眼，南北双方在平等互利的基础上相互协商，共同合作，而任何以邻为壑、损人利己或向外转嫁矛盾和困难的做法，都只能使危机更加深重。

当然，父亲更是"南南合作"的积极推动者。他认为这种合作不仅能够加快发展中国家自身的经济发展速度，同时也是推进南北合作的重要方式。他说：现存的国际经济秩序是在经济实力的基础上形成的，要想改变它，首先就要靠经济实力。他建议发展中国家把发展和壮大自己的经济实力摆在首位，通过加强彼此之间的经济合作，逐渐创造更加有利于自身经济发展的国际环境。父亲鼓励人们通过一点一滴的、循序渐进的努力来推动南北关系的改善和国际经济新秩序的建立，因为这一进程不可能一蹴而就。他提醒人们千万不要忽视寻求在诸如粮食、贸易、发展援助以及货币金融等领域内解决一两个具体问题之类的成果，因为这本身就是在改善南北经济关系，而国际经济新秩序的建立，同样也是这样一个在一定的历史时期内通过不断解决具体问题来不断积累和扩大具体成果的过程。

对全球发展问题的高度关注，也使父亲成为一位活跃在国际裁军领域的中国学者。他在讲台上大声疾呼："为了人类的生存与发展，世界必须实现裁军。"他说："千百年来，人类为了自身的生存与发展已经做出了不懈的努力，但是人类所取得的成就远远不能慰藉国际社会对于仍然存在的严重的贫困落后状况以及社会经济发展的极不平衡状态的焦虑。"父亲指出：尽管导致这种状况的原因极其复杂，但战火的破坏以及军备竞赛和由此带来的巨大浪费，无疑是使世界贫困的重要原因之一。不仅如此，它同时也是使发达国家背上沉重的债务负担的重要原因之一。父亲以美国为例说：军备竞赛已经将这个世界上的第一强国变成了世界上最大的债务国，它不仅使这个国家的财政赤字居高不下，而且还在削弱着它的经济竞争力。父亲驳斥了所谓发展军备也可以对经济发展有所贡献的观点，他提醒人们在看待这个问题时不要本末倒置："如果说军费开支可能对经济增长产生一些刺激作用的话，其代价也是非常高昂的，因为它首先是以牺牲民用经济的发展为代价的。"他呼吁人们摒弃传统的以军事力量的强弱来衡量国家实力大小的观念，他预言这种观念在21世纪将会成为历史。他为人们描绘了这样一幅美好的景象：在可以预见的将来，"使得一国得以立足于世界民族之林的，不是它在多大程度上能够以武力威慑邻邦或称雄世界，而是高速度、高质量地发展本国经济，吸收一切民族与国家的先进事物，使本国成为一个更富足、更平等、更民主的社会。"

显而易见，这是一些富有个人色彩的经历。这与父亲的特质有关，他既是一位令人信服的国际问题专家，同时又具有职业外交官的丰富经验。这两者的结合，使他的所作所为远远超出了任何一个单一角色的一般范畴。作为兼具外交官禀赋的学者，他往往能为人们解决现实的外交问题提供可行之策或重要的启发，但更为重要的是，他把自己的活跃的学术活动变成了表达中国立场、表达中国对一系列重大国际问题的看法以及它们背后的价值观的重要方式。在他的足迹所到之处，特别是在一些关键时刻，他是一个能够与世界成功对话并且通过这种对话为自己的国家赢得广泛尊重的人。在他那个年代，或者说对中国那一时期的外交而言，这是一种独特的、开创性的贡献。而这些经历，也确立了父亲个人作为中国当时为数不多的具有国际影响力的国际问题专家的地位。

国家智囊：瞭望者和建言人

1981 年 8 月，或者说在中国社会科学院国际学科片成立四个月之后，父亲接受了一项新使命——筹建国务院国际问题研究中心。这将是一个直接为中国最高决策层提供咨询的前所未有的智库型机构。在父亲的构想中，这个机构的主要职责是提供包括对国际局势、国际关系、重要地区问题、重要国家的重大变化及其发展趋势等在内的各种问题的预见性判断以及相关的外交战略、外交政策建议，此外，它还将搜集和分析外界对中国对外政策的反应以及为中国自身的现代化建设提供外部参考。一年后，也就是 1982 年 9 月，这个颇为引人注目的新机构出现在人们的视野中。父亲被任命为这个中心的总干事，并且开始列席中央外事工作领导小组的日常工作会议。那一年他 73 岁，他开始步入自己一生事业的顶峰。

外电对这个机构的出现表现出了浓厚的兴趣。或许某些西方媒体的看法可以解释其中的原因——这个研究中心被认为是“中国政府的对外政策思想库”。这折射出了一个重要事实，即中国作为一个正在通过实施改革开放政策来提升自身实力和国际影响力的大国，其对外政策本身越来越受到国际社会的高度关注。特别是1982年，那一年9月份召开的中国共产党第十二次全国代表大会对中国的对外政策做出了新的阐释，重新强调独立自主而不是重申此前实行的联美反苏的“一条线”“一大片”战略成为最引人关注的变化。“中国决不依附于任何大国或国家集团，决不屈服于任何大国的压力。”人们在十二大的政治报告中看到了这样的内容。报告还说：中国“有长远的、全局的战略依据，决不迁就一时的事变，不受任何人的唆使和挑动”。当然，报告中还包含着其他一些更为敏感的内容，尤其是在谈到中苏关系时，报告这样说：“如果苏联当局确有诚意改善同中国的关系，并采取实际步骤解除对我国的安全威胁，中苏两国关系就有走向正常化的可能。”而如果人们把这段话和中央军委主席邓小平在向大会所致开幕辞中的另一段话放到一起来分析的话，其含义就更加耐人寻味了，那段话说：任何外国都“不要指望中国会吞下损害我国利益的苦果”。当然，没有哪个国家被点名，但是人们都记得，在过去两年间，邓小平曾经在很多场合像这样告诫过美国人。这是否意味着在中国未来的外交天平上代表美国和苏联的砝码分量将有所改变？尼克松和基辛格以令人惊讶的速度出现在了北京，这两个一向被中国人视为“老朋友”的前政要显然是来摸底的，因为美方急于了解中国调整外交战略的举动究竟会在多大程度上引起国际政治板块的变化。

父亲是这次对外政策调整的最早同时也是最重要的建言人之一。在国务院国际问题研究中心于中共十二大开幕当天出版的第一期内部简报上，人们可以看到父亲在1982年2月份提交给最高决策层的一份报告——《关于调整我国对外政策的一些设想》，他在报告的一开始就这样写道：中国在“外交上必须强调独立自主，既要坚持原则又要机动灵活，不能把自己限制得太死，丧失回旋余地”。“适当拉开同美国的距离”以及在对苏关系的具体问题上“采取更加灵活的做法”是这份报告的核心内容，而这恰恰是十二大所表明的中国对外政策调整的要旨以及中国此后在外交战略棋局中走出的最为关键的两步棋。

然而当父亲在 2 月份提交这份报告时，他的观点在外交决策系统内部引发了激烈的争论，甚至遭到了大多数人的反对。联美反苏的“一条线”“一大片”战略真的已经不适应当下的国际形势以及中国的外交需要了吗？人们对这个问题的判断显然分歧很大。

超级大国间的力量对比变化及其竞争态势总是影响其他国家制定外交战略的主要因素之一。如果说，苏联实力的快速跃升及其对中国国家安全构成的巨大威胁是中国在 20 世纪 70 年代初放弃既反美又反苏的“两个拳头打人”战略并转而实行“一条线”“一大片”战略的前提的话，那么到了 80 年代初，这种前提本身已经发生了变化。父亲在他的报告中分析道：里根政府所实行的以赢得军事优势为突出特征的对苏政策正在扭转 70 年代以来“苏攻美守”的战略态势，事实上，双方之间已经形成了一种“紧张平衡”的态势，父亲将这种态势描述为“双方都不享有特别的军事优势，又都缺乏充分的行动自由”。父亲认为，在这种态势下，苏联既不敢也不能对中国动手，也就是说，这种态势导致了苏联对中国安全威胁的下降而不是增长，因此，不必担心适当拉开同美国的距离会使中国面临更大的安全风险。父亲甚至认为，尽管苏联仍然是中国的主要威胁，但它在战略上并没有将中国视为第一对手，事实上，它还很有可能试图拉拢中国，以便集中力量与美国抗衡。

不过在 1982 年 2 月人们很难接受这样的观点，因为自 1978 年 12 月苏联支持越南武装入侵柬埔寨之后，特别是在 1979 年 12

月又出兵对阿富汗实行全面军事占领之后，这个咄咄逼人的北方邻居已经对中国形成了南、北、西三面合围之势，难道中国所面临的安全形势还能比这更严峻吗？但是到了 3 月份，人们的看法就开始渐渐改变了，因为苏联最高苏维埃主席团主席勃列日涅夫在这个月的 24 日于塔什干发表了一个出人意料的讲话，尽管他照常攻击了中国政府，但他同时也表示，苏联愿意在任何时候继续就边界问题与中国进行谈判，并且讨论加强中苏边界地区“相互信任”的可能措施。不仅如此，他还表示苏联愿意与中国商定“双方都可以接受的”改善苏中关系——包括经济、科学、文化和政治关系——的其他措施。全世界都感到了这个讲话的非同寻常。敏感的美国媒体立刻评论道：这是“自中苏两国存在边界争端，特别是 1969 年中苏边界战争以来最明显的和解姿态”。这个评论一点都不夸张，勃列日涅夫的塔什干讲话的确成了不久后开始的中苏关系解冻过程的起点。

然而美苏之间的力量对比变化并不是父亲建议适当拉开对美距离的唯一理由，事实上，他还注意到了一些更为深刻的变化。他在自己的报告中提醒人们，在 20 世纪 70 年代形成的总的世界战略格局的框架下，包括美苏在内但远不止是它们的各种力量对比及其相互关系都在发生着重要的改变：西欧各国正在努力将自己发展成为能够与美苏抗衡的第三种力量，发展中国家的整体实力和影响力在迅速增长，而且其反霸情绪不断高涨，苏联在世界上更加孤立，西欧、日本同美国之间的矛盾则日趋尖锐……父亲认为所有这些动向都预示着一种新趋势的出现，即第二次世界大战以来形成的两极化格局正在被削弱，世界正在朝着多极化的方向发展。

“在这种错综复杂的情况下，不宜再多强调反苏霸的统一战线和‘一条线’的战略部署。”父亲在报告中这样建议道。他说：

尽管这一战略曾经给中国带来了巨大的外交成功，但在新的形势下，“以苏划线”或“以美划线”的做法正在让中国外交失去主动性和灵活性，尤其是在处理同第三世界国家的关系时，这种做法已经让中国失去了一些朋友，如果不及时进行政策调整的话，中国还将付出更多不必要的外交代价。

但有人担心拉开与美国的距离会让中国付出另外的代价，比如中美关系的倒退，特别是在中美双方正为售台武器问题进行艰难谈判的时候。然而在父亲看来，中美关系即使出现倒退也不会比让美国始终陷在“中国单方面有求于美国”的错觉中更糟，因为这不仅不能使双方将彼此的关系真正建立在相互尊重和平等互利的基础上，而且中国也无法从中获得应有的战略利益。父亲在报告中提醒人们，即使不拉开与美国的距离，中国也要做好双边关系倒退的准备，因为在涉及售台武器这一事关中方核心利益的问题上，中美双方都没有什么回旋余地。他认为美方打算为保持中美战略合作关系付出的代价中并不包括在台湾问题上做出真正的让步，因此，双方之间正在进行的售台武器谈判的最好前景不外乎“用文字手段绕过实质问题的暗礁”，从而“达到一项暂时的妥协”。但万一绕不过“暗礁”，双方就只有违反本意，对双边关系做冷却甚至是降格处理。当然，这是任何一方都不希望看到的结果。不过更重要的是，父亲认为如果双方能转而拓展那些可以实现双赢的领域，比如积极寻求发展更为广泛的利益关系——这些关系包括多方面的经济合作以及开展科技、学术、教育、旅游等方面的民间交往——而不是使双边关系继续囿于对抗苏联威胁的窠臼之中的话，适当拉开对美距离不仅不会导致双边关系的倒退，反而有可能开辟中美关系的新局面。和适当拉开对美距离一样，这些旨在推动中美关系全面发展的建议同样是父亲所说的调整对外政策的重要内容。

那么，中国自身的力量是否已经强大到足以成为大三角关系中的独立的一极？这也是一个让大多数人颇为质疑的问题。是的，中国在经济上和军事上还不够强大，在国际事务中还不是举足轻重的力量，但是中国的“地理位置重要，潜力不小，在国际上有重大影响，在东亚大陆是地区性政治、军事强国”，父亲这样论述了中国的优势。此外，他认为美苏之间的“紧张平衡”态势和世界多极化趋势的出现，也在客观上加强了中国的地位和平衡能力，并且使中国拥有了更大的回旋余地。父亲这样分析道：争取让中国站在自己一边，对今后的苏联和美国来说，都是需要更加认真对待的问题。对苏联而言，它将采取的新策略是“拉拢”中国，并设法“离间”中国与美国的关系，以达到集中力量对付美国的目的。美国尽管在台湾问题上与中国有着不可调和的矛盾，但它绝不愿意看到苏联的想法得逞，所以保持而不是削弱与中国的战略关系将是其对华政策的主基调。而正在成为国际关系中一支重要力量的西欧本来就与中国没有重大的利害冲突，它们不仅在反霸战略上希望借重中国的力量，并且比以往任何时候都更加热衷于发展同中国的经济关系。至于第三世界国家则一向是中国的老朋友，它们今后在许多问题上还将继续希望得到中国的支持。“这些都是我们在国际关系中的有利条件，运用得好，就可以使我们取得外交上的最大限度的主动权。”父亲在他的报告中说：是的，中国现在需要韬光养晦，但“对自己的力量估计不足”才是目前情况下更应该防止的倾向。他以“秤砣虽小压千斤”这样的比喻描述了中国应该发挥的作用，他说，只要中国始终保持基本立场的坚定性和政策的灵活性，善于“借用和集合”国际上的各种力量，就完全有可能为自身的现代化建设赢得一个有利的国际环境。

父亲的这份报告显然有助于人们了解中国对外政策调整的背

景和含义。后来的事实证明，以十二大为起点的中国对外政策的调整无疑是成功的。但让人们没想到的是，中国“四两拨千斤”的作用几乎立刻就显现出来了：当苏联副外长伊利切夫于10月初出现在北京时——他与中国副外长钱其琛进行了长达半个月的政治磋商，美方马上就意识到中国“对美国的失望之情可能导致北京开始斟酌和苏联和解的利弊得失”，于是，新任国务卿乔治·普拉特·舒尔茨也迫不及待地在1983年2月份访问中国。这两次访问的意义非同寻常，如果说伊利切夫的北京之行预示了中苏之间准备结束对抗转而开始对话的话，那么舒尔茨在访华结束时发表的一个讲话中也透露出了同等重要的信息，他说：今后两国“关系的基础”是中美之间的“直接接触”和“利益”，这种利益不仅仅是指“在苏联做什么或不做什么上的利益”，还包括“许多两国及国际上都关心的问题上的利益”。这正是美国在此后实行的“新现实主义”对华政策的基本内涵。中美双方的政策调整很快就让人们看到了令人鼓舞的局面，中美关系不仅没有倒退，反而进入了全面发展的新时期。

大力加强对第三世界的工作以及进一步发展同第二世界的关系也是父亲在报告中谈到的重要问题，它们和适当拉开对美距离以及采取更加灵活的对苏策略共同构成了关于中国对外政策调整的完整内涵。当然不仅如此，父亲还力图提供新形势下中国应该实行的外交政策的总体设想。他在1983年1月份提交了另一份重要报告——《关于调整对苏关系和加强对美、日、西欧工作的意见》，它可以被视为1982年2月份提交的那份报告的姊妹篇，这两份报告为后来日臻成熟的独立自主的和平外交政策贡献了一系列重要的观点。

强调和平将是未来国际局势的主导因素，这是父亲两份报告中与“适当拉开对美距离”这一建议同样令人印象深刻的内容。

他第一次把这一判断写进报告是在1977年。从那以后的五年来，他在各种有关的报告中不断重申自己的观点，尽管他的观点直到十二大召开时都没有被人们特别是被最高决策层接受。然而五年来国际形势的发展让父亲对自己的判断更加深信不疑，这就是他不仅在十二大召开之前，而且在十二大召开之后提交的报告中继续执着并且大篇幅地反复论述这个问题的原因所在。

父亲在他的报告中这样分析道：不断扩充军备和全球势力范围的行径，在让美苏两个超级大国看上去不可一世的同时，也极大地消耗了它们自身的资源和能量，并且让各种各样的牵制因素空前增多。除了各自集团内部的矛盾日趋尖锐之外，它们目前都要面对的最大的麻烦，就是如何阻止本国经济被拖入更大的困境。诸如此类的因素只会不断削弱美苏两国控制各自盟国和驾驭战争的能力，因而战争对它们来说正在变成一种无法承受的重负。父亲认为这种情况在可以预见的将来都不会改变，因此几乎可以肯定地说，美苏两国在今后一个较长时期内，都不得不把自己的主要精力用于解决它们各自的内部问题。虽然不排除它们通过发动侵略战争来转移内部矛盾的可能性，但事实上这种可能性是"极小的"。即使是在它们争夺最为激烈的中近东地区，在今后的五至十年内，人们也不大可能看到比以往的阿以战争规模更大的武装冲突。"中东这个火药库一下子还不会爆炸"，至于世界其他热点地区的形势，也没有紧迫到"足以引起大战的程度"，这就是父亲对未来一个较长时期内世界将会继续保持和平还是会爆发大规模战争这一问题做出的基本判断。他认为中国不可继续过高估计战争的危险，当然更不应该立足早打和大打，因为这有可能导致国际社会对中国的和平外交政策产生某种怀疑——由于中国多年来高调谈论战争威胁，一部分国家已经误以为中国"主张扩军备战"，不过比这大得多的代价是，中国将因此错失宝贵的和平发展良机。

除了上述重大建议和重要观点之外，人们在父亲的报告中还能看到一系列令人印象深刻的见解和表述。在谈到中国制定对外政策的基点时，他这样说：中国“在国际上的主要任务就是维护和平，争取和创造有利于我国发展的条件”。在谈到应该如何处理中美之间的错综复杂的利益关系时，他这样建议道：“在政治上，要本着独立自主精神处理一切问题”，但在经济上则应该按照国际惯例正常往来，并且尽量“把政治和经济分开”。而在阐述中国独立自主外交政策的具体内涵时，父亲这样概括道：中国不在美苏之间搞“等距离外交”或“游离”于它们之间。“无论对美对苏，都应坚持既坚决反霸，又积极对话的方针。”中国“要从事情的是非曲直，牵涉到的本国利益的轻重，以及对世界和平的利益等方面，实事求是地处理一切重大国际问题”。

这些建议、观点和表述，共同构成了父亲对中国新时期外交政策的总体设想。在20世纪80年代初，或者说当中国正站在新一轮对外政策调整的起点上时，这些独到而富有预见性的设想的价值是毋庸置疑的。

“文革”期间分赴各地的我们陆陆续续回到北京，报房胡同的家里渐渐地热闹起来。

大姐的女儿已经上中学了，她每天都要到姥姥姥爷的家里吃午饭。家里的午餐一如既往地简单，差不多总是一锅面条。父亲只要有一点辣椒就行，但小孩子却觉得难以忍受。没过多久，大姐的女儿就开始不停地抱怨伙食太差。然而，一向勤俭持家的母亲鲜有其他的安排，每天中午端出来的照例是面条。

相比之下，反倒是父亲总忘不了改善家里的伙食。他那时每天步行回家，路过商店时，总要买些大家都喜欢吃的素什锦或是其他小菜丰富我们的晚餐。晚上一家人在一起看电视时，还经常有他买回来的零食供应。

在一个多子女家庭中，难免有某个孩子会被父母有所忽略。二姐曾经一直以为，她就是那个孩子，因为她和父母在一起生活的时间比其他兄弟姐妹短得多。二姐在 1964 年就去了新疆生产建设兵团，并且在那里一直工作了 14 年。1979 年回北京后，因为要参加业务职称评定，她写了一篇有关情报检索的论文。“当我鼓足勇气请父亲为我的论文提出修改意见时，我是准备好了被拒绝的，因为我看到父亲太忙，觉得他不一定会顾得上我这件事。”自认为父亲一向不太关心自己的二姐当时这样想。但父亲的反应却让她颇感意外：“没想到父亲很高兴地答应了，他逐字逐句地阅读我的文章，并且提出了详尽的修改意见。他还鼓励我说：写得不错！”二姐以前一直觉得和父亲在一起时没什么话说，但是从那以后，她和父亲之间的交流越来越多，直到她深信，她和所有的兄弟姐妹一样，始终都是父母心中的最爱。

曾经让叔父担心不已的小儿子宦国仓那段时间也经常出现在报房胡同的家里。1978 年恢复高考时，他以优异的成绩考入了中国社会科学院，成为该院招收的第一批研究生。只要一见到父亲，他就会滔滔不绝地谈论他对中国改革开放问题的看法。“我也不管他是否认同我的想法，反正自己怎么想的就怎么说。”宦国仓谈到当时的情景时这样说，“现在回想起来，我那时的很多看法都不免偏颇，常常是批判性的东西多，建设性的东西少，务虚的东西多，务实的东西少。伯父有时也会谈谈自己的看法，但更多的时候是鼓励我的思考。”研究生毕业后，宦国仓考入美国普林斯顿大学国际政治经济专业继续深造。父亲对此由衷地高兴，并且对他说：“你的路费我来出！”

当我们有了各自的小家后，陆陆续续地搬了出去，报房胡同的家又渐渐地清静下来。但是每逢周末或节假日，我们一定会从各自的小家回到报房胡同参加家庭大聚会。只要不是出国或有紧急工作，父亲从来都不缺席。在这样的日子里，我们家里也不会有其他的送往迎来，那是只属于我们家人的共享天伦之乐的时刻。

父亲此时已经孙辈绕膝了。一大群孙子、孙女、外孙子、外孙女不停地在房间里追来打去，家里总是沸反盈天。但是父亲从来都不厌烦孩子们的闹闹哄哄，相反，他还非常享受这样的时刻。他会津津有味地和孩子们一起画画，一起看动画片。直到现在，我们的眼前还总是会浮现出父亲和孙辈们一起看动画片的情景。他和他们并排坐在沙发上，一样地全神贯注。他们的脸上变换着相同的表情，要么都紧张得要命，要么突然间同时忘情地大笑。每当这种时候，我们的心里都会充满感动，因为我们觉得我们看到了父亲的心，那颗心就像孩子的心一样天真和纯净。

和天底下的大多数祖父一样，父亲对孙辈的疼爱更甚于我们。有时在我们看来，甚至觉得他有骄纵孙辈之嫌。小弟弟的儿子宦锐是所有孙辈中唯一一个始终住在爷爷奶奶家的孩子。他曾经用“宠爱”一词形容爷爷对他的态度。晚上父亲坐在沙发上看电视时，他会一下子跳到父亲的腿上，然后用一根绳子揽住他的脖子把他当马骑。小弟弟看不过去，每每会对儿子严加训斥，但是父亲却从来都乐得哈哈大笑，他边笑还边对小弟弟说“不要训，不要训”。“我和爷爷奶奶在一起住了十多年，直到他们过世，”宦锐说，“我那时调皮捣蛋是出了名的，但在这十多年里，我记得爷爷只严厉地批评过我两次，一次是我学了一句骂人话让他听到了，一次是我和小朋友在房间里玩火险些酿成火灾。但他对我最严厉的惩罚也就是罚站。”不过宦锐后来认为，不能简单地用“宠爱”一词来形容爷爷对他的态度：“因为除了爱，爷爷也不愿意去压抑一个孩子的天性，就像他对待其他人和事情一样，他更愿意顺其自然，这其实是一种包容和豁达的人生态度。”

让国际问题研究中心成为一个从事真正意义上的客观、独立、创新和前瞻性研究的机构是父亲的一大心愿。“就像兰德公司那样。”在和同事们谈及这个问题时父亲曾经这样说。在他看来，对刚刚成立的国际问题研究中心而言，兰德公司在很多方面都可以被视为一个有参照意义的范本，比如努力保持机构研究的自主性，长期专注于战略性、预测性和长远性研究，当然也包括它在具体研究方向选择上的令人称道的眼光等。但即使是在研究中心内部也没人看好他的想法。一些和他非常亲近的同事劝他最好打消这个念头，因为他们认为这样的想法根本不现实。不过父亲并不打算向人们所说的“现实”——也包括决策体制的落后——妥协，他认为那恰恰是需要加以改变的。“中国在决策方面的问题是民主程度和科学程度的双重不足。”他在很多场合都这样说，他对此毫不讳言。他鼓励学者们拿出他们的学术勇气和智慧，他说：中国真正需要的不是那种仅仅为政府政策的合理性或合法性提供理论支持或者是对其做出解释的所谓的研究，中国需要的是能够发现新问题并且为解决新问题提供对策建议的研究。

对准备“摸着石头过河”的中国来说，摆在面前的新问题显然很多。如果说，改革开放让中国这艘大船驶入了一片陌生的水域的话，那么父亲就像是一位站在高高的桅杆上的不知疲倦的瞭望者，随时都在观察和报告着前方航道上出现的各种情况。他的过人的洞察力，使他在与国际问题有关的以及更广泛的政策领域成为一位贡献卓著的研究者和建言人。

为制定国家中长期经济建设规划以及重大建设项目投资进

行国际环境评估，是父亲和研究中心所从事的一项重要研究。然而，当父亲在 1983 年倡导开展这项研究时，绝大多数人还没有意识到进行这类评估的必要性。事实上，直到 20 世纪 80 年代中期，在对重大建设项目进行可行性论证时，完全不考虑国际环境因素影响的情况相当普遍。

父亲成了一位积极的呼吁者，他启发人们在更深刻的意义上理解对外开放的内涵。他说：对外开放并不仅仅是人们一般理解的对国外资本、技术、知识的开放以及同其他国家之间的相互合作，对外开放在本质上是参与国际分工体系的合作与竞争，因此，国际分工的现状，特别是其发展趋势，对中国经济建设方针的制定以及产业规模和产业结构的调整具有至关重要的影响。1983 年 7 月，他在一份题为《回升开始后的世界经济政治形势同我国的“四化”建设》的报告中详细阐释了他对这一问题的看法。他说：第二次世界大战以来“西方最严重、最持久、最深刻的一次世界性经济危机已经到了谷底”，在未来的三四年内，西方经济将逐步回升、复苏，并出现一定程度的高涨，而伴随着这一过程，西方发达国家将减少自身的劳动密集型传统工业或者是将其向发展中国家转移，并对其拥有的资本密集型工业进行新一轮技术革新和技术改造，同时积极建立和发展知识密集型的新兴工业，这就是国际分工体系的新动向。不仅如此，人们很快就能看到由这一新动向所带来的传导效应，即新兴的半工业化国家也将沿着同样的路线调整自身的产业结构和国际分工结构。中国能置身于这种分工体系及其调整之外吗？显然不能，事实上恰恰相反，因为实行对外开放政策本身就意味着中国已经“自觉地”同时也“更深入地”卷入了其中。

父亲的看法遭到了某些人的反对，但反对的理由却来自政治方面，因为谈论国际分工体系和中国经济建设之间的关系的前提是承认世界只有一个市场，而不是存在着社会主义和资本主义“两个平行市场”，并且这个市场还是由资本主义主导的。日本横滨市立大学的和子茂利教授对父亲的这一看法给予了高度评价，他在一篇题为《中国进入世界体系》的文章中这样写道：“中国著名学者宦乡否定了斯大林的‘两个世界市场’论，认为从全球角度看，实际是一个由资本主义占统治地位的完整市场，中国也是其中一部分，这成为中国重新认识资本主义的转折点。”然而在当时那些思想僵化的人看来，指出“世界上只有一个市场”不仅不是父亲的学术贡献，反而成了他的一个“罪名”，就像他们所指责的那样：这是公然鼓吹西方资本主义的论调。

不过更多的人赞同父亲的观点，其中也包括中央和国务院的决策层，这使父亲得以在 1985 年初组成了一个有近 80 位专家学者参加的阵容强大的研究团队，开始对中国“七五”计划（1986~1990）期间的国际政治、经济形势进行全面的预测性评估。这成为当时的一个轰动性事件。不论是这一前所未有的研究本身，还是其研究规模、研究者的知名度以及最终的研究成果，都令人们充满了好奇、兴趣和期待。

1985 年 11 月，父亲和由他牵头的研究团队共同完成了一份题为《“七五”计划期间国际政治经济形势预测——简要总结和政策建议》的长达三万字的报告。那是一份令人印象深刻的报告，它向人们完整地描述了未来五年国际环境的主要特征及其发展变化趋势，而在这之前，还没有哪个研究者或者研究机构做出过类似的尝试。

世界经济和政治多元化的趋势将继续发展，因而这一趋势和恢复两极化倾向之间的斗争将成为国际形势发展中的一个基本特征，但由于美苏之间的力量对比状况不会出现太大的变化，而整个世界范围内也不可能出现大的战争危险或十分紧张的局面，同时由于东西方在经济上都将维持低中速增长，因此，现存的政治、经济格局将不会发生根本性的变化——这就是报告对未来五年国际环境总体特征的描述。报告指出：这对中国国内的经济建设和改革而言显然是有利的。

但报告并不认为可以用平淡无奇来形容未来五年的国际政治、经济形势，相反，报告认为这种看似平静的局面实际上是 90 年代将要出现的世界格局新变动的重要准备期，换一句话说就是，世界正处于“一个酝酿巨变的前夜”，因为一系列对未来局势将会产生深远影响的政治、经济、技术因素正在不断涌现。

这并不是一个大致的或笼统的推测，事实上，报告中真正令人吃惊的内容是它对将会导致“巨变”的诸多因素的捕捉和描述，不论是整体的，还是局部的，也不论是政治方面的，还是经济方面的。

认为苏联的国内改革将是引发“巨变”的主要因素之一，这是报告中令人印象最深刻的预判，尽管报告无法对苏联改革的结果做出预测。当然，没人能料到这个国家后来是以“解体”的方式影响世界格局的。报告针对这一预判特别指出：现在谈论其影响的性质还为时尚早，至少在未来的三年内，其趋势恐怕都不会明朗。但报告认为另一种趋势则是明朗的，那就是即使实施国内改革，苏联对盟国的控制力也将日趋削弱，因为东欧国家已经纷纷按下了经济改革的启动按钮，这必将导致对苏联的离心力的产生，或者说必将导致这些国家在政治上的独立性的日益增强。

方兴未艾的新技术革命对未来国际环境的影响无疑是相对积极的。报告指出：尽管西方发达国家的就业形势在过去长达近二十年的经济滞胀阶段一直非常严峻，但是这些国家仍然不惜以维持庞大的失业人群为代价，不遗余力地发展新技术，其目的就是为了争夺 21 世纪经济和贸易的制高点及主动权。报告认为：

虽然新技术革命在未来五年内暂时还不会成为西方经济发展的巨大推动力，但是在21世纪，人们将会看到一大批新技术产业群的出现，这些新技术将主要集中在生物工程、电子、电信、光纤通信、新材料等领域，而这必将引发新的投资浪潮。报告甚至做出了这样的乐观预期，即这种投资浪潮有可能给持续了二十多年的资本主义的“长波萧条阶段”画上一个句号，并将西方带入一个新的“长波繁荣阶段”。不仅如此，报告认为相当数量的发展中国家也将成为这场新技术革命的参与者，其结果是将会在全球引发一场不同于以往任何时代的强劲的新技术革命浪潮。

这种因素甚至将深刻影响大国之间的竞争。报告使用了“综合国力竞争”概念来描述未来大国竞争的新特点。报告说：过去那种以争夺军事优势、军事基地和势力范围为重点的竞争，将逐渐被经济、科技、军事、政治等综合国力的竞争所取代，而加强经济实力，特别是科技实力，则将成为大国增强自身综合国力的主要途径。这几乎是我们看到的——至少是在国内看到的——最早一份洞察到大国竞争的这一新特点并且提出“综合国力竞争”这一全新概念的报告。

当然，未来五年中也存在着诸多令人不安的因素。一直处于分裂状态的中东地区仍将是国际环境中的一个主要动荡源。报告特别提醒人们注意，伊斯兰原教旨主义势力的增长和部分国家恐怖主义活动的日趋活跃，将成为不容忽视的新的动荡因素。

不过动荡显然不仅仅存在于中东地区，也存在于国际金融领域。报告认为，这主要是因为各国不得不继续选择美元作为国际货币，但事实上人们对这种货币的信心正在日益动摇，因而不可避免地会导致美元汇价的起伏波动造成的。

贸易保护主义的加强是另一个来自经济方面的令人担忧的趋势。报告指出：由于国际市场上的竞争日趋激烈，贸易矛盾和贸易摩擦也将趋于尖锐和频繁，因此，贸易保护主义的抬头将是难以避免的。但和以往有所不同的是，贸易保护主义的手法将更加隐蔽，而且被要求保护的商品的清单也将不断拉长，这种趋势将使对外贸易，特别是发展中国家的对外贸易，面临更为严峻和困难的局面。

人们宁可看到这些预测被证明是错误的，但不幸的是，它们都被父亲言中了。在此后的二十多年间，这些因素不仅没有被消除，反而变得更加突出和严重，它们至今都是困扰人们或者是使整个世界都不得安宁的重要根源。

然而中国所处的亚太地区则将令人寄予希望。报告将这一地区描述为“当今世界瞩目的最有活力的地区之一”。报告说：“坚持独立自主，发展民族经济，已经成为本地区各国的主要倾向。”此外，该地区的经济贸易合作在未来也将出现令人兴奋的局面。报告认为中国应该采取务实态度，积极争取置身于亚太社会之中而不是孤立于亚太社会之外。报告建议在参加官方活动的条件尚不成熟的情况下，可以参加诸如太平洋合作会议（PECC）这样的半官方的或者其他非官方的、学术性的活动，以充分展示中国作为亚太合作中一个无法排斥的重要方面的地位及力量，并进而谋求在亚太合作中发挥自身的作用和影响力。

这份报告的价值得到了各方面的高度认可。但对父亲而言，预测和描述上述趋势仅仅是一个开始，直到父亲去世，他对报告中谈及的主要问题一直保持着持续的关注和思考。

新技术革命显然是最让父亲兴奋不已的事情。中国“只能采取迎头赶上的方针，而不能采取别的什么方针”；中国“现在就要抓紧发展知识密集型和技术密集型产业”——面对正在兴起的新技术革命浪潮，父亲以撰写文章和演讲的方式急切地大声疾呼，洋溢在他言辞间的激情可以追溯到或者说源自他少年时代就抱有的科技救国理想。他说：我不赞成有些人主张的“等距离追赶”，因为那将使中国“永远在世界先进水平后面爬行”，或者使中国“在科学技术方面成为人家的‘殖民地’”。

但是中国具备立即发展知识密集型和技术密集型产业的条件吗？针对人们的质疑，父亲直言不讳地指出：和缺乏各种条件相比，缺乏紧迫感和思想保守才是发展高新技术产业的真正障碍。他认为人们有理由对迎接这一挑战抱有信心，他说：中国在高新技术领域并非一张白纸，特别是在生物工程、微电子计算机和光导纤维方面，中国已经有了一定的研究基础。当然，中国现在还不能希冀在二三十年内建立起像西方发达国家，特别是像美国那样的高新技术产业带，但是中国完全有可能在上述几个主要领域建立起具有一定规模的研究体系。在谈到中国应该如何行动时，父亲指出：中国目前面临的主要问题是人力、资金和研发目标的分散，要解决这些问题，政府应该成为主导。“现在全世界都是如此，由国家来领导发展新技术是世界上的一个共同趋势。”父亲说：中国目前所要做的就是改革导致资源分散的现行体制，打破各种不合理的区隔，尽快集中人力和资金资源，实现重点领域的突破。

对当时的大多数中国人来说，新技术革命在更大的程度上还只是一个令人兴奋的时髦概念。不过，当人们听过父亲的演讲后往往会有一些不同的感受，他给人们讲述的乔布斯在自己家的车库里开发苹果Ⅱ型电脑并且成功获得第一笔风险投资的故事，多少帮助人们建立起了对这一抽象概念的最初的感性认识。

这样的情景不久后也应该出现在中国。“要建设我们自己的‘硅谷’！”父亲以各种方式不断地发出这样的倡议。他的目光被聚集了众多一流大学和科研机构的北京中关村地区深深吸引，他认为这里有着孕育中国“硅谷”的最理想的土壤。“技术力量如此集中，涉及的专业及课题如此广泛，这在世界上也是不多见的！”这里“已经有一个现成的‘科学城’构架，只要下决心对它进行规划和调整，加强有关各部、厂、公司、科学院各研究所之间的分工协作，就有可能在较短时间内建立起我国最大的新技术研究和开发区。”父亲在给中央书记处书记胡启立的一份建议设立中关村科技园区的报告中兴奋不已地说。当他提交这份报告时，由最早一批科技人员建立的刚具雏形的“中关村电子一条街”正备受争议，数不清的人都在向有关部门告发这条街上存在的“偷税漏税、乱发奖金、败坏既成科研秩序、非法套取外汇”等问题，但在父亲看来，这些问题和争议反映的恰恰是旧体制对发展高新技术产业的束缚。为此，他在报告中建议对科学园区实行一系列特殊政策，包括由国家向具备条件的从事高新技术产品研发的单位或个人借出或发放优惠风险资金、让科研人员获得更高收入并在一定期限内给予免税等优惠待遇、允许科研人员自由选择工作岗位以及对全国乃至外资开放投资渠道等。他甚至还亲自动手为中关村科技园区的布局绘制了一幅草图。在父亲的构想中，这个园区将由一个主要从事研发的中心区、一个用于技术开发试验的附属区和一个以利用新技术为主的自由投资的中小企业群带三部分组成。“它的性质是一个科研、推广、生产联合体。”父亲在他的建议中这样说。

这份建议被提交四年之后，中国第一个国家级高新技术产业开发区在中关村诞生。三十多年来，这里不仅孕育了中国最著名的高科技企业，也吸引了包括惠普、IBM、微软等在内的国际高科技巨擘。数以万计的高科技公司的入驻，不断强化着这里作为“在世界上也不多见”的地方的突出特征，同时也使它一直保持着中国创新活力最强和发展速度最快区域的奇迹般的纪录。

推动中国加入亚太地区的经济合作是另一件让父亲倾注了

极大热情的事情。尽管他在大多数情况下都是一个研究者和建言人，但只要他认为有必要，他也会把自己变成一个真正的行动者，就像他在这件事上所做的那样。

当父亲在1985年5月份第一次向中央提出中国应该积极加入环太平洋经济合作的对策建议时，中国在这一问题上的态度即使不能用抵制来形容，至少也是相当冷淡的。这并不奇怪，因为最先提出环太平洋合作概念的国家是美国和日本。美国的口号是“建立太平洋共同体”，其目的主要是重新加强它在该地区被日渐削弱的霸权。而日本的口号则是“建立环太平洋合作圈”，其意图是捍卫它的投资和原料进口利益，并谋求建立经济上的统治地位和提升政治影响力。美日两国的构想显然不符合中国的国家利益，甚至在某种程度上还有理由被认为是针对中国的，因为美国基本上打算把中国排斥在“太平洋共同体”之外，而日本官方则明确宣布“环太平洋合作圈”不包括中国。

父亲在提出建议前做了大量研究，包括搜集并分析了各国学者撰写的以环太平洋合作为主题的一百多篇论文以及有关国家政要发表的相关言论，它们帮助父亲广泛而深入地了解了亚太国家在该地区合作问题上各自所持的看法，当然也包括它们在是否欢迎中国加入该地区合作问题上的态度。让父亲觉得是时候把中国加入环太平洋合作问题提上日程的事情发生在1984年，那一年的7月份，一向对环太平洋合作持怀疑和消极态度的东盟六国一改原有立场，借召开外长会议之机，主动邀请美国、日本、加拿大、澳大利亚和新西兰五国，以集体对话的方式推进环太平洋合作。它们甚至还提出了合作的具体构想，即把人力资源开发作为合作的首选项目。受到邀请的五国都对这一倡议给予了响应，美国甚至还动员了政府的五个部门来配合有关合作的开展。父亲在当天的日记中用“打破常规”一词形容了东盟此举。他认为东盟设计的“6+5”对话模式不仅机智地摒弃了美、日两国环太平洋合作构想中的政治内涵，将其变成了一种相对单纯的经济合作，并且还将建议的主动权操诸自己之手，从而使“6+5”对话的场景看上去就像是发生在“五国援助东盟俱乐部”里。

“面对这样的形势，中国怎么办？是袖手旁观？还是积极提出自己的看法？”父亲在 1985 年 4 月完成的一份报告中这样追问道，而他的回答则是：中国必须在亚太问题上树立起自己的旗帜，提出自己的主张，如果继续保持沉默的话，就会丧失今后在亚太合作问题上的发言权。在一个月后提交的另一份报告中，他这样说：现在的客观形势已经要求中国在环太平洋合作问题上转而采取积极的对策，中国应该本着独立自主、平等、互利的原则着手参与合作活动，包括“有选择有条件地参加现有的对话结构”。在七个月后提交的《“七五”计划期间国际政治经济形势预测——简要总结和政策建议》中，父亲重申了上述观点，并且提出了更为具体的建议，即参加根据日本前首相大平正芳和澳大利亚前总理弗雷泽的倡议于 1980 年 9 月在堪培拉成立的第一个亚太合作组织——太平洋合作会议。这个在当时还很松散的半官方组织后来成了极为活跃并且广为人知的 APEC（亚太经济合作组织）的孵化器。

父亲的建议被接受了，中国在 1986 年成为该组织的正式成员。没有谁是比父亲更适合担任这一组织中国委员会会长的人选了，而当父亲接受这个任命时，他也从一个建言人变成了一个真正的行动者。他的确需要采取行动，因为他碰到的第一个问题就相当棘手——中国委员会挂靠在外交部，但是外交部却没有相应的经费预算。如果不能及时筹措到经费的话，中国代表甚至无法参加于当年 11 月在加拿大温哥华召开的成员会议。父亲找到了荣毅仁，他当时既是全国人大常委会副委员长，同时也是中国国际信托投资公司的董事长。他支持父亲的努力，并且十分爽快地为这个刚刚诞生的机构提供了经费。

1986 年 11 月 17 日，由父亲率领的中国代表团首次出现在太平洋合作会议这个亚太大家庭的成员们面前。“这是中国在区域合作上的一大突破。”曾经多年主持中国太平洋合作会议常务工作并曾担任中国太平洋经济合作全国委员会常务副会长的陈鲁直大使这样评价道。事实证明这是一次正确而及时的行动，它为中国适时赢得了在亚太合作问题上的发言权，而且由于中国的加入，这个组织以及亚太合作本身也变得更加名副其实。

作为中国参加太平洋合作会议的倡议人和最早的中方首席代表，父亲本人也赢得了其他国家代表的高度尊重。有个例子很能说明问题，那是 1988 年该会议第六次理事会召开前夕，当会议主办方的负责人——日本理事长大来佐武郎得知父亲因为台湾方面打算派一名官员出席会议而拒绝前往时，他立即要求后者改派民间人士，并且最终为父亲的到会扫除了障碍。大来佐武郎毫不掩饰他对父亲的尊敬之情，他对与之接洽的中国委员会的工作人员说：“宦先生必须来。”

在担任国务院国际问题研究中心总干事的那些年间，日渐年迈的父亲就像一个年轻人那样不知疲倦地释放着自己的激情和能量。他完成了一系列重要报告，他的多产以及那些报告所涉及的问题之广泛简直令人惊讶，它们既包括外交问题，也包括诸如外贸体制改革、金融体制改革、航天事业发展、产业和技术升级、通货膨胀等在内的一系列国内改革和经济建设中的突出或紧迫问题，甚至还包括如何捍卫南沙群岛的主权问题。他还令人印象深刻地谈到了实现军队建设和军事技术现代化的紧迫性。他认为，随着国际上定向武器、航天武器和隐形武器的相继问世，海陆空三军的传统观念正在过时。不仅如此，情报和控制指挥系统的自动化，也将彻底改变军事战略战术以及攻防的内容和形式。

当然，父亲的大多数报告都对中国当时有关政策的制定产生了不同程度的影响。应该说，那是父亲一生中的又一段极其宝贵的能够让他感到自己可以尽情地为国效力的日子。

但完成这些报告显然不是父亲所做的全部工作，作为当时中国国际问题研究领域的领军人物，他还为相继成立的各个学术组织的活动以及更多学者的研究项目倾注了大量心血。特别是对那些思想开放的年轻学者来说，他始终都是他们的一个热情而强有力的引导者和支持者。

戴伦彰，中国著名的国际经济学家。1979 年，他与人合写了一篇题为《国际分工与我国对外经济关系》的理论文章，那时他是中国对外经济贸易部的研究室副主任。文章投给了某家权威杂志，但后者却拒绝刊登，原因是编辑部中的相当一部分人还不能接受“国际分工”的提法。不过父亲却是这篇文章的坚定支持者，他说:“我们的杂志正需要这样的文章。”他指的是即将创刊的《中国社会科学》。结果，这篇文章成了《中国社会科学》创刊号的首篇文章。五年后，该文获得了首届孙冶方经济科学奖——这是中国经济学界的最高奖项，并且入选了英国伦敦经济和政治学院攻读经济学博士学位的学生们的必读文章目录。

这篇大胆挑战传统观念的文章也使戴伦彰和父亲结下了忘年之好。“在宦老生命的最后十年，我们成为至交。”他这样描述了他和父亲之间的友谊。国务院国际问题研究中心成立后，戴伦彰担任了该中心的特约研究员。“你应该写一篇切中实际的对外开放的文章。”父亲在 1983 年初夏这样建议他。认为对外开放违背了中国一向坚持的独立自主原则，并且与保护民族工业背道而驰，或者将对外开放简单地理解为仅仅是对外国资本和技术的开放，这是当时不少人对对外开放的看法。而在实际的对外经贸工作中，人们的思维和行为方式还是深受自然经济意识影响的“小商小贩”或“土财主式”的。这就是父亲所说的“实际”。在他看来，这种“实际”如果不加以改变的话，中国的对外开放就很难迈开步伐。

戴伦彰接受了父亲的建议，他开始起草一份题为《关于我国对外经济贸易发展战略的若干问题》的报告。报告在1983年8月份被提交到中央。针对社会上还普遍存在的对对外开放的错误认识，报告指出：对外开放既不是要放弃独立自主的原则，也不是要毁掉民族工业，它是一个国家生产社会化程度不断扩大的客观要求，是符合经济发展规律的历史趋势。当然，它也不仅仅意味着对外国资本和技术的开放，它的更重要同时也更基本的意义在于“更深入地卷入当前的国际分工”以及“面对国际市场上日趋激烈的竞争”。正因为如此，中国只有在准确把握国际分工格局发展变化趋势的前提下，才能制定正确的对外经贸发展战略。在描述这一趋势时报告说：在西方国家逐步走出开始于1980年的“战后最严重、最持久、最深刻的”世界经济危机的同时，国际分工格局也出现了一系列新的变化，其突出特征就是发达国家普遍开始“对资本密集的产业进行以自动化、节约能源和不污染环境为中心的技术革新和改造，同时积极建立和发展技术和知识密集型的新兴产业”，因此可以预计，在十到二十年后，“发达国家将不会继续采用目前这种因劳动力低廉而委托半工业化的发展中国家进行装配和加工的办法”，而这则意味着发展中国家将失去继续维持经济高增长的动力，同时这些国家依靠出口主导发展经济的战略也将失去依据。考虑到上述趋势，报告颇有远见地指出：中国应该以发达国家的产业结构为借鉴，按照符合未来发展趋势的要求，建立和改进自身的劳动密集、资本密集、知识密集等三种类型产业并存的体系，并遵循活跃国内市场、正确处理国内市场与国际市场关系的原则逐步调整产业结构。报告还按照这一思路，对中国的进出口战略、利用外资和引进技术、调整劳务出口政策以及改革当时的对外经贸体制等具体问题提出了系统建议。

报告得到了中央决策层的高度重视。中共中央总书记胡耀邦在看过报告后这样评价道："这是一篇经过用心的调查研究、具有真知灼见的好意见，既有鲜明的原则立场，又有切实可行的具体建议。"他还说："我们现在要大力提倡这种精心钻研问题，放胆拿出意见的作风，而努力克服那种高谈阔论，到处讲关系学的庸俗作风。"这份报告很快就被印发给实际工作部门，并且成了推动此后一个时期对外经济贸易工作和经贸体制改革的指导性意见。

这是一个后来经常被人们提及的社会科学研究对决策和实际工作发挥了重要作用的例证。对戴伦彰而言，这无疑是一段令他颇感自豪的经历。事实上，不少像他一样有机会和父亲共事的年轻学者都能讲出诸如此类的故事。"宦老支持很多新锐学者大胆研究问题，并且撰写出了高质量的文章，他在这个方面发挥的作用很大。"戴伦彰这样回忆说。

善于采纳年轻学者提出的有价值的观点和建议，这是父亲支持和鼓励他们的另一种方式。"我们如果认为自己的看法正确的话，就会反复坚持，在这件事上我们没有任何顾虑，因为宦老是个很有气度的人，我们都知道他的这个秉性。"曾经被父亲从一所大学调到国务院国际问题研究中心的研究员郭震远这样说。他自己的一个"反复坚持"的故事就很能说明问题。"1987 年 11 月美国发生了金融危机，中央要宦老拿一个报告。"郭震远回忆道，"报告写完后宦老拿给我看，我提了一条意见，就是报告中没有提及计算机和互联网等技术因素在金融活动中所发挥的作用。在没有采用这种技术时，一件事情要产生影响差不多要一两个月，而现在只需要一个晚上。我把这个观点加进了报告，但宦老第一次看到的时候给划掉了。于是我又加，宦老又划。当我第三次加进去的时候，宦老终于接受了。他后来在很多场合都讲这个观点，并且讲这个观点是怎么来的，这让我非常感动。”

在被父亲描述为相对平稳的20世纪80年代后半期即将结束时，或者说在父亲走到生命尽头前的最后两年里，对国际格局的变化以及与之相关的中国外交战略和政策的调整等全局性问题的思考再度成为他一系列报告的突出主题。他在努力捕捉着将会深刻影响即将到来的90年代乃至21世纪的各种重大因素及其发展变化趋势，并且殚精竭虑地谋划着中国的应对之策。

世界处在巨变前夜的气息在1987年变得更加浓郁了：美苏两国有可能在削减中程弹道导弹问题上达成妥协，戈尔巴乔夫正试图通过改革在苏联建立新体制，东欧国家摆脱苏联控制的意愿日益增强，西欧各国的一体化进程面临突破性进展，日本的经济实力强劲跃升，亚太区域合作出现了新动向，中国的改革开放在激烈的争论中被不断推进，……一系列快速、复杂、剧烈同时又相互影响的变化预示着某种“格局性的转变”，然而其前景看上去却扑朔迷离。这些错综交织的因素将要塑造一个怎样的世界？父亲一直在努力寻找答案。

1987年夏天，一幅关于未来世界格局的完整拼图终于在他的头脑中形成了，他用了极其精炼的16个字做出了描述：“一个世界，两种制度，政经多极，竞争共处。”他是在由全国政协副主席、著名科学家钱学森主持的一个中央国家机关和北京市高级干部知识讲座上第一次提出这一想法的。

世界上只有一个市场，任何国家都无法寻找到另外的市场或者试图置身于这个市场之外，而且不仅如此，所有的国家都将被这个市场更紧密地联结在一起，因为没有什么力量可以阻止世界经济一体化的步伐；在这个统一的世界中，存在着资本主义和社会主义两种制度，但其中的任何一种制度都不会很快取代另一种，资本主义不会很快衰亡，社会主义的自我完善也还有很长的路要走，在彼此长期共存的过程中，两种制度之间不只有斗争，还有合作和相互借鉴；然而可以肯定的是，自“二战”以来出现的两极世界却开始走向瓦解，世界正处于从两极世界向多极世界的过渡阶段，而且多极世界最终将取代两极世界；竞争将是不可避免的，不论是在美苏之间、多极之间、南北之间，还是在制度相同的不同国家之间，但是这种竞争转化为大规模战争的可能性微乎其微，时代将以“竞争—摩擦—协调—再竞争—再摩擦—再协调”的方式向前发展——这就是 16 个字所包括的具体内涵。

这显然是一个令父亲满意的概括。当他刚刚完成这个概括时，还曾经兴致勃勃地征求过大姐的意见。然而大姐的反应却是质疑和担忧。“我虽然也从事国际问题研究，但是因为多年来在中央机关工作，养成了和中央保持高度一致的习惯，不说过头的话。”大姐这样回忆道，“当然，我也没有父亲那样的工作经验、阅历和认识水平，不能像他那样站在全球高度高瞻远瞩地分析和判断国际形势，更何况上世纪 80 年代极左思潮余波仍在，所以我当时不大能接受父亲用‘竞争’取代两种制度‘斗争’的提法。另外，我觉得在政治上和军事上对世界事务起决定性影响的是美苏两霸的争夺，但在经济上，除了美国之外，恐怕哪个国家都还构不成一极。我把自己的想法跟父亲说了以后，还特别提醒他，不提‘阶级斗争’恐怕会受到别人的批判和攻击。”

本来还很兴奋地在房间中来回踱步的父亲突然间站住了，他表情严肃地对大姐说：“搞研究就是要从客观实际出发，提出符合发展规律的真实看法。如果都不说真话，什么都要等到上面说了才能说，才敢说，那要我们这些人还有什么用？‘竞争’这两个字本身就包含了斗争的意思，只是今后两种制度斗争的主战场将转移到政治和经济领域，更多地体现为政治和经济上的竞争，而不是靠打仗。至于批判嘛，只要说得对，对国家有利，就不怕别人批，批也得说。”

这个新的概括引起了轰动。当然，情况果然如大姐所料，争论也随之而来。有相当一部分人不能接受用“竞争”，特别是用“合作”和“相互借鉴”来描述资本主义和社会主义之间的关系。既然这两种制度在本质上是对立的，怎么能不谈“阶级斗争”？这不是在抹杀两种制度的不同吗？针对父亲的最严厉的指责甚至认为他实际上是要将中国的社会主义制度改变成资本主义制度。而另外一些人则认为，美苏之间的政治和军事较量仍然是主宰国际局势的决定性因素，而经济因素显然还无法与之相比。至于多极化的趋势是否确立则有待观察，因为他们还看不出有哪种力量可以与美苏抗衡。

有关的争论一直持续到 90 年代初，也就是父亲去世之后。不少人都为父亲捏了一把汗，但他本人却处之泰然。在他看来，和人们的主观评价以及他个人境遇的好坏相比，他的看法是否经得住客观事实的检验并且对国家有利才是更重要的。实际上，如果人们更多地去观察事实本身而不是依据成见做出判断的话，他们就不难和父亲达成越来越多的共识。

1987 年 12 月 8 日，也就是父亲提出他的看法三个月后，转折性的事件发生了：美国总统里根和苏联领导人戈尔巴乔夫在华盛顿签署了《中导条约》。根据这一条约，美苏两国将在 1991 年之前销毁它们核武器库中 4%左右或者说 2400 枚以上的核弹头。里根在签约仪式上评价说：这将是一个“化干戈为玉帛”的“历史性条约”。戈尔巴乔夫更是用诗一般的语言赞叹道：“我们现在种下这株幼苗，将来它一定能够长成粗壮的和平大树！”

当里根和戈尔巴乔夫在白宫东厅说这番话时，父亲正在位于华盛顿宾夕法尼亚大道 1300 号的伍德罗 · 威尔逊国际学者中心用午餐。一个小时前，他刚刚发表了那篇题为《一年来的中美关系》的批评美国的演讲，不过他对美苏签署《中导条约》一事的评价则要好得多。法国的《外交政策》季刊杂志很想了解父亲对此事的看法，编辑部表示他们愿意为父亲预留版面，如果他同意写一篇关于美苏签订《中导条约》及其影响的文章的话。这份杂志在一个月后刊发了父亲的文章——《美苏中导协议与世界形势》。

但人们在更早的时候，也就是在父亲访美回国之后就听到了他对这一影响国际局势的重大事件的评价。“《中导条约》的意义不在于它所销毁的核武器的数量，而在于它是世界上自有核武器以来第一次完全消除一种核武器。”12 月 31 日，父亲在接受《人民日报》记者采访时，对美苏签署《中导条约》做出了这样的积极评价。但在一份经过了长达六年多的艰苦谈判才终于签署的条约背后，导致这一结果的各种因素的此消彼长及其含义才更加耐人寻味。父亲认为，《中导条约》得以签署的主要原因是军备竞赛让美苏两国都感到筋疲力尽，并且双方都意识到自己的经济有问题，因此迫切需要将精力转向整顿经济。“它有可能导致美苏间一个新的缓和时期的开端”，“它和过去的缓和从政治开始不一样，它有一种脚踏实地起步的特点”，“在这个缓和期里，双方要破坏这种缓和的可能性不像过去那样大”。父亲这样预测道。不仅如此，这个条约的签署还使世界多极化的趋势变得更加不容置疑，因为美苏两国自身实力的衰落必将进一步削弱它们对盟国及其势力范围的控制。战争的危险也将因此进一步降低，美苏之间的军备竞赛将被综合国力的竞争所取代。而由这些因素所决定，不仅是超级大国，所有发达国家和发展中国家都将比以往更加重视发展经济，因此，未来竞争的主战场将是经济领域，特别是高新技术领域。显而易见，处于“格局性转变”中的国际局势的前景在父亲的眼中正变得越来越清晰而具体。

1988年，已经79岁的父亲照例一个人拎着行李箱风尘仆仆地奔波于世界各地，他以这种方式观察着这个瞬息万变的世界并与之保持着最直接的联系。“晚6点飞过国际日期变更线。”这是1988年4月父亲赴危地马拉参加各国议会联盟第79届会议途中在日记里写下的一句话。5月份的安排更为紧张，父亲先是应伦敦政治经济学院和格拉斯哥大学的邀请访问了英国，然后又从伦敦赶到日本的大阪，参加了太平洋合作会议第六次理事会。

他的思考也从不停歇。访问格拉斯哥大学期间，他应东道主之邀做了一次报告。和此前的看法相比，父亲对国际格局的变化趋势显然又有了新的认识。他在报告中说：伴随着国际和平因素的进一步增长以及国际竞争的重点向经济和技术领域转移这一新趋势的出现，不同制度的国家都将为适应上述重大变化进行相应的内部调整和改革，这将成为一个新的世界性潮流。而当这一潮流和世界经济一体化以及新技术革命这两大潮流汇合之后，则将催生一个新的世界经济大发展时期。国际竞争中的经济和技术重心的确立，还将逐步削弱以往基于社会制度和意识形态因素而形成的集团意识，并使民族意识得以强化。因此，不同国家之间既激烈竞争又相互合作和借鉴，将成为今后国际关系的突出特征。

中国也亟须做出相应的调整和改革，首先是在对外政策方面。父亲开始围绕这一问题构思一份新的报告。但有件糟糕的事情打乱了他的计划：当他从日本回国后接受体检时，医生在他的肝部发现了一个黄豆大小的肿块。“有可能是病变，也有可能是血管瘤。”父亲在日记中这样写道。

他必须继续接受检查以便尽快确诊。尽管已经感到了身体不适，但父亲还是不打算立即住进医院，他坚持要按原定计划参加6月份于香港举行的“亚洲—中国”研讨会。正是在这次研讨会上，父亲发表了那篇批评日本所采取的利己主义经济政策的演讲。当然，提交一份调整中国外交战略和政策的建议也刻不容缓。临行前，父亲特地和研究中心的副总干事何方详细讨论了此事，并委托后者马上着手草拟初稿。

“亚洲—中国”研讨会结束时已经是6月底了，父亲的不适感明显加重。原本就反对他前往香港的医生要求他立即住院检查，于是，我们没有让父亲返回北京，而是直接将他送进了上海的长海医院。

情况果然不妙，肿物生长得很快，才不过一个月，它已经从黄豆大小变成了鸭蛋大小。但父亲对病情并不怎么在意，他认为该如何处置肿瘤是医生们考虑的事情，而他要考虑的则是尽快完成计划中的报告。于是，当医生们在办公室讨论他的治疗方案时，父亲也在病房里和从北京赶来的同事们讨论刚刚完成的报告初稿。

父亲住进医院的第四天，当时担任上海市市长的朱镕基到病房探访了他。“我和宦乡相识相处的时间不长，相知却比较深。”朱镕基曾经这样评价过他和父亲的关系。他们之间的友谊开始于1987年底，当时他们都在夏威夷参加太平洋论坛会议，朱镕基是中国代表团的团长，而父亲是代表团的顾问。“我们朝夕相处了一段难忘的时光。”在谈到那段经历时，朱镕基这样说。而在父亲生命中的最后日子里，这两位彼此欣赏的朋友又度过了一段令人难忘的时光。朱镕基后来回忆道：“他身患重病在上海治疗期间，我多次前去探视，每次都要谈很长时间。宦乡博古通今，学贯中西，对许多问题都有精深独到的见解，与他交谈可以得到启发。同时，我不能不为他的忧国忧民、直言无惧，以及他在生命的最后时刻表现出的对国家、对人民的深沉关切和对自己生命力的信心所感动。”

几天后，和父亲私交甚笃的上海市前任市长汪道涵也拜访了他。汪道涵当时是上海台湾研究会的名誉会长，而父亲则刚刚被推举为即将于8月份正式成立的中国台湾研究会的首任会长。显然不能把这次会面仅仅理解为老朋友之间的叙旧，事实上，他们讨论的是一个有关台湾的秘密行动。父亲的住院主治医生肖飞对那次拜访印象格外深刻，他回忆道：“汪道涵探视宦老的时候笑着对我说，要精心治好宦老的病，手术恢复后，你陪我们一起去新加坡。我后来才知道，他们谈论的‘秘密行动’指的就是后来发生的具有历史意义的汪辜会谈。作为医生的我差点亲历。”

但在是否要给父亲施行手术的问题上，医生们的意见并不一致。有人主张可以先采用通过光导纤维将药物引导至肝部病变部位的非手术疗法。不过在经过反复讨论后，施行手术的方案最终被接受了。

7月26日上午，父亲被推上了手术台。医生们看到的情况很糟糕，由于肿瘤距离下腔静脉太近，他们根本无法实施手术摘除。于是，医生决定对父亲的肝动脉进行结扎，并且直接向肿瘤注射抗癌药物。他们寄希望于肿瘤会在缺血和药物的双重作用下逐渐缩小，这样就能争取机会实施二期切除。

父亲住进了特别监护室，护士在病房的门上挂上了“谢绝探视”的牌子。但这块牌子在三天后就失效了，因为刚刚能开口讲一点话的父亲决定立即向他的同事口授一份经过重新思考的关于调整对外政策建议的报告提纲。当时为父亲草拟这份提纲的国际问题研究中心研究员郭震远回忆说：“宦老做完手术没几天就把我叫到了病房，说要口授一份报告。医生不允许，但是他很坚持，说这份报告很重要，必须立即起草。医生没办法只好答应了，不过他只允许我们交谈很短的时间。宦老当时说话还非常吃力，于是我建议由我先草拟一份提纲，然后再来征求他的意见。就这样，我们一直修改了三四个来回。”

在那之后，更多的人，也包括上海的同行们都加入了这项工作。病房里的讨论会又恢复了，而父亲的工作量也一下子恢复到了住院前的水平，有时甚至还要紧张。

报告终于赶在 8 月中下旬完成了。8 月 24 日，父亲就此事给包括邓小平在内的中央领导人写了一封信。他在信中说：“随着（美国）同苏联关系走向缓和，整个国际形势发生了具有转折性的重大变化。各国，特别是大国，都在调整各自的对外政策。为了适应新的形势，我国的对外政策也应不失时机地进行一些调整，否则就容易处于被动。”不过父亲还想到了更远的问题，他建议由中央外事工作领导小组牵头组织有关部门和各方面的专家，以未来十几年的国际形势及外交政策中的重点问题为课题，进行深入系统的研究，并且使这种研究经常化。要“允许并鼓励发表不同意见，以收集思广益之效”。父亲在信的结尾处还特别强调了这一点。这不是一个次要的问题，从某种意义上说，它比报告中的具体建议更为重要。父亲的个人经历让他对此颇有感触。他在讨论报告的过程中多次对他的同事们说：有些人从不根据客观事实的变化进行独立的思考和研究，他们只知道见风使舵，一辈子“唯上”“唯书”，而对不同意见则不加分析地贬损、排斥，这是真正的研究工作的最大障碍，不铲除这种现象，就不能实现决策的民主化、科学化。

父亲并不知道这是他一生中的最后一份报告。根据他的计划，当他回到北京之后，他还将写一份有关问题的动态分析报告——用他自己的话说，他在上海的病房里主持完成的只是一份对问题进行了静态分析的报告。尽管如此，或者说尽管父亲尚未来得及完成全部分析过程，但报告的结论却经受住了事实和时间的考验。事实上，这是父亲完成的最重要的报告之一，其价值和影响丝毫也不亚于他在 1982 年 2 月份提交的那份建议中国“适当拉开与美国的距离”的报告。

大三角关系仍然是报告谈论的核心问题，不过不是在强调这种关系，恰恰相反，报告认为已经到了该在对外政策中淡化这种关系的时候了。报告指出：随着美苏关系的缓和以及由此带来的整个国际局势的变化，建立在以往战略基础上的大三角关系将逐渐趋于淡化，因此，中国不能继续固守在大三角战略中，而应该将对外政策的重心转移到谋求建立更加有利的全球性特别是亚太区域国际均势这一策略上来。

对中国而言，大三角关系趋于淡化的影响是相当复杂的。报告说：看不到这一变化以及它所带来的积极影响，或者低估了由此产生的不利因素和挑战都是危险的。这一变化的积极的影响主要体现在两个方面：其一是世界将进入一个较长的相对缓和期，这意味着中国的外部环境将更加安全稳定，因此，中国可以将更多的精力和资源用于国内经济建设；其二是大三角关系约束力的下降将为中国建立更加符合自身利益的国际均势提供更大的外交空间和回旋余地。然而这种变化同时也有可能降低美苏两国对中国的借重程度，因为对抗的减少和对话的加强有可能使美苏在解决重大国际问题时将中国撇在一边，从而导致中国在国际事务中的作用有所下降，这则是大三角关系淡化给中国带来的主要挑战和不利影响。

上述影响，特别是其中的不利影响，对今后的中美关系和中苏关系都提出了新的挑战。在中美和中苏之间寻找到新的、更多的共同利益，从而保持并且加强双方对彼此关系重要性的认同，将成为今后的一项重要工作。有利的一面是，大三角关系的淡化将使中国“可以比较放手地分别发展同美苏的关系”。针对中美之间在战略上的共同点将会减少这一事实，报告建议今后应该将发展双边关系的重点逐渐转移到经济合作方面，因为双方在这一领域中存在着诸多有待开发的共同利益，而从中国的角度讲，则应将重点放在“设法进一步开拓美国市场和引进资金技术”上。在谈到对苏关系时报告建议说：改善关系的步子可以迈得更大一些，比如放手发展经贸关系、增加文化交流和人员往来以及对边境谈判采取更加积极的态度等，在条件成熟时，具体地说就是当苏联同意让越南从柬埔寨撤军后即可实现双边关系正常化。

积极发展同其他国家特别是亚太国家的关系，也是平衡大三角关系淡化所带来的不利影响的重要方式，当然，它更是主动适应世界多极化趋势的外交选择。报告建议道：中国要积极面对世界经济中的四大排他性区域集团，包括北美自由贸易区、欧共体、苏联东欧集团以及日本正在积极推进的亚太经济合作组织，并且“制定对亚太地区的全盘外交战略”。报告突出强调了发展中日关系的重要性，报告认为：日本国力的急剧增长和国际地位的迅速提高，已经使它成为亚太地区的重要一极，或者说在亚太地区已经出现了美、苏、中、日的“四边关系格局”。但在建议积极发展对日友好合作关系的同时，报告也发出了这样的警示，即中国应该时刻对日保持警惕，以防止后者将亚太合作引入其构想的“建立环太平洋合作圈”的轨道，比如建立一个不包括中国在内的经济圈，从而对中国外向型经济战略的实施构成阻碍。报告还谈到了中国与其他亚洲国家之间的关系，尤其是与东盟国家及周边国家的关系，报告指出：积极发展与东盟的关系和改善与周边国家的关系都应该成为中国对亚太地区全盘外交战略的重要组成部分。

整个外交工作的重心都应该转移到经济上来，这是报告中的另一个极其重要的建议。这显然突破了人们以往对外交工作内涵的传统认识，不过报告指出：越来越多的重大变化已经将这件事变得刻不容缓。在分析这一问题时报告说：伴随着全球性政治和军事对抗的减弱，经济技术方面的较量将成为决定各国地位的主要因素，在这种情况下，经济竞争和经济安全将成为今后各国制定外交战略时要考虑的主要问题。由于对出口市场的争夺是经济竞争的重要内容之一，因此，拓展本国产品的国际市场份额以及应对日益抬头的贸易保护主义和经济集团化趋势所带来的各种问题，也将成为今后外交工作的主要内容。很难想象一个对上述问题都缺乏深入考虑或者是制定不出正确的对外经济战略的国家可以在未来的经济竞争中赢得优势，为此，报告建议有关方面立即“在组织、制度方面采取一些新的措施”，比如“可以考虑建立对外经贸和外交的协调机构”，或者实行“外交人员和经济工作者的轮换制度”等。总之，报告这样提醒人们：“没有重大变革和具体措施，重点转移就会落空。‘一切照旧’是无法适应国际形势的变化和国家建设需要的。”

当然，“最重要的还是必须把我国的改革和建设搞好”，这是报告中的最后一条建议。报告以紧迫而恳切的口吻说：中国一定要抓住未来 10~15 年的时机，为下一个时期的大发展奠定基础。“千万不能再丧失良机，让各种内耗、失误、不正之风所耽误了。”如果说有什么适合作为父亲一生中最后一份报告的结语的话，那么就是这段话了，它表达了父亲内心中最深切的愿望和情感。

9 月份传来了不少好消息。首先是关于父亲病情的，肝动脉结扎和药物治疗的效果看上去相当不错，超声波检查显示肿瘤开始变小，以前因为受到肿瘤挤压而变形的下腔静脉甚至已经恢复到了原来的样子。父亲的体力也在渐渐恢复，特别是进入凉爽的9月以后，他每天已经可以到户外连续散步半个小时了。不过更让他高兴的是从北京传来的消息：他在8月下旬提交的报告受到了中央的高度重视，而且报告已经被批转到有关部委征求意见了。

那是让大家都感到鼓舞的一段日子。父亲的病情在整个9月份都比较平稳，9月底，医生甚至允许他出院了。父亲暂时搬到了兴国宾馆，因为他还要接受四个疗程的干扰素治疗。但他已经不再将自己视为一个病人，他开始继续埋头于自己的研究，并且像往常一样接受媒体的约稿和采访。

关于台湾的“秘密行动”也在加紧筹划。10月11日，父亲会见了一位特殊的客人——台湾“立法委员”胡秋原。他是当时发生的一起轰动性事件的主角：一个月前，也就是9月12日，他以惊人的勇气突破了台湾当局阻挠两岸统一的“不接触、不谈判、不妥协”政策，偕妻女从旧金山直飞北京，并且与李先念、邓颖超等人高调探讨了统一问题，他也因此被誉为“两岸破冰第一人”。作为此举的“代价”，几天后，这位老资历的国民党党员被李登辉主持的国民党中常会开除了党籍。不过这位令人钦佩的老人的回答则是他将继续他的“统一之旅”。

希望大陆方面今后尽量“不提武力解放台湾”，并且“在国际会议上做适当让步”，这是胡秋原在会晤中向父亲提出的中肯建议，他认为这将有助于在两岸人士之间达成更多的共识。那是一次难得的令人愉快的会面。令人惊讶和感慨的是，这两位几乎同龄的老人在以往的漫长岁月中做出过太多不约而同的选择。20世纪30年代，他们都曾因为日本侵华而毫不犹豫地放弃了在早稻田大学的学业愤然回国。在那之后，他们又都以笔为枪投身抗战。他们甚至还一同营救过被关押在上饶集中营的冯雪峰——当时担任《中央日报》副主笔的胡秋原曾发专电游说顾祝同。而在他们的迟暮之年，他们又准备为推动两岸统一燃尽余热。尽管他们政见不同并且天各一方，但他们之间却有着强烈的共鸣，那就是深爱自己的祖国。他们在关键时刻所做出的选择无一不是源自这个共同的根源。

10 月份的超声波检查结果依然令人鼓舞，肿瘤的个头不仅在继续缩小，而且其超声波回声与肝脏的正常部位正日益接近。然而 31 日的检查结果却让大家的心重新揪了起来，因为胆囊的影像变得可疑了。

父亲开始接受各种新的检查。11 月 2 日，他迎来了自己的 80 岁生日。汪道涵和他在上海的老朋友们为他举行了一个庆生宴。这是他一生中的第一个庆生宴，当然也是最后一个。在应大家邀请发表的一个即席讲话中，父亲回顾了自己一生所走过的道路。当然，他还谈到了一个由来已久的愿望，那就是对当代资本主义和社会主义进行系统研究。他说他希望自己还有足够的时间去实现这个愿望。

四个疗程的干扰素治疗结束之后，父亲拒绝继续留在上海，他要求回北京亲自听取有关部委对 8 月下旬提交的报告的意见。我们拗不过他，只好给他预定了 12 月初回北京的机票。

但在动身之前，父亲突然开始发起了高烧。39℃的体温一下子击倒了他。尽管如此，他还是坚持在 12 月 2 日上午接受了《华尔街日报》记者的采访。他不想取消这个预约，但他显然力不从心，持续了一个小时的采访让他备感疲惫。

几天后，父亲全身都出现了黄疸，他被确诊为重症黄疸型肝炎。他躺在病床上，身上插满了各种管子。他的日记停在了 12 月 15 日这一天，哪怕是只写几个字，对他来说也已经不可能了。老朋友们的探访是令人愉快的，不过父亲和他们的交谈却变得越来越困难，很多时候，人们几乎听不清他在说些什么。

生命的能量正从父亲身上一点点消失，留给他的时间不多了。我们知道他的心里在记挂着什么，并且和他一起默默地期待。进入12月下旬时，有关部委对父亲提交的最后一份报告的意见反馈回来了，事实上，报告得到了各方面的高度认同。对父亲而言，这是一种并不怎么常见的经历——他的一些重大判断很快就被人们接受了，而不是像大多数时候那样总要经过长时间的激烈争论。

12月24日，这样一条消息占据了《人民日报》头版头条的位置："中共中央政治局第十四次全体会议在北京举行"。消息说："会议讨论了国际形势和中国的对外工作，认为：当前国际形势正在发生转折性变化。全世界正从对抗转向对话，由紧张转向缓和。有可能出现一个有利于维护世界和平，促进发展的新时期。我国有可能争取到一个长期稳定的国际环境，以集中力量搞好改革和'四化'建设，因此要把加强国际经济、科技合作摆到对外工作的更加重要的地位。和平与发展问题将是影响今后国际形势进程的两个全球性战略问题。我们要积极倡导在和平共处五项原则的基础上建立国际政治新秩序和在平等互利的基础上建立国际经济新秩序。"

听到这个消息时，已经几乎不能用语言表达自己心情的父亲宽慰地笑了。在他生命的最后时刻，没有什么是比这件事更让他感到高兴的了。他将不能继续站在桅杆上瞭望，但他终于在自己的热血和灵性耗尽之前，告诉了人们在他所能观察到的前方水域中将会发生什么，而且不仅如此，人们认同了他的判断。事实和时间则又一次证明，他的判断没错。

治疗几乎不起什么作用了。极度虚弱的父亲常常示意我们拉开窗帘，好让他看到窗外的天空、在寒风中摇曳的树枝和间或飞过的小鸟。那是个晴朗的冬天，明媚的阳光总是洒满病房。我们的眼前常常呈现出这样一幅情景：沐浴着阳光的父亲静静地躺在床上，母亲紧靠床头坐着，用深情的目光默默地凝视着他，陪伴他走完最后的旅程。那情景令我们无法忘怀。

1989 年 2 月 27 日，父亲陷入肝昏迷。第二天上午 9 点 45 分，他的心脏停止了跳动。他跌宕起伏的 80 年的人生谢幕了。

在接下来的那段日子里，我们被来自四面八方的人们的哀思所包围和感动。3 月 16 日，一千多人前往北京医院向父亲的遗体告别，很多人忍不住失声痛哭。新华社在当天的消息中对父亲做出了这样的评价："宦乡同志长期从事世界经济和国际政治的研究，造诣极深。十一届三中全会后，他的研究工作和学术活动进入一个新阶段，为贯彻执行改革开放政策做出了重要贡献，十多年来他发表了大量具有独到见解的研究报告和学术论著。他卓越的学术成就，使他成为我国当代最著名的国际问题专家，在国际上也享有崇高的声誉。"

各国议会联盟秘书长皮埃尔·科尼永也谈到了父亲的国际声誉，他是这样说的：作为议会联盟执委会的成员，父亲的国际声誉给该组织的地位增色不少。事实上，各国议会联盟在更早的时候就为父亲举行了悼念活动，当该组织在 3 月 10 日召开执委会时，全体与会者为父亲行了默哀礼。在 3 月 13 日举行的理事会上，人们再次为父亲默哀。

这只是国际社会向父亲表达哀思和敬意的一个缩影。在父亲去世后的长达几个月的时间里，我们不断收到和看到来自驻华大使、多国政要、国际组织的高级官员以及外交界和学术界著名人士发来的唁电和悼文，也包括媒体发表的大量评论文章。学识渊博、精通国际事务、富有远见卓识并且平易谦逊，这是人们对父亲的一致评价，它们描绘出一幅众人眼中的父亲的肖像。

还有一些评论则令人印象深刻地刻画了他最鲜明的性格特征

以及他的突出贡献和价值。“坚定的爱国者”和“伟大的现实主义者”，这是英国学者约翰·吉廷斯对父亲的评价。他的评论文章发表在《卫报》上。他对父亲坦率地指出撒切尔夫人在香港问题谈判中“使用诡计”以及言辞犀利地批评美国和日本的印象尤其深刻。“宦乡不是那种相信西方月亮更圆的人。”他这样说。此外，他认为父亲对中国 80 年代的新现实主义做出了巨大贡献。不过吉廷斯对父亲的了解显然不止于此，他竟然注意到父亲是“50 年代就把中国纳入世界政治地图”的人。

《泰晤士报》的一篇评论文章则强调了父亲在推动中国对外开放方面所发挥的独特作用。“力求使中国大门继续向世界敞开的宦乡”，这是文章的标题。文章说：“他生前的最后一年还为中国在 21 世纪的地位向政府献策。他希望中国保持开放，在国际贸易中占有更大份额，中国社会向民主化方向发展。”

日本的国际关系学者竹内实是以一位同行的眼光评价父亲的贡献的，他说：如果要窥出中国的世界格局观——这不同于外交政策，“能够回答这问题的人物，目前除了宦乡，想不出别人”。

国际社会的赞誉，特别是那些来自既是父亲的同行同时又是他对手的人的评价，让我们对父亲的贡献及其价值有了更深刻的理解。父亲躺在病床上时，曾经带着一丝苦笑说：“很多时候我觉得外国人比我们自己人还要了解我研究的意义。”父亲的一位朋友则以另一种方式表达了类似的看法，他说：“宦乡的学识和能力好像超过了他的职位和所发挥的作用。”坦率地说，这是个事实。这也是父亲心中的隐痛和遗憾。然而他的痛和遗憾都不是为自己而生，他只是希望他能为自己的祖国做得更多。不仅生前如此，甚至还包括身后——他把自己担任摩洛哥皇家科学院院士的津贴以及境外刊物支付的稿酬全部积攒下来，于 1987 年 6 月设立了宦乡基金，用于资助那些在国际问题研究中需要使用外汇的项目。但是他从未想过要给母亲和我们几个孩子留下什么钱财。

父亲去世五年后，我们开始整理他的文集。翻看着他在长达半个世纪的岁月里写下的大量文章，我们常常会产生这样的错觉，仿佛其中的很多文章不是写在过去，而是写在当下。父亲对世事的预见之准确不断地令我们吃惊。他在 1945 年 9 月份，也就是抗日战争刚刚结束时所写的一篇文章中就这样预言道："盱衡世界形势，我们认为未来的一个世纪一定是太平洋的世纪，因为由于海权特别是空权的发达，200 年欧洲作为国际政治重心的时代是必然要过去的。"而 1948 年，当美苏关系日益恶化，国际社会普遍担心爆发第三次世界大战的危险正在降临时，父亲则坚定地认为：和平运动已经成为国际政治的主流。他在 1948 年 6 月撰写的一篇文章中说：和平是世界人民已经选择了的道路，即使这条道路千难万险，人们也会排除障碍继续前进的，至于美苏，不论它们"在社会制度及意识形态方面有多么显著的不同，它们是可以并存的。"这正是人们在战后近 70 年间所看到的情景，不论是国际和平因素的增长还是国际政治重心的转移，都成为越来越突出的时代特征。

父亲对人们所面临或将要面临的问题的洞见同样令我们吃惊。就像在 20 世纪 80 年代中期，当西方国家逐渐摆脱战后最严重的经济危机并且迎来经济复苏的乐观时刻，父亲却冷静地提醒人们注意，导致这场危机的非周期性因素一个也没有减少。他把这些因素概括为由不断上涨的军费和居高不下的社会福利以及庞大的政府开支导致的巨大的财政赤字，为了弥补财政赤字而背上的沉重的债务负担，难以降低的失业率以及固定资本投资利润率的持续低迷。父亲预言道，这些因素在未来还将不可避免地引发新的危机。他说，他看不到财政赤字和债务负担在未来有逐渐减少的可能，相反，它们还将继续攀升。至于高失业率和固定资本投资利润率的降低则是国际经济一体化的必然结果——由于追逐更高利润的跨国公司不断将制造业从本国向原材料和人力成本都更加低廉的发展中国家转移，从而导致了本国产业的空心化，因而失业率居高不下和发展能力衰减都是不可避免的。父亲所指出的问题，正是能够解释我们当今所遭遇的全球经济困境的深刻根源，同时也是今天的人们，特别是西方国家开始认真思考并试图求解的问题。

事实上，他在二十多年前还预见到了更多人们将要面临的越来越突出的问题，比如经济全球化向各国提出的挑战。他在 1983 年所写的一篇文章中这样指出：经济全球化使各个国家在经济上互相渗透、影响和竞争，但在政治上拥有主权的国家之间，不可能通过合作、协调、统一的办法解决利益冲突。他说：人们将会采取加强贸易保护和建立排他性的区域经济集团的办法作为应对之策，然而这不是真正解决问题的办法，因为在世界经济一体化的情况下，用主权国家的办法解决世界经济问题是行不通的。显而易见，在经济全球化程度已经大幅提升的今天，这是比以往任何时候都更加困扰人们的问题。

时间似乎总是站在父亲一边。每当我们看到他在多年前的预见和判断一一应验，或者是看到他的见解在今天依然对人们深有启发时，我们都不能不惊讶于他的睿智以及他学术造诣的深厚，当然，还有他尊重和说出事实的勇气。

朱镕基为父亲的文集撰写了序言。在那篇序言中，最令我们自豪的是他对父亲的这样一个评价：“纵观宦乡的一生，他确实是敢于说真话，从不说假话，为了坚持真理，虽九死而无悔，他的言行是一致的。”

的确，父亲一生都在独立、勇敢并且富有远见地思考。他曾经这样形容过自己：“我是个只屈服于真理的人。”如果让我们用一句话来描述他的话，我们也会选择这句话。他的睿智和洞见，他对祖国和人民的贡献，都能从这句话中找到解释。当然，他个人生命中的坎坷和遗憾在很大程度上也源自于此。但如果父亲能再活一次的话，他不会有丝毫改变。

父亲在伦敦居住时，常常喜欢到位于这座城市北郊的海格特公墓散步。他后来再去伦敦时，也依然沿袭着这个习惯。

那是 19 世纪遗留下来的一处林木幽深的墓园。沿着墓园东区的主路前行，人们会在一片爬满藤蔓的高大乔木前找到马克思的墓地。一人多高的花岗岩基座上，伫立着伟人的头像。每当来到这里，父亲总要站在墓碑前，仰望着马克思的巨大头颅和那双藏在浓眉下的深邃的眼睛。他喜欢在这里静静地思考。

在离马克思墓不远的地方，有一条杂草丛生的砾石小径。小径的尽头有一个不起眼的小墓。墓前立着一块简朴的方碑，那是一个女儿为她的父亲树立的。碑文只有一句话，尽管已经在日晒雨淋中变得斑斑驳驳，但还能依稀辨认——

“上苍知道他的辛劳，和他的一颗心。”

这句话曾让我们无数次地百感交集。这也是我们最想对父亲，对自己，同时也对朋友们说的一句话。我们知道，在父亲的心里，一直是有一个上苍的，那就是他的祖国和人民。

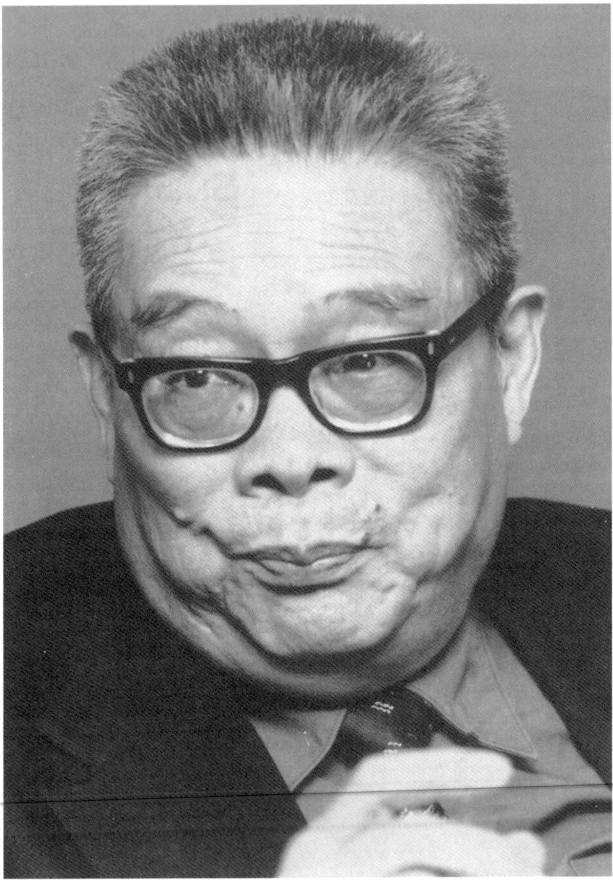

20 世纪 80 年代父亲经常出现在各种讲台上。

1979 年 11 月，参加哥伦比亚大学国际动态研究所关于苏联问题研讨会时，父亲（右）和美国总统国家安全事务助理布热津斯基（中）会面。

父亲（右）与哥伦比亚大学国际动态研究所所长比亚迪（左）交谈。

1983 年 4 月，北京南南会议召开。这次会议是由中国社会科学院和第三世界社会经济研究基金会共同举办的。父亲（前排左二）是这次会议的两主席之一。

1986 年访美时，父亲（左三）与国务卿舒尔茨（右二）在一起。

1987 年 3 月，在联合国于北京召开的裁军会议上，父亲（左二）在会上大声疾呼：“为了人类的生存与发展，世界必须实现裁军。”

1987年10月，父亲在柏林参加由德国国际发展基金会举行的会议。坐在他身边的是国务院国际问题研究中心研究员郭震远（左）。父亲手术后，他曾协助父亲完成了生前最后一份报告的提纲。

1987年，父亲（左二）与美国的中国问题专家鲍大可（右二）在一起。鲍大可是美国当代中国学的开创者和奠基人，也是美国第一代“中国通”的代表人物。他当时在约翰·霍普金斯大学任教。

1987 年 12 月，父亲在华盛顿伍德罗·威尔逊国际学者中心发表题为《一年来的中美关系》的演讲。

1987年，父亲（左二）被英国格拉斯哥大学授予名誉法学博士学位。第二年春天，父亲再次受邀访问这所大学，并在这里作了关于国际局势的报告。那是他生前在国外所做的最后一次报告。

父亲一直是中国与第三世界国家之间学术交流的积极推动者。这是1988年春天他（左二）参加中国和埃及学者对话时的情景。坐在父亲右边的，是埃及外交事务国务部长加利。他在1992~1996年间曾任联合国秘书长，也因此成为联合国历史上第一个担任这一职务的非洲人。

父亲（左四）后来访问英国时拜谒马克思墓。这是他一生中去过无数次的地方。

1988年5月，父亲（左三）在日本大阪参加太平洋合作会议第六次理事会。这是他最后一次参加该组织的会议。回国后，他便被发现肝部生有肿瘤。

父亲（左二）心中念念不忘的，就是他在知识界的那些老朋友。他永远都是他们当中的一分子。

结束语

此时此刻，当我们想以一段文字结束这本书的时候，我们的内心感慨万千。在我们沿着父亲的足迹探寻了他丰富的一生之后，他对于我们的意义已经和以前全然不同。

让我们吃惊的是，在经历这个过程时，我们不仅更多地了解和理解了父亲，也从未有过地了解和思考了我们自己。我们这才发现，原来父亲对我们的影响竟然是那样巨大和深刻，那种影响就像是通过生命基因遗传给我们的一样确凿和不可改变。

父亲不仅把自己毫无保留地献给了祖国，他也在我们的血液中注入了爱国的因子。因此，我们不仅延续了他的血脉，更延续了他的理想。在我们成长的每一个关键时刻，他都给了我们重要的指引。他一生都坚信科学可以救国和强国，如果说他此生有什么遗憾的话，那就是他本人没能从事科技工作。正因为如此，他才那么强烈地希望我们能接替他完成这一夙愿。在他的要求和鼓励下，我们兄弟姐妹七人多一半选择了学习自然科学，并且始终从事着与科学研究有关的工作。当然，我们也努力像他希望和要求的那样，正直简单地做人和生活，专注于用自己的学识服务于祖国和人民。当我们这样做了的时候，我们的内心对父亲充满了敬意与感激，就像我们此刻真切而强烈地感受到的那样。

就是在这个了解父亲和认识自我的过程中，我们和父亲之间在更深刻的层面上完成了一次精神的融合。于是，父亲目光中的那种审视消失了，他又变回了那个我们从小就熟悉的慈祥甚至多少有些宽纵我们的人。

在结束本书的时候，我们要由衷地感谢所有接受我们采访的父亲的朋友和同事，他们是（以采访时间先后排序）李鹰、沈可人、王艮仲、肖扬、杨成绪、陈鲁直、罗家驩、罗贵波、李汇川、田丁、戴伦彰、丁乃宽、郭震远、俞志忠、张毅君、张昌、梁钧、温朋久、陈法级、陈风平、陈德昭、王亦文、谢振骝、俞惠民、王浩、刘耕园 、李琮、林晨、王之栋、李正文、陈虞荪、郑森禹、高祖文、李纯青、姜椿芳、柯灵、李世俊、温崇实、钦本立、孔泉、李清平、周子忠等。本书初稿完成后，何方、林昶、郭震远、戴伦彰等同志审核了全部书稿，并提出了宝贵的修改意见。另外，中国人民对外友好协会理事苏宝琛同志为其中的部分采访提供了重要帮助。同样给予我们热情帮助的还有丁伟志同志。对他们的付出和支持，在此一并衷心感谢。

在当代中国出版社原社长周五一先生的推荐下，我们得以邀请阮虹女士担任本书的执笔人。对于她四年来的辛勤努力以及成果，我们表示深深的感谢和敬意。